Grundkurs Relationale Dat

René Steiner

Grundkurs Relationale Datenbanken

Einführung in die Praxis der Datenbankentwicklung für Ausbildung, Studium und IT-Beruf

10., aktualisierte Auflage

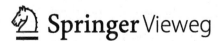

René Steiner
Villmergen, Schweiz

ISBN 978-3-658-32833-7   ISBN 978-3-658-32834-4 (eBook)
https://doi.org/10.1007/978-3-658-32834-4

Die Deutsche Nationalbibliothek verzeichnet diese Publikation in der Deutschen Nationalbibliografie; detaillierte bibliografische Daten sind im Internet über http://dnb.d-nb.de abrufbar.

Springer Vieweg
Die ersten vier Auflagen erschienen unter dem Titel „Theorie und Praxis relationaler Datenbanken".
© Springer Fachmedien Wiesbaden GmbH, ein Teil von Springer Nature 1994, 1996, 1999, 2000, 2003, 2006, 2009, 2014, 2017, 2021

Planung: Sybille Thelen
Springer Vieweg ist ein Imprint der eingetragenen Gesellschaft Springer Fachmedien Wiesbaden GmbH und ist ein Teil von Springer Nature.
Die Anschrift der Gesellschaft ist: Abraham-Lincoln-Str. 46, 65189 Wiesbaden, Germany

Ihr Bonus als Käufer dieses Buches

Als Käufer dieses Buches können Sie kostenlos unsere Flashcard-App „SN Flashcards"
mit Fragen zur Wissensüberprüfung und zum Lernen von Buchinhalten nutzen.
Für die Nutzung folgen Sie bitte den folgenden Anweisungen:

1. Gehen Sie auf **https://flashcards.springernature.com/login**
2. Erstellen Sie ein Benutzerkonto, indem Sie Ihre Mailadresse angeben,
   ein Passwort vergeben und den Coupon-Code einfügen.

Ihr persönlicher „SN Flashcards"-App Code   59AC1-30344-1457C-5408A-F45FA

Sollte der Code fehlen oder nicht funktionieren, senden Sie uns bitte eine E-Mail mit
dem Betreff **„SN Flashcards"** und dem Buchtitel an **customerservice@springernature.com**.

Vorwort

Mit der 10. Auflage kehrt das Buch wieder zu seinen Ursprüngen zurück. Verfasst wurde es 1994 als Lehrmittel für den Informatik-Unterricht und trug den Titel „Theorie und Praxis relationaler Datenbanken". Schon in der 1. Auflage enthielt es Übungsaufgaben und Lösungen für ein vertieftes Lernen. Inzwischen haben sich auch die Lernmethoden weiterentwickelt. So gibt es nun die Möglichkeit, sein Wissen über Flashcards im Web-Browser zu testen. Dabei entspricht jede Aufgabe einer virtuellen Karteikarte. Diese Karteikarten können in zufälliger Reihenfolge in verschiedenen Lernmodi abgefragt werden. Die Antworten können in Form von Textantworten, Lückentexten, Multiple Choice und der Zuordnung von vorgegebenen Antworten erfolgen oder ganz traditionell auf Papier gebracht und mit den Lösungen verglichen werden. Das System kann Auswertungen über den Lernerfolg erstellen und gezielt Karteikarten abfragen, bei denen noch Wissensdefizite bestehen. Der Aufgabenumfang wurde gegenüber der gedruckten Form im Buch auf mindestens 20 Aufgaben pro Kapitel und mit aktuellen Fragestellungen erweitert.

Mit der aktuellen Auflage ist dieses IT-Buch nun mehr als 26 Jahre auf dem Markt. Wie ist so etwas möglich in einem Fachgebiet wie der Informatik, wo sich Technologien mitunter täglich ändern (so kommt es einem zumindest vor, wenn man lange genug in dieser Branche tätig ist)? Die Antwort ist einfach: Auch in der IT-Branche gibt es Standards. Dazu gehören die relationalen Datenbanken und SQL als Abfragesprache. Auch wenn neue Datenbank-Technologien (Stichwort: Big Data) auf den Markt kommen, haben die relationalen Datenbanken noch längst nicht ausgedient. Sie kommen überall dort zum Einsatz, wo strukturierte Daten vorliegen, Arbeitsabläufe abgebildet werden müssen und Wert gelegt wird auf eine hohe Verfügbarkeit und Datenqualität. Es ist also durchaus möglich, dass dieses Buch noch weitere 20 Jahre am Markt bestehen wird.

Das Buch wurde inzwischen zu einem Standardwerk an vielen Techniker- und Fachhochschulen, wo speziellen Wert auf die Vermittlung von praxistauglichem Wissen gelegt wird. Die hier vermittelten Grundlagen ermöglichen es dem Leser, selber Daten zu strukturieren und mit relationalen Datenbanken wie ORACLE, SQL-Server, mySQL, DB2 usw. zu verwalten. Diese bilden nach wie vor die Basis aller großen IT-Systeme für die Industrie, Medizin, Chemie- und Pharma, Finanz- und Personalwesen etc.

Zum Buch gibt es einen Online-Service mit allfälligen Korrekturen, Beispieldaten-banken, zusätzlichen Aufgaben mit Lösungen und allen Abbildungen zum Download. Flashcards werden im Abschn. 1.3 erklärt.

Ich wünsche Ihnen beim Studium dieses Buches viel Erfolg, interessante Erkenntnisse und den Durchblick im Datendschungel.

Der Autor

René Steiner

Inhaltsverzeichnis

Abbildungsverzeichnis

Einführung

1

Zusammenfassung

Dieses Kapitel gibt einen Überblick über den Inhalt des Buches und den Online-Service.

Datenbanken gewinnen wegen der stark zunehmenden Informationsflut stetig an Bedeutung. Praktisch in jedem Geschäftsbereich und auch im Privatleben fallen Daten und Informationen an, welche man in geeigneter Weise verwalten möchte. Wurden früher Bibliotheken noch mit Karteikarten verwaltet, so ist dies heute wegen der stetig wachsenden Informations- und Datenflut praktisch nur noch durch den Einsatz von computergestützten Datenbanksystemen möglich. Besonders beim Suchen bestimmter Informationen wird der Vorteil von Computerdatenbanken wegen des reduzierten Zeitbedarfs deutlich. Aber auch der elektronische Zahlungsverkehr im Bankwesen wäre ohne den Einsatz riesiger Datenbanksysteme nicht mehr zu bewältigen. Das Bedürfnis nach strukturierten Informationen geht sogar so weit, dass aus bereits bestehenden Datenbanken Informationen ausgefiltert und in übergeordnete Datenbanken übertragen und verwaltet werden. Diese übergeordneten Datenbanksysteme werden in der Fachsprache „Data Warehouses" genannt (frei übersetzt: Lagerhaus für Daten). Das Spezielle an diesen Systemen ist, dass sie Informationen aus verschiedenen Informationsquellen vereinen und diese für die direkte Nutzung aufbereiten. Die Benutzer können damit mit wenig Aufwand systemübergreifende Auswertungen erstellen und gezielt Optimierungen durchführen.

Mit den Internet-Suchmaschinen, die Milliarden von Webseiten speichern und auswerten müssen, wurden nochmals ganz andere Anforderungen an die Datenbanktechnologien gestellt. Riesige Datenmengen müssen ausgewertet werden, können aber nicht mehr mit den klassischen relationalen Datenbanken verarbeitet werden, weil die Informationen in unstrukturierter Form vorliegen und kein Mensch mehr in der Lage ist, diese

© Springer Fachmedien Wiesbaden GmbH, ein Teil von Springer Nature 2021   1
R. Steiner, *Grundkurs Relationale Datenbanken*,
https://doi.org/10.1007/978-3-658-32834-4_1

Daten in vernünftiger Zeit mit vernünftigem Aufwand zu strukturieren. Dazu kommen riesige Datenmengen aus der Wissenschaft (z. B. Klimaforschung, Geologie, Genetik usw.), Finanzindustrie (Finanz-Transaktionen, Börsenkurse) etc. Diese Datenflut wird unter dem Sammelbegriff „Big Data" zusammengefasst. Damit werden nebst den bewährten relationalen Datenbanken weitere Technologien auftauchen. In diesem Buch werden aber nur die relationalen Datenbanken behandelt.

Die neuen Technologien bergen aber auch große Risiken in sich. So ist es heute möglich, per Knopfdruck Datenbestände unrettbar zu vernichten, für deren Aufbau Dutzende von Mannjahren an Arbeit nötig waren. Auch die Computerkriminalität ist untrennbar mit den Datenbanken verbunden. Geprellte Lohnkontobesitzer und Bankinstitute können davon ein Lied singen. Diese Beispiele zeigen aber, dass Daten vor Verlust und unberechtigten Zugriffen geschützt werden müssen, wofür spezielle Techniken Anwendung finden.

Seitdem Personalcomputer für jedermann erschwinglich geworden sind, werden Datenbanken auch vermehrt für private Interessen eingesetzt. Sei dies für ein einfaches DVD/MP3-Verwaltungssystem, Internet-Blogs mit WordPress unter mySQL oder für die Vereinsabrechnung, das Einsatzgebiet von Datenbanken ist sehr groß. Leider stellt sich vielfach der Frust ein, wenn es darum geht, selber ein Datensystem aufzubauen. Denn auch das beste Datenbankprogramm mit Windowtechnik und Maussteuerung versagt kläglich, wenn die Daten nicht in geeigneter Weise strukturiert wurden. Und gerade beim Entwerfen geeigneter Datenstrukturen ergeben sich für Datenbankeinsteiger die größten Probleme, denn die Datenstruktur bildet das Fundament jeder Datenbankanwendung und entscheidet schon früh über Erfolg oder Misserfolg des ganzen Projektes.

Dieses Buch wurde für Personen geschrieben, welche selber Datenbankapplikationen entwickeln möchten oder bei Datenbankprojekten mitarbeiten und sich für die Problematik von relationalen Datenbanken interessieren. Es vermittelt das Grundwissen, welches für den Aufbau und den Betrieb einer Datenbank erforderlich ist und behandelt schwerpunktmäßig die Datenmodellierung. Außerdem vermittelt es die Grundlagen der Datenbanksprache SQL, welche bei allen wichtigen Datenbankprogrammen implementiert wurde und, abgesehen von herstellerspezifischen Anpassungen, standardisierte Datenbankabfragen ermöglicht. Mit Hilfe dieses Buches sollte es auch dem Einsteiger möglich sein, unabhängig von bestimmten Datenbankprogrammen, eigene Datenbankapplikationen zu entwickeln.

1.1   Hinweise zur Verwendung dieses Buches

Kap. 2 informiert über generelle Aspekte von Datenbanken und gibt Auskunft über die verschiedenen Komponenten eines Datenbanksystems sowie deren Verwendungszweck.

In Kap. 3 wird ausführlich und mit vielen Beispielen beschrieben, wie Daten strukturiert und in Form von Tabellen verwaltet werden. Dabei wird erklärt, welche grundlegenden Beziehungen es innerhalb einer Datenbasis geben kann und wie sich diese auf die Datenstruktur auswirken. Am Beispiel einer Kursverwaltung wird die Vorgehensweise beim Aufbau einer Datenbasis detailliert erklärt. Das Beispiel „Kursverwaltung" deckt die wichtigsten Datenstrukturierungsprobleme, welche sich in der Praxis ergeben können, weitgehend ab.

In Kap. 4 wird gezeigt, wie man eine Datenbasis in ein Datenbanksystem implementieren kann und welche Arbeiten bis zur fertigen Applikation zu tätigen sind. Als Beispiel dient wiederum die Kursverwaltung aus Kap. 3, bei der die Programmentwicklung anhand eines fiktiven Projektes mit mehreren Benutzern aufgezeigt wird. Zudem wird anschaulich beschrieben, mit welchen Problemen angehende Datenbankentwickler zu kämpfen haben.

Kap. 5 zeigt auf, welche Aufgaben beim späteren Datenbankbetrieb auf den Datenbankadministrator zukommen.

In Kap. 6 werden die Grundlagen der Datenbanksprache SQL vermittelt, welche je nach Datenbanksystem bei der Programmierung von Transaktionen und Abfragen Verwendung findet.

In Kap. 7 wird das Datenmodell für einen Supermarkt entwickelt, wobei auf das vermittelte Wissen aus den vorhergehenden Kapiteln zurückgegriffen wird.

In Kap. 8 sind die Lösungen zu den Aufgaben zu finden, welche jeweils am Ende der Kap. 2, 3 und 4 gestellt werden.

Der Datenbankeinsteiger sollte zuerst Kap. 2 lesen und sich dann ausführlich mit Kap. 3 beschäftigen. Anschließend findet er im Kap. 4 eine Art Leitfaden für die Applikationsentwicklung sowie diverse Anregungen für die tägliche Arbeit. Mit Hilfe des Sachwortverzeichnisses kann das Buch auch als Nachschlagewerk eingesetzt werden.

1.2   Online-Service

Für dieses Buch wurde ein Online-Service eingerichtet, welcher die Kontaktaufnahme mit dem Autor ermöglicht und außerdem Übungsdatenbanken zum Download bereitstellt. Beispielsweise finden Sie Datenbankdateien für verschiede Datenbanksysteme (ORACLE, MS-ACCESS, SQL-Server usw.), welche die im Anhang A aufgeführten Mustertabellen für die Datenabfrage mit SQL beinhalten. Die Beispieldatenbank für den Supermarkt aus Kap. 7 ist für SQL-Server 2008 ebenfalls verfügbar.

Die Homepage ist im Internet erreichbar unter der Adresse:

http://rene-steiner.bplaced.net/

Alternativ dazu gibt es die Adresse:

http://home.datacomm.ch/rene.steiner/

1.3   Flashcards

Alle Übungsaufgaben und Lösungen sind im Web-Browser unter der Internet-Adresse https://flashcards.springernature.com/login verfügbar.

Allgemeines über Datenbanken

2

Zusammenfassung

Dieses Kapitel dient als Einstieg in die Datenbanken. Es wird beschrieben, welche Funktionen zu einer Datenbank gehören und welche Werkzeuge eine Datenbank aufweisen sollte.

2.1 Definition und Aufgaben

Eine Datenbank soll beliebige Daten verwalten, Informationen aus diesen Daten liefern und unberechtigten Personen den Zugriff auf die Daten verweigern können. Unter dem Verwalten von Daten versteht man das Eingeben von neuen Daten, das Löschen veralteter Daten sowie das Nachführen bestehender Daten.

► **Datenbank** Eine Datenbank ist eine selbstständige und auf Dauer ausgelegte Datenorganisation, welche einen Datenbestand sicher und flexibel verwalten kann.

Eine Datenbank hat folgende Aufgaben:

- Sie soll dem Benutzer den Zugriff auf die gespeicherten Daten ermöglichen, ohne dass dieser wissen muss, wie die Daten im System organisiert sind.
- Sie muss verhindern, dass ein Benutzer Daten sichten oder manipulieren kann, für die er keine Zugriffsberechtigung hat. Außerdem darf es nicht passieren, dass wegen Fehlmanipulationen des Benutzers Daten zerstört werden können oder gar der ganze Datenbestand unbrauchbar wird.

© Springer Fachmedien Wiesbaden GmbH, ein Teil von Springer Nature 2021
R. Steiner, *Grundkurs Relationale Datenbanken*,
https://doi.org/10.1007/978-3-658-32834-4_2

5

- Es muss möglich sein, die interne Datenorganisation ändern zu können, ohne dass der Benutzer seine Anwenderprogramme (Applikationen) anpassen muss. Im Idealfall merkt der Benutzer von der Strukturänderung nichts.

2.2   Datenbank-Grundsätze

Eine ideale Datenbank sollte folgende charakteristischen Eigenschaften besitzen:

- Die gespeicherten Daten müssen eine überschaubare Struktur aufweisen, damit gleiche Informationen nicht mehrfach (redundant) oder wenigstens kontrolliert gespeichert werden.
- Die Applikationen der Benutzer müssen datenunabhängig funktionieren können, damit Reorganisationen innerhalb des Datenbanksystems die Anwenderprogramme nicht beeinflussen.
- Es muss möglich sein, dass auch bei bestehenden Daten neue Anwendungen entwickelt werden können. Die Datenbank muss also eine gewisse Flexibilität aufweisen.

Die Datenbank muss die Datenintegrität gewährleisten, d. h. widersprüchliche Eingabedaten des Benutzers müssen zurückgewiesen und die gespeicherten Daten gesichert werden können, damit bei technischen und manuellen Fehlern keine Datenverluste auftreten. Außerdem müssen die Daten vor unberechtigten Zugriffen geschützt werden können.

2.3   Bestandteile einer Datenbank

Damit die vorherig beschriebenen Anforderungen erfüllt werden können, muss eine Datenbank gewisse Werkzeuge und Komponenten bereitstellen:

Das Datenbankverwaltungssystem (DBMS). Diese Komponente bildet den Kern der Datenbank und beinhaltet alle für die gesamte Datenverwaltung notwendigen Systemroutinen für Datenbankfunktionen wie Suchen, Lesen und Schreiben. Andere Programme können nur über definierte Schnittstellen des DBMS auf die gespeicherten Daten zugreifen.

Die Datenbanksprache. Dieses Werkzeug bildet die Schnittstelle zwischen dem Benutzer und dem Datenbankverwaltungssystem (DBMS). Bei ORACLE und SQL-Server wird die Sprache SQL (**S**tructured **Q**uery **L**anguage) verwendet. SQL besitzt vier Elemente für folgende Aufgabenbereiche:

- **Datendefinition** (Data Definition Language). Dieser Sprachenteil wird benötigt, um die Datenstruktur aufzubauen (Tabellen einrichten, Felder definieren etc.).
- **Datenmanipulation** (Data Manipulation Language). Mit diesem Sprachenteil können Daten in Form von Datensätzen eingegeben, gelöscht und verändert werden.

- **Datenabfrage** (Data Retrieval Language). Mit diesem Sprachenteil können Daten nach frei wählbaren Kriterien abgefragt werden.
- **Datenschutz** (Data Security Language). Dieser Programmbereich hat die Aufgabe, die gespeicherten Daten vor dem Zugriff unberechtigter Personen zu schützen.

Der Maskengenerator (Formulargenerator). Dieses Werkzeug erlaubt das Erstellen von Eingabemasken (Formulare) für den Benutzer. Mit Hilfe dieser Eingabemasken können Daten benutzerfreundlich eingegeben, gelöscht, verändert und abgefragt werden. Außerdem ist es möglich, die Eingaben des Benutzers vor dem Abspeichern zu überprüfen und es können während der Dateneingabe im Hintergrund komplizierte Verbuchungen (Transaktionen) ablaufen, ohne dass der Benutzer etwas davon merkt. Der Maskengenerator trägt maßgeblich dazu bei, dass die Datenintegrität gewahrt bleibt.

Der Reportgenerator. Für die Auswertung der gespeicherten Daten einer Datenbank muss man die Möglichkeit haben, Daten abzufragen und in einer übersichtlichen Form darzustellen. Dabei kann man zwei Fälle unterscheiden:

- Eine bestimmte Auswertung wird nur einmal benötigt bzw. die Darstellung spielt eine untergeordnete Rolle.
- Die Auswertung wird in der gleichen Form immer wieder verwendet bzw. die Auswertung ist sehr kompliziert.

Beim ersten Fall kann man das Problem einfach mit der Datenbanksprache (z. B. SQL) lösen. Dies ist dann sinnvoll, wenn man schnell Informationen über gewisse Daten haben möchte (z. B. „Wie viele Personen sind im System gespeichert?"). Im zweiten Fall benötigt man ein Werkzeug, welches es ermöglicht, komplexe Abfragen zu programmieren und die gefilterten Daten formatiert und übersichtlich darzustellen (z. B. in Form einer Liste mit Titel, Datum etc.). Dafür wird der Reportgenerator eingesetzt.

Der Menügenerator. Wenn eine Datenbankapplikation mehrere Eingabemasken besitzt bzw. wenn eine Liste mit Datenbankaktionen (Transaktionen) erstellt werden soll, benötigt man einen Menügenerator. Der Benutzer sieht dann für seine Applikation eine Liste (Menü) mit allen Möglichkeiten und kann per Knopfdruck die entsprechenden Programme, Masken und Listen aktivieren (z. B. Neue Personen eingeben, Listen ausdrucken etc.) oder Untermenüs anwählen (Menübaum).

Die soeben beschriebenen Datenbankteile bilden die wichtigsten Komponenten einer Datenbank. Daneben gibt es je nach Produkt weitere Komponenten, wie z. B. Netzwerkprogramme für Client/Server-Architekturen, Programmiersprachreninterfaces, grafik- und mausunterstützte Abfragewerkzeuge für eine vereinfachte Datenbankabfrage usw.

Die wichtigsten Datenbankwerkzeuge sind in Abb. 2.1 dargestellt. Die SQL-Schnittstelle ermöglicht die Kommunikation zwischen den Datenbankwerkzeugen und dem Datenbankverwaltungssystem (RDBMS).

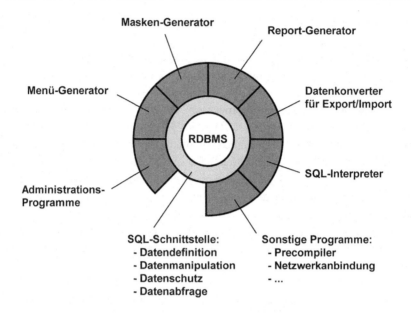

RDBMS = Relationales Datenbank-Management-System

Abb. 2.1 Schalenmodell eines Datenbanksystems

2.4   Datenbankmodelle

Datenbanken lassen sich grundsätzlich in drei Hauptkategorien einteilen:

• Hierarchische Datenbanken
• Relationale und objektrelationale Datenbanken
• Objektorientierte Datenbanken

Die objektrelationalen Datenbanken bauen auf den relationalen Datenbanken auf, wurden aber mit Techniken der objektorientierten Programmierung erweitert. Der Hauptunterschied zu den relationalen Datenbanken besteht darin, dass beliebige benutzerdefinierte Datentypen verwendet werden können (sogar solche, die selber Tabellen definieren), während bei den relationalen Datenbanken nur eine begrenzte Anzahl Standarddatentypen zur Verfügung stehen. Objektrelationale Datenbanken sind aber zu den relationalen Datenbanken kompatibel.

Die objektorientierten Datenbanken sind aus der objektorientierten Programmierung heraus entstanden. Im Gegensatz zu den relationalen Datenbanken steht bei den objektorientierten Datenbanken nicht eine Tabelle, sondern das Objekt im Zentrum der Betrachtungsweise. Einfach gesagt umfasst das Objekt nicht nur die Daten, sondern auch die Methoden, mit denen diese Daten manipuliert werden können.

Obwohl den objektorientierten Datenbanken schon seit Jahren der Durchbruch und
somit die Verdrängung der marktbeherrschenden relationalen und objektrelationalen
Datenbanken prophezeit wird, fristen sie immer noch ein Nischendasein. Gründe dafür
mögen die fehlende Standardisierung und das schwer abschätzbare Laufzeitverhalten sein.
In diesem Buch werden jedenfalls nur die relationalen Datenbanken behandelt.
Die Unterschiede zwischen den relationalen und den hierarchischen Datenbanken lassen sich am einfachsten an einem Beispiel erklären:

Beispiel für eine einfache Kursverwaltung

Es soll eine kleine Datenbank für die Verwaltung der besuchten Kurse der Angestellten
einer Firma erstellt werden. Es ist folgende Liste vorhanden:

Pers. Nr.	Name	Kurs-Nr.	Titel	Datum
121	Meier	100	abc	1.1.2015
134	Steffen	100	abc	3.4.2017
155	Huber	105	xyz	4.4.2018
121	Meier	102	def	10.3.2015
155	Huber	105	xyz	1.8.2018
121	Meier	102	def	1.2.2016

Jeder besuchte Kurs eines Angestellten wurde mit Kurstitel, Kursnummer und Datum
abgespeichert. Wenn eine Person einen Kurs zweimal besucht, dann wird jedes Mal das
Datum notiert. Jede Person besitzt eine Personalnummer.

In einer **hierarchischen Datenbank** werden die Daten in Form einer einzelnen, se-
quenziellen Datei gespeichert (vereinfachte Betrachtungsweise), wie sie Abb. 2.2 zeigt.

Die erste Spalte gibt die Hierarchiestufe an, während in der zweiten Spalte alle Daten
der einzelnen Hierarchiestufen stehen. In diesem Beispiel besitzt der Angestellte die
höchste Hierarchie, dann folgt der Kurs und zuunterst das Kursdatum. Es wäre auch möglich, den Kursen die höchste Hierarchiestufe zuzuordnen.

Man kann bereits aus diesem einfachen Beispiel erahnen, dass eine hierarchische
Datenbank nicht besonders flexibel bezüglich Strukturänderungen ist. Wenn neue Daten
gespeichert werden, müsste ein riesiges Umkopieren stattfinden, um die Daten hierarchisch geordnet ablegen zu können. Man behilft sich hier mit Zeigern. Die neuen Daten
werden an das Ende der Datei angehängt, und in der Datei werden an den entsprechenden
Stellen Zeiger abgespeichert, welche auf die neuen Daten verweisen (nach jedem Datensatz muss somit entsprechend Platz für den Zeiger reserviert werden).

Bei **relationalen Datenbanken** werden die Daten nicht hierarchisch in einer Datei,
sondern geordnet nach Themenkreisen (Entitäten) in Form von Tabellen abgelegt. Für das
Beispiel „Kursverwaltung" ergeben sich drei Tabellen, wie sie Abb. 2.3 zeigt.

Aus diesem Beispiel ist bereits ersichtlich, dass relationale Datenbanken wesentlich
flexibler sind als hierarchische Datenbanken. Bei Strukturergänzungen erzeugt man ein-

Abb. 2.2 Aufbau einer
hierarchisch aufgebauten Datei

1	121	
	Meier	
1.1	100	
	abc	
1.1.1		1.1.2015
1.2	102	
	def	
1.2.1		10.3.2015
1.2.2		1.2.2016
2	134	
	Steffen	
2.1	100	
	abc	
2.1.1		3.4.2017
3	155	
	Huber	
3.1	105	
	xyz	
3.1.1		4.4.2018
3.1.2		1.8.2018

fach für jedes neue Thema eine neue Tabelle. Dies kann im Idealfall geschehen, ohne dass die übrige Datenstruktur davon berührt wird. Man sieht auch, dass die Daten in den verschiedenen Tabellen unabhängig von irgendwelchen Beziehungen abgelegt werden können, während bei der hierarchischen Datenbank die Daten entsprechend ihren Beziehungen untereinander geordnet werden.

Relationale Datenbanken haben aber auch Nachteile. Sie werden mit jeder neuen Tabelle schwerer überschaubar. Außerdem benötigen Abfragen tendenziell mehr Zeit als bei hierarchischen Datenbanken, weil die Daten unter Umständen aus mehreren Tabellen zusammengeführt werden müssen, während beim hierarchischen Modell alle Daten in einem Arbeitsgang (sequentiell) gelesen werden können. Wenn man beim Beispiel gemäß Abb. 2.3 wissen möchte, welche Kurse Herr Meier besucht hat, dann muss zuerst aus der Tabelle „Personaldaten" die Personalnummer von Herrn Meier herausgesucht werden. Anschließend liest man aus der Tabelle „Kursbesuche" alle Zeilen heraus, in welchen diese Personalnummer vorkommt. Aus diesen Zeilen erhält man die entsprechenden Kursnummern. Mit diesen Kursnummern kann man dann aus der Tabelle „Kursdaten" die Kurstitel ermitteln.

Um solche Abfrage zu tätigen, gibt es spezielle Abfragesprachen wie z. B. SQL. Die besuchten Kurse von Herrn Meier würde man mit folgender Abfrage erhalten:

```
SELECT DISTINCT Titel
FROM Personaldaten, Kursdaten, Kursbesuche
WHERE Personaldaten.PNr = Kursbesuche.PNr
AND Kursdaten.KNr = Kursbesuche.KNr
AND Name = 'Meier';
```

Eine Einführung in die Datenbankabfragesprache SQL findet sich in Kap. 6.

▶ Relationale Datenbanken zeichnen sich durch eine große Flexibilität bezüglich Änderungen und Ergänzungen der Datenstruktur aus. Sie ermöglichen eine sehr detaillierte Nachbildung der Realität. Gerade diese Flexibilität macht sie jedoch schwer überschaubar, weshalb eine gute Dokumentation der Datenstruktur und der verschiedenen Beziehungen zwischen den Tabellen unerlässlich ist.

In diesem Buch werden fortan nur noch die relationalen Datenbanken behandelt, weil die hierarchischen Datenbanken weitgehend durch relationale Datenbanken ersetzt worden sind. Dass die relationalen Datenbanken durch die objektrelationalen Datenbanken ersetzt werden, ist unwahrscheinlich. Wahrscheinlicher ist eine Koexistenz beider Systeme, bei der die neuen Möglichkeiten der objektrelationalen Datenbanken dort eingesetzt werden, wo sie Vorteile gegenüber den relationalen Datenbanken aufweisen.

Personaldaten

PNr	Name
121	Meier
134	Steffen
155	Huber

Kursdaten

KNr	Titel
100	abc
102	def
105	xyz

Kursbesuche

PNr	KNr	Datum
121	100	1.1.2015
121	102	10.3.2015
121	102	1.2.2016
134	100	3.4.2017
155	105	4.4.2018
155	105	1.8.2018

Abb. 2.3 In Tabellen organisierte Daten

2.5   Fragen und Aufgaben zu Kap. 2

2.1. Welche Aufgaben hat eine Datenbank?

2.2. Welche Datenbankwerkzeuge kennen Sie?

2.3. Welche Aufgaben hat eine Datenbanksprache?

2.4. Welche Vorteile haben relationale gegenüber hierarchischen Datenbanken?

2.5. Worin unterscheiden sich objektrelationale Datenbanken von relationalen Daten-
       banken hauptsächlich?

Datenbanktheorie

3

Zusammenfassung

In diesem Kapitel wird vermittelt, wie man aus den meist diffusen Informationen und Anforderungen an eine neue Datenbank eine Datenstruktur entwerfen und soweit verfeinern kann, dass sie den Ansprüchen des späteren Benutzers genügt.

Dieses Kapitel stellt die Pflichtlektüre dar, bevor man zur eigentlichen Datenbankentwicklung schreiten kann. Der logische Entwurfsprozess wird anhand eines konkreten Beispiels erläutert. Die hier verwendete Darstellungsart des Entitätenblockdiagramms entspricht der Notation von (Zehnder 1998). Eine weitere Notation kann der Literatur (Vetter 1991) entnommen werden. Im Anhang C wird eine zusätzliche Notation erklärt, welche von vielen Datenbankmodellierungswerkzeugen verwendet wird.

3.1 Das Globale ER-Modell

Das Globale ER-Modell (Entity Relationship) stellt eine Erweiterung des klassischen Relationenmodells dar, in der neben der **Normalisierung** der Daten auch globale Beziehungen zwischen den Tabellen berücksichtigt werden (globale Normalisierung). Das ER-Modell gibt Regeln vor, mit denen sich Daten so strukturieren lassen, dass sie bestimmte Kriterien erfüllen.

▶ Die globale Datennormalisierung bezweckt, dass Redundanzen (mehrfaches Speichern von gleichen Informationen) eliminiert werden und damit die Datenkonsistenz (Eindeutigkeit der Daten) gewährleistet werden kann.

© Springer Fachmedien Wiesbaden GmbH, ein Teil von Springer Nature 2021
R. Steiner, *Grundkurs Relationale Datenbanken*,
https://doi.org/10.1007/978-3-658-32834-4_3

▶ **Redundanzfreie Datenspeicherung** Dieser Begriff bedeutet, dass eine bestimmte Information in einer Datenbank nur gerade einmal vorkommt. Wenn z. B. die Personaldaten eines Herrn Müllers abgespeichert werden, dann existiert der Name „Müller" nur an einem einzigen Ort in der Datenbank.

▶ **Datenkonsistenz** Dieser Begriff bedeutet, dass Daten eindeutige und korrekte Informationen darstellen. Sollten in einer Datenbank z. B. mehrere Personen mit Namen „Müller" existieren, so müssen diese z. B. durch eine Personalnummer eindeutig unterschieden werden können.

Mehr Informationen finden sich im Abschn. 3.5.1.

Das ER-Modell verwendet eine Menge neuer Begriffe, welche vor allem im Zusammenhang mit Datenbanken verwendet werden. Um sich mit einem Datenbankspezialisten unterhalten zu können (zumindest fachtechnisch), ist es nötig, diese Begriffe zu kennen. Die wichtigsten Begriffe werden deshalb im nächsten Abschnitt anhand von Beispielen erklärt.

3.1.1   Erklärung der wichtigsten Begriffe

Die Datenbankbegriffe lassen sich aufteilen in Begriffe der Datenbanktheorie und der Informatik. Bei den folgenden Begriffserklärungen werden zuerst die Bezeichnungen im **konzeptionellen Datenmodell** und in Klammern die Bezeichnungen im **physischen Datenmodell** aufgeführt. Die Definitionen dieser beiden Begriffe folgen im Abschn. 3.1.2.

▶ **Entität (Tabellenname)** Eine Entität stellt einen Themenkreis dar, welcher Elemente mit gleichen Merkmalen umfasst. Beispiel: Personen, Kurse, Ersatzteile etc.

▶ **Entitätsmenge (Datensätze)** Die Entitätsmenge beinhaltet alle zu den Merkmalen einer Entität gehörenden Werte. Sie entspricht allen gespeicherten Datensätzen einer Tabelle.

▶ **Relation (Tabelle)** Eine Relation umfasst eine Entität mit der dazugehörenden Entitätsmenge. Man versteht darunter eine komplette Tabelle mit Entitätsbezeichnung, Attributen und Tupel.

▶ **Tupel (Datensatz)** Ein Tupel umfasst alle Merkmalswerte eines Elementes als Bestandteil einer Entitätsmenge. Ein Tupel entspricht einem vollständigen Datensatz. Beispiel: Müller, Hugo, Planetenweg 7, 1234 Neustadt. Alle Tupel einer Entität bilden zusammen die Entitätsmenge.

▶ **Attribut (Spaltenname)** Das Attribut entspricht einem Merkmal eines Tupels und beschreibt somit eine spezifische Eigenschaft einer Entitätsmenge. Beispiel Name, Adresse, Alter etc.

▶ **Attributwert (Wert, Datum)** Dies ist ein Datenwert, welcher das zugehörige Attribut eines Tupels beschreibt. Beispiel: Attribut = „Name"; Attributwert = „Müller". Vielfach wird anstatt des Wortes „Wert" der Begriff „Datum" verwendet. Datum und Wert sind Synonyme, haben aber mit dem Kalenderdatum nichts zu tun.

▶ **Domäne (Wertebereich)** Gewisse Attribute schränken die zugehörigen, möglichen Attributwerte ein. Das Attribut „Wochentag" lässt beispielsweise nur die Attributwerte Mo, Di, Mi, Do, Fr, Sa und So zu. Diese Wertebeschränkung nennt man Domäne oder Wertebereich.

▶ **Nullwerte** Wenn ein Attribut eines Tupels einen Nullwert enthält, so bedeutet dies, dass dieses Attribut keinen Attributwert besitzt und somit keine Information beinhaltet. Der Nullwert darf nicht mit der Zahl Null verwechselt werden. Die Zahl Null stellt eine Information dar, der Nullwert jedoch nicht.

▶ **Hinweis** In vielen Lehrbüchern über Datenbanken (so auch in der ersten Auflage dieses Buches) wird der Begriff „Relation" dem Begriff „Tabelle" gleichgesetzt. Dies ist problematisch, weil „Relation" im Englischen „Beziehung" bedeutet. Eine Beziehung hat in der Datenbanktheorie aber eine ganz andere Bedeutung (siehe Abschn. 3.1.2), was zu Missverständnissen führen kann. Außerdem ist in englischen Datenbankhandbüchern immer nur von „Tables", also Tabellen die Rede. Darum wird der Begriff „Relation" in diesem Buch nicht mehr verwendet, auch wenn dieser Begriff zur mathematischen Grundlage der Datenbanktheorie gehört.

Die bisher beschriebenen Begriffe lassen sich am einfachsten mit einer Tabelle darstellen, wie dies Abb. 3.1 zeigt.

In dieser Tabelle ist die Größe von Herrn Suter nicht bekannt. Damit besitzt er einen Nullwert im Attribut „Größe".

Tabelle (Relation) Personen:

Personen ← Entität (Tabellenname)				
PNr.	**Name**	**Vorname**	**Größe**	**Geschlecht**
1234	Müller	Hans	182	m
5634	Suter	Ernst		m
2456	Tarelli	Claudia	170	w
1123	Brunner	Diana	172	w

Attribute →

Tupel (Datensatz) →

↑ Attributwerte

Abb. 3.1 Aufbau einer Tabelle

▶ **Datenbasis** Alle Tabellen zusammen bilden die Datenbasis. Die Datenbasis besteht somit aus allen gespeicherten Daten einer Datenbank.

▶ **Datensystem** Die Datenbasis, die Zugriffsberechtigungen und die dazugehörenden Applikationsprogramme bilden zusammen ein Datensystem. Dieser Begriff darf nicht mit dem Begriff „Datenbank" verwechselt werden.

▶ **Datenbank** Die Datenbasis und das Datenbankverwaltungssystem bilden zusammen eine Datenbank. Die Applikationssoftware ist kein Bestandteil einer Datenbank.

3.1.2 Beziehungen

Im vorherigen Abschnitt wurde beschrieben, was man unter einer Tabelle zu verstehen hat. Die einzelnen Tabellen einer Datenbasis dürfen jedoch nicht nur isoliert betrachtet werden. Zwischen den Entitätsmengen der einzelnen Tabellen können diverse Beziehungen bestehen. Die Anzahl der möglichen Beziehungstypen ist begrenzt und ergibt sich aus der Kombination der möglichen Assoziationstypen.

▶ **Assoziation** Eine Assoziation legt fest, wie viele Tupel (Datensätze) einer Tabelle 2 zu einem Tupel (ein Datensatz) der Tabelle 1 gehören können.

Es gibt vier verschiedene Assoziationstypen, wie dies Abb. 3.2 zeigt.

Beispiel für Assoziationen

Eine Tabelle „Personen" enthalte diverse Personaldaten und eine andere Tabelle „Autos" enthalte diverse Autokenndaten. Es wären dann folgende Assoziationen von der Tabelle Personen zur Tabelle Autos denkbar:

Typ 1: Jede Person besitzt **genau ein** Auto
Typ c: Eine Person kann **ein oder kein** Auto besitzen
Typ m: Jede Person besitzt **mindestens ein** Auto
Typ mc: Eine Person kann **beliebig viele** Autos besitzen (auch keines) ◀

Abkürzung	Assoziationstyp	Anzahl Tupel der Tabelle 2
1	einfache Assoziation	genau ein Tupel (1)
c	konditionelle Assoziation	kein **oder** genau ein Tupel (0/1)
m	multiple Assoziation	mindestens ein Tupel ($\geq$1)
mc	multipel-konditionelle Assoziation	beliebig viele Tupel ($\geq$0)

Abb. 3.2 Mögliche Assoziationstypen

Jede Assoziation (Tabelle 1 zu Tabelle 2) besitzt auch eine Gegenassoziation (Tabelle 2 zu Tabelle 1). Kombiniert man diese zwei Assoziationen miteinander, so erhält man eine Beziehung.

▶ **Beziehung** Eine Beziehung zwischen zwei Entitätsmengen besteht aus einer Assoziation und einer Gegenassoziation, wobei immer ein einzelnes Tupel der Entitätsmenge betrachtet wird.

Die möglichen Beziehungsarten werden in den folgenden Abschnitten ausgiebig erläutert, wobei vorerst nur der einfache Fall, nämlich die Beziehung zwischen zwei Tabellen, behandelt wird.

Eine Beziehung zwischen zwei Tabellen wird folgendermaßen dargestellt:

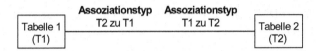

Für das schon beschriebene Beispiel „Autos und Personen" könnte man beispielsweise folgende Beziehung herstellen:

Damit kann zum Ausdruck gebracht werden, dass eine Person entweder kein oder genau ein Auto besitzt, und dass ein Auto genau einer Person gehört. Eine solche Beziehung nennt man 1-c-Beziehung. Die Darstellungsart heißt **Entitätenblockdiagramm**.

Ausgehend von den vier verschiedenen Assoziationstypen gibt es also max. 16 verschiedene Beziehungstypen, welche in der folgenden Tabelle aufgeführt sind:

T2↓ / T1→	1	c	m	mc	
1	1-1	c-1	m-1	mc-1	← hierarchische Beziehungen
c	1-c	c-c	m-c	mc-c	← konditionelle Beziehungen
m	1-m	c-m	m-m	mc-m	← netzwerkförmige
mc	1-mc	c-mc	m-mc	mc-mc	Beziehungen

Von den 16 Beziehungstypen sind 6 spiegelbildlich (z. B. c-m und m-c). Somit gibt es nur 10 verschiedene Beziehungen, die in den folgenden Abschnitten detailliert beschrieben werden.

▶ Das ER-Datenmodell lässt sich nun noch aufteilen in das **konzeptionelle** und das **physische** Datenmodell.

▶ **Konzeptionelles Datenmodell** Das konzeptionelle Datenmodell beschreibt die möglichen Beziehungen zwischen den Entitäten. Dabei wird noch nicht berücksichtigt, wie diese Beziehungen später zwischen den Tabellen effektiv umgesetzt werden und aus welchen Attributen die Tabellen bestehen.

▶ **Physisches Datenmodell** Das physische Datenmodell beschreibt die Umsetzung des konzeptionellen Datenmodells auf der Datenbankebene. Aus den Entitäten werden Tabellen mit Attributen, und die Beziehungen werden mit Hilfe von Primär- und Fremdschlüsseln definiert.

Es sei hier bereits gesagt, dass konditionelle und netzwerkförmige Beziehungen im physischen Datenmodell nicht zulässig sind und umgewandelt werden müssen. Somit sind nur hierarchische Beziehungen zwischen zwei Tabellen erlaubt. Die Gründe für diesen Sachverhalt werden bei der Diskussion der einzelnen Beziehungstypen detailliert erläutert und im Abschn. 3.1.4 von der technischen Seite her betrachtet.

▶   Im physischen Datenmodell sind nur hierarchische Beziehungen (1-1, 1-c, 1-m, 1-mc) zwischen den Tabellen erlaubt. Konditionelle und netzwerkförmige Beziehungen aus dem konzeptionellen Datenmodell müssen umgewandelt (transformiert) werden.

▶   **Programmtechnische Umsetzung** Die hierarchischen Beziehungen 1-1 und 1-m können vom Datenbanksystem nicht direkt verwaltet werden und müssen als 1-c bzw. 1-mc-Beziehungen implementiert werden. Es sind deshalb noch zusätzliche programmtechnische Maßnahmen zu treffen, um diese Beziehungen zu erzwingen (siehe Abschn. 3.1.4).

Um nun zu zeigen, wie diese Beziehungen zwischen den Tabellen hergestellt werden können, müssen noch die Begriffe **Identifikationsschlüssel**, **Primärschlüssel** und **Fremdschlüssel** bekannt sein:

▶ **Identifikationsschlüssel (ID-Schlüssel)** Jedes Tupel einer Entitätsmenge muss eindeutig identifizierbar sein. Dies kann durch ein Attribut oder eine Kombination von Attributen gewährleistet werden.

Beispielsweise ist eine Person in einer Firma eindeutig durch ihre Personalnummer identifizierbar. Der Name einer Person kann kein Identifikationsschlüssel sein, weil es mehrere Personen mit dem gleichen Namen geben könnte (z. B. mehrere Meier). Der Identifikationsschlüssel könnte jedoch auch aus den Attributen „Name" und „Vorname" gebildet werden, wenn sichergestellt werden kann, dass es keine zwei Personen geben kann, die z. B. Hans Müller heißen. In diesem Falle kann auf eine Personalnummer verzichtet werden.

Kriterien, die ein Identifikationsschlüssel erfüllen muss

- Jedes Tupel muss eindeutig identifizierbar sein. Es dürfen nicht mehrere Tupel einen Identifikationsschlüssel mit dem gleichen Attributwert bzw. mit der gleichen Kombination von Attributwerten aufweisen. Der Identifikationsschlüssel muss also eindeutig sein
- Jedem neuen Tupel muss sofort der entsprechende Attributwert des Identifikationsschlüssels zugeteilt werden können
- Der Identifikationsschlüsselwert eines Tupels darf sich während dessen Existenz nicht ändern ◄

▶   **Wichtig** Der **Primärschlüssel** wird häufig mit dem Begriff „**Identifikationsschlüssel**" gleichgesetzt. Diese beiden Begriffe sind aber nicht gleichbedeutend. Der Primärschlüssel wird direkt in die Speicherorganisation einbezogen und ist somit der physikalischen Datenebene (physisches Datenmodell) zugeordnet. Der ID-Schlüssel hingegen ist der logischen Datenebene (konzeptionelles Datenmodell) zugeordnet. Ansonsten gelten für die Attributwerte eines Primärschlüssels dieselben Bedingungen, wie beim Identifikationsschlüssel beschrieben. Jede Tabelle kann nur einen Primärschlüssel haben. Daneben kann es aber weitere Attribute mit eindeutigen Werten geben, die zwar nicht als Primärschlüssel verwendet werden, aber eine ähnliche Funktion erfüllen und ebenfalls in Beziehungen verwendet werden können.

Bei der Definition des **Fremdschlüssels** muss zwischen dem konzeptionellen und dem physischen Datenmodell unterschieden werden:

▶   **Konzeptioneller Fremdschlüssel** Ein Fremdschlüssel in einer **Entität** E2 ist ein Attribut (oder eine Attributkombination), welches in einer Entität E1 den Identifikationsschlüssel bildet. Ein Fremdschlüssel in der Entitätsmenge EM2 kann nur diejenigen Attributwerte annehmen, welche bereits im Identifikationsschlüssel der Entitätsmenge EM1 existieren.

▶   **Physischer Fremdschlüssel** Ein Fremdschlüssel in einer **Tabelle** T2 ist ein Attribut (oder eine Attributkombination), welches in einer Tabelle T1 entweder den Primärschlüssel bildet oder aber nur eindeutige Attributwerte annehmen kann. Ein Fremdschlüssel in der Tabelle T2 kann entweder Nullwerte oder nur diejenigen Attributwerte annehmen, welche bereits im Primärschlüssel (oder des eindeutigen Attributes) der Tabelle T1 existieren.

▶   Die beiden Definitionen unterscheiden sich dadurch, dass der physische Fremdschlüssel auch Nullwerte annehmen kann und das korrespondierende Attribut (Attributkombin ation) in der Ursprungstabelle nicht zwingend ein Primärschlüssel sein muss. Es ist ausreichend, wenn es nur eindeutige Attributwerte annehmen kann.

In den folgenden Abschnitten werden alle möglichen Beziehungstypen anhand von Beispielen diskutiert. Spiegelbildliche Beziehungen (z. B. 1-c und c-1) werden nur einmal behandelt, da diese Beziehungstypen ja nur davon abhängig sind, in welcher Reihenfolge man die Tabellen hinschreibt.

Den Aufbau einer Tabelle kann man mit folgender **Kurzschreibweise** wiedergeben:

Tabellenname (<u>ID-Schlüssel</u>, Attribut 1, Attribut …, Attribut n)

In dieser Schreibweise wird der Name der Tabelle fett gedruckt und der ID-Schlüssel unterstrichen hingeschrieben. Falls der ID-Schlüssel aus zusammengesetzten Attributen besteht, werden alle zur Bildung des ID-Schlüssels erforderlichen Attribute unterstrichen. Falls weitere Attribute existieren, die eindeutige Werte besitzen, aber nicht als ID-Schlüssel verwendet werden (obwohl sie ID-Schlüssel sein könnten), dann sind diese doppelt zu unterstreichen (siehe c-c-Beziehung).

Beispiel für die Kurzschreibweise

T1 (<u>F-T2</u>, <u>F-T3</u>, <u>F-T4</u>, F-T5, x, y, z)

In diesem Beispiel wird der ID-Schlüssel der Tabelle T1 aus der Kombination der Fremdschlüssel „F-T2" und „F-T3" gebildet. Das Fremdschlüsselattribut „F-T4" besitzt in der Tabelle T1 nur eindeutige Attributwerte und könnte somit ebenfalls den ID-Schlüssel bilden. Dies kann durch die doppelte Unterstreichung hervorgehoben werden. ◄

Im letzten Beispiel kann in der Entitätsmenge der Tabelle T1 jede Attributwertkombination von „F-T2" und „F-T3" und jeder Attributwert vom Fremdschlüssel „F-T4" nur einmal vorkommen. „F-T5" ist ein Fremdschlüssel, welcher nicht im ID-Schlüssel der Tabelle T1 vorkommt und x, y, z sind beliebige Attribute. Diese Einschränkungen verdeutlicht die Tabelle in Abb. 3.3.

Die **Wertekombination** „F-T2" = 1 und „F-T3" = 1 darf in der ganzen Entitätsmenge somit nur einmal vorkommen, während das Attribut „F-T4" den **Wert** „2" nur einmal annehmen darf. Ein neues Tupel 3-2-1 wäre somit unzulässig, weil es schon ein Tupel gibt, welches im Attribut „F-T4" den Attributwert „1" besitzt (2-2-1).

Abb. 3.3 Mögliche ID-Schlüssel der Tabelle T1

F-T2	F-T3	F-T4	F-T5	...
1	1	2	...	...
1	2	3	...	...
2	1	4	...	...
2	2	1	...	...
3	5	5	...	...

▶ **Hinweis** Gemäß Definition muss das ID-Schlüsselattribut einer Tabelle eindeutige Attributwerte besitzen. Beim Attribut „F-T4" ist dies der Fall. Somit könnte dieses Attribut alleine den ID-Schlüssel der Tabelle T1 bilden und es ergäbe sich folgende Kurzschreibweise:

T1 (<u>F-T4</u>, F-T2, F-T3, F-T5, x, y, z)

Somit ist das doppelte Unterstreichen nicht mehr erforderlich.

Es muss aber nach wie vor sichergestellt werden, dass die Wertekombination „F-T2" und „F-T3" eindeutig bleibt.

Dies kann programmtechnisch durch die Indizierung dieser Attribute erreicht werden (siehe Abschn. 4.6.2). Die Methodik des doppelten Unterstreichens ist als Gedankenstütze sinnvoll, damit die Indizierung nicht vergessen wird.

Es werden nun alle zehn verschiedenen Beziehungstypen am Beispiel „Autos und Personen" erklärt. Die beiden Tabellen haben dabei immer folgenden Aufbau, wobei weitere Fremdschlüsselattribute dazukommen können:

Autos (<u>ANr</u>, Marke, Typ, Baujahr)
Personen (<u>PNr</u>, Name, Vorname)

▶ **Hinweis** Es werden Tabellen mit Beispieldatensätzen verwendet. Nur anhand von Daten lassen sich aber keine eindeutigen Zuweisungen von Beziehungen vornehmen. Beispielsweise kann es bei einer 1-mc-Beziehung durchaus sein, dass jede Person mindestens ein Auto besitzt, obwohl es auch zulässig wäre, dass bestimmte Personen kein Auto besitzen.

Auf der anderen Seite lassen sich aber bestimmte Beziehungen anhand der Daten klar ausschließen. So kann es beispielsweise nicht sein, dass der Fremdschlüssel einer 1-c-Beziehung mehrfach auftretende Werte besitzt. Sollte dies trotzdem vorkommen, kann zwischen den Tabellen keine 1-c-Beziehung existieren.

3.1.2.1 Die 1-1-Beziehung

Bezogen auf das Beispiel „Autos und Personen" könnte eine 1-1-Beziehung bedeuten, dass jede Person genau ein Auto besitzt und jedes Auto genau einer Person gehört.

Konzeptionelles Datenmodell der 1-1-Beziehung

Um diese Beziehung zwischen den Tabellen darzustellen, muss nun in eine der beiden Tabellen ein Fremdschlüssel eingefügt werden, wie in Abb. 3.4 dargestellt.

Personen

PNr	Name	Vorname	ANr
1	Müller	Heinz	2
2	Meier	Hans	4
3	Schmid	Beat	1
4	Steffen	Felix	3
5	Einstein	Albert	5

Autos

ANr	Marke	Typ	Baujahr
1	Audi	A6	2008
2	Opel	Antara	2007
3	Fiat	Punto	2002
4	VW	Bora	2003
5	Toyota	Yaris	2006

Abb. 3.4 1-1-Beziehung zwischen zwei Tabellen

In diesem Falle wurde in die Tabelle „Personen" der Fremdschlüssel „ANr" eingesetzt. Damit ist nun klar definiert, dass Herr Meier einen VW Bora fährt und dass der VW Bora Herrn Meier gehört. Die gleiche Aussage könnte man auch bekommen, wenn in der Tabelle „Autos" der Fremdschlüssel „PNr" verwendet würde (nachprüfen!). Man könnte auch in der Tabelle „Personen" den Fremdschlüssel „ANr" und in der Tabelle „Autos" den Fremdschlüssel „PNr" gleichzeitig verwenden. In der Praxis wird man aber aus Gründen der Speicherplatzersparnis sowie der Datenkonsistenz nur einen Fremdschlüssel verwenden.

Physisches Datenmodell der 1-1-Beziehung

Kurzschreibweise: **Personen** (PNr, Name, Vorname, ANr)
                           Autos (ANr, Marke, Typ, Baujahr)

oder

Kurzschreibweise: **Personen** (PNr, Name, Vorname)
                           Autos (ANr, Marke, Typ, Baujahr, PNr)

oder

Kurzschreibweise: **Personen** (PNr, Name, Vorname, ANr)
                           Autos (ANr, Marke, Typ, Baujahr, PNr)

Es ist sogar möglich, die zwei Tabellen zu einer Tabelle „Personenwagenbesitzer" zusammenzufassen, weil ja zu jedem Tupel in der Tabelle „Personen" genau ein Tupel in der Tabelle „Autos" gehört, wie in Abb. 3.5 dargestellt.

Dies ist aber nur erlaubt, wenn die Tabelle „Autos" nicht noch mit anderen Tabellen in Beziehung steht, weil es nun keinen ID-Schlüssel „ANr" mehr gibt. In der Praxis besitzt die 1-1-Beziehung eine untergeordnete Bedeutung, weil sie selten vorkommt oder aber zu einer Tabelle zusammengefasst wird (Ausnahme: vgl. Abschn. 3.1.2.11).

Personenwagenbesitzer

PNr	Name	Vorname	Marke	Typ	Baujahr
1	Müller	Heinz	Opel	Antara	2007
2	Meier	Hans	VW	Bora	2003
3	Schmid	Beat	Audi	A6	2008
4	Steffen	Felix	Fiat	Punto	2002
5	Einstein	Albert	Toyota	Yaris	2006

Abb. 3.5 Zusammengefasste Tabelle

Personen

PNr	Name	Vorname
1	Müller	Heinz
2	Meier	Hans
3	Schmid	Beat
4	Steffen	Felix
5	Einstein	Albert

Autos

ANr	Marke	Typ	Baujahr	PNr
1	Audi	A6	2008	3
2	Opel	Antara	2007	1
3	Fiat	Punto	2002	4

Abb. 3.6 1-c-Beziehung zwischen zwei Tabellen

3.1.2.2 Die 1-c-Beziehung

Bezogen auf das Beispiel „Autos und Personen" könnte eine 1-c-Beziehung bedeuten, dass jede Person entweder kein oder genau ein Auto besitzt und jedes Auto genau einer Person gehört.

Konzeptionelles Datenmodell der 1-c-Beziehung

Um diese Beziehung darzustellen, muss ein Fremdschlüssel in der Tabelle „Autos" verwendet werden, wie es Abb. 3.6 zeigt.

Man sieht nun, dass in der Tabelle „Autos" nur noch Tupel vorhanden sind, welche mit einem Tupel der Tabelle „Personen" assoziiert sind (die Datensätze der Tabelle „Autos" besitzen über den Fremdschlüssel „PNr" einen Bezug zur „Tabelle" Personen). In diesem Beispiel besitzen die Personen „Meier" und „Einstein" kein Auto, da in der Tabelle „Autos" keine Tupel mit den entsprechenden Attributwerten (2 oder 5) im Fremdschlüssel „PNr" vorhanden sind.

Physisches Datenmodell der 1-c-Beziehung

Kurzschreibweise: **Personen** (<u>PNr</u>, Name, Vorname)
                           Autos (<u>ANr</u>, Marke, Typ, Baujahr, PNr)

Der Fremdschlüssel „PNr" in der Tabelle „Autos" kann nur eindeutige Attributwerte annehmen (jeder Attributwert kann nur einmal in der Tabelle „Autos" vorkommen). Dies eröffnet die Möglichkeit, diesen Fremdschlüssel als ID-Schlüssel für die Tabelle „Autos" zu verwenden und auf das Attribut „ANr" zu verzichten:

Kurzschreibweise: **Personen** (<u>PNr</u>, Name, Vorname)
                           Autos (<u>PNr</u>, Marke, Typ, Baujahr)

Es gäbe auch die Möglichkeit, den Fremdschlüssel „ANr" in der Tabelle „Personen" zu verwenden. Dann dürften aber keine Attributwerte im Fremdschlüssel bei den Personen „Meier" und „Einstein" stehen. Ein Attribut ohne Attributwert besitzt einen so genannten **Nullwert**. Weil für das Abspeichern eines Nullwertes normalerweise gleichviel Speicherplatz benötigt wird, wie für einen normalen Attributwert, sind Nullwerte schon aus diesem Grunde zu vermeiden. Aufgrund der Definition des konzeptionellen Fremdschlüssels muss ein Fremdschlüsselattributwert im Wertebereich des entsprechenden ID-Schlüssels liegen. Ein Nullwert kann aber keinem Wertebereich zugeordnet werden, und ein ID-Schlüssel kann auch keinen Nullwert annehmen.

▶   Nullwerte in Fremdschlüsselattributen sind gemäß Definition des konzeptionellen
        Fremdschlüssels unzulässig, weil ein Nullwert nicht zum Wertebereich des korres-
        pondierenden ID-Schlüssels gehört.

3.1.2.3 Die 1-m-Beziehung
Bezogen auf das Beispiel „Autos und Personen" könnte eine 1-m-Beziehung bedeuten, dass jede Person mindestens ein Auto besitzt und jedes Auto genau einer Person gehört.

Konzeptionelles Datenmodell der 1-m-Beziehung

In diesem Falle kann ein Tupel der Tabelle „Personen" mit mehreren Tupel der Tabelle „Autos" assoziiert sein. Das bedeutet, dass die Tabelle „Autos" mindestens gleich viele Tupel besitzt wie die Tabelle „Personen". Der Fremdschlüssel „PNr" in der Tabelle „Autos" kann nun den gleichen Attributwert mehrmals annehmen, wie in Abb. 3.7 dargestellt.

Personen

PNr	Name	Vorname
1	Müller	Heinz
2	Meier	Hans
3	Schmid	Beat
4	Steffen	Felix
5	Einstein	Albert

Autos

ANr	Marke	Typ	Baujahr	PNr
1	Audi	A6	2008	3
2	Opel	Antara	2007	1
3	Fiat	Punto	2002	4
4	VW	Bora	2003	2
5	Toyota	Yaris	2006	5
6	VW	Golf	2004	1
7	Honda	Civic	2004	2

Abb. 3.7 1-m-Beziehung zwischen zwei Tabellen

In diesem Beispiel besitzen die Personen „Müller" und „Meier" je zwei Autos und jedes Auto hat genau einen Eigentümer. Falls nun eine Person zweimal den gleichen Autotyp besitzen würde, müsste man das zweite Auto als neues Tupel mit einer neuen Identifikationsnummer in die Tabelle „Autos" einfügen. Es handelt sich dabei ja um zwei physikalisch verschiedene Fahrzeuge, welche zufälligerweise die gleichen Merkmale besitzen (dies ergibt sich aus der 1-Assoziation: ein Auto hat genau einen Besitzer).

Physisches Datenmodell der 1-m-Beziehung

Kurzschreibweise: **Personen** (<u>PNr</u>, Name, Vorname)
                      Autos (<u>ANr</u>, Marke, Typ, Baujahr, PNr)

Ein Fremdschlüsselattribut „ANr" in der Tabelle „Personen" würde dort zu Redundanzen führen, weil für jedes zugewiesene Auto ein Datensatz existieren müsste.

3.1.2.4 Die 1-mc-Beziehung

Bezogen auf das Beispiel „Autos und Personen" könnte eine 1-mc-Beziehung bedeuten, dass jede Person beliebig viele Autos besitzen kann (0, 1 oder mehr) und jedes Auto genau einer Person gehört.

Konzeptionelles Datenmodell der 1-mc-Beziehung

Die 1-mc-Beziehung stellt eine Kombination der 1-m und 1-c-Beziehung dar. In der Tabelle „Autos" wird ein Fremdschlüssel „PNr" verwendet, welcher die gleichen Attributwerte mehrmals verwenden kann. Es existieren aber nur solche Tupel, welche einen Bezug

Personen

PNr	Name	Vorname
1	Müller	Heinz
2	Meier	Hans
3	Schmid	Beat
4	Steffen	Felix
5	Einstein	Albert

Autos

ANr	Marke	Typ	Baujahr	PNr
1	Audi	A6	2008	3
2	Opel	Antara	2007	1
3	Fiat	Punto	2002	4
4	VW	Bora	2003	2
5	Toyota	Yaris	2006	2
6	VW	Golf	2004	1
7	Honda	Civic	2004	2

Abb. 3.8 1-mc-Beziehung zwischen zwei Tabellen

zur Tabelle „Personen" aufweisen. In der Tabelle „Personen" können nun aber auch Tupel existieren, deren ID-Schlüsselwert <u>nicht</u> im Fremdschlüssel „PNr" der Tabelle „Autos" vorkommt, wie dies Abb. 3.8 zeigt.

In diesem Beispiel besitzt Herr Einstein kein Auto. Seine Personennummer kommt in der Tabelle „Autos" nicht vor.

Physisches Datenmodell der 1-mc-Beziehung

Kurzschreibweise: **Personen** (<u>PNr</u>, Name, Vorname)
                      Autos (<u>ANr</u>, Marke, Typ, Baujahr, PNr)

Ein Fremdschlüsselattribut „ANr" in der Tabelle „Personen" würde, wie schon bei der 1-c-Beziehung, zu Nullwerten führen und ist deshalb nicht zu verwenden. Zusätzlich entstünden, wie bei der 1-m-Beziehung, Redundanzen in der Tabelle „Personen", weil für jedes zugewiesene Auto ein Datensatz existieren müsste.

3.1.2.5 Die c-c-Beziehung

Bezogen auf das Beispiel „Autos und Personen" könnte eine c-c-Beziehung bedeuten, dass jede Person entweder kein oder genau ein Auto besitzen kann und jedes Auto entweder keinen oder genau einen Besitzer hat.

Konzeptionelles Datenmodell der c-c-Beziehung

Personen

PNr	Name	Vorname	ANr
1	Müller	Heinz	2
2	Meier	Hans	
3	Schmid	Beat	1
4	Steffen	Felix	3
5	Einstein	Albert	

Autos

ANr	Marke	Typ	Baujahr	PNr
1	Audi	A6	2008	3
2	Opel	Antara	2007	1
3	Fiat	Punto	2002	4
4	VW	Bora	2003	
5	Toyota	Yaris	2006	

Abb. 3.9 c-c-Beziehung zwischen zwei Tabellen

Abb. 3.10 Entitätenblockdiagramm
mit transformierter c-c-Beziehung

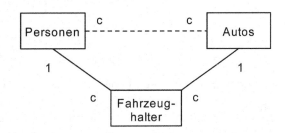

Dieses Problem könnte gelöst werden, indem man z. B. in der Tabelle „Personen" den Fremdschlüssel „ANr" und in der Tabelle „Autos" den Fremdschlüssel „PNr" verwendet, wie dies Abb. 3.9 zeigt.

Man erkennt aber nun, dass hier zwangsläufig Nullwerte in den Fremdschlüsseln vorkommen. Gemäß Definition des konzeptionellen Fremdschlüssels ist dies jedoch nicht erlaubt (siehe auch 1-c-Beziehung).

▶   Die c-c-Beziehung erzwingt Nullwerte in den Fremdschlüsselattributen, was der Definition des konzeptionellen Fremdschlüssels widerspricht.

Das Beispiel aus Abb. 3.9 muss also so umgewandelt werden, dass die Definition des konzeptionellen Fremdschlüssels nicht verletzt wird. Abb. 3.10 zeigt, wie das konzeptionelle Datenmodell auszusehen hat.

Die konditionelle c-c-Beziehung (gestrichelt dargestellt) wird in zwei hierarchische 1-c-Beziehungen umgewandelt, wobei eine neue Tabelle „Fahrzeughalter" geschaffen wird. Diesen Vorgang nennt man **Transformation**. Die drei Tabellen haben nun den Aufbau, wie in Abb. 3.11 dargestellt.

In der Tabelle „Fahrzeughalter" existieren nur diejenigen Tupel, welche einer 1-1-Beziehung zwischen den Tabellen „Personen" und „Autos" entsprechen würden. Der ID-Schlüssel der Tabelle „Fahrzeughalter" wird aus den Fremdschlüsseln „PNr" und „ANr" gebildet. Es ist aber zu beachten, dass jeder Attributwert des Attributes „PNr" bzw. „ANr" in der Tabelle „Fahrzeughalter" nur einmal vorkommen darf (vgl. Abschn. 3.1.2, „Kurzschreibweise"). Das Attribut „PNr" darf also nur einmal den Attributwert „1"

Personen

PNr	Name	Vorname
1	Müller	Heinz
2	Meier	Hans
3	Schmid	Beat
4	Steffen	Felix
5	Einstein	Albert

Autos

ANr	Marke	Typ	Baujahr
1	Audi	A6	2008
2	Opel	Antara	2007
3	Fiat	Punto	2002
4	VW	Bora	2003
5	Toyota	Yaris	2006

Fahrzeughalter

PNr	ANr
1	2
3	1
4	3

Abb. 3.11 Transformierte c-c-Beziehung zwischen zwei Tabellen

annehmen, da jede Person ja nur ein Auto besitzen darf. Das Gleiche gilt für das Attribut „ANr", weil jedes Auto ja nur einen Besitzer haben kann. Die ursprünglichen Tabellen „Personen" und „Autos" müssen bei einer c-c-Beziehung nicht mit Fremdschlüsselattributen versehen werden und bleiben damit unverändert bestehen.

Physisches Datenmodell der transformierten c-c-Beziehung

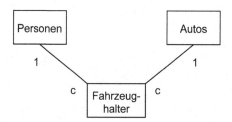

Kurzschreibweise: **Personen** (<u>PNr</u>, Name, Vorname)
                      Autos (<u>ANr</u>, Marke, Typ, Baujahr)
                      Fahrzeughalter (<u>PNr</u>, <u>ANr</u>)

Bei der c-c-Beziehung tritt der Spezialfall auf, dass jedes der beiden Attribute „PNr" und „ANr" in der Tabelle „Fahrzeughalter" nur einmalige Attributwerte haben darf (doppelt unterstrichen) und somit alleine den ID-Schlüssel bilden könnte. Folglich muss man sich entscheiden, welches Attribut als ID-Schlüssel verwendet werden soll. Dieses wird dann in der Kurzschreibweise einmal unterstrichen; alle Doppelunterstreichungen entfallen. Das andere Attribut sollte später so indiziert werden, dass nur eindeutige Attributwerte akzeptiert werden.

Kurzschreibweise: **Fahrzeughalter** (<u>PNr</u>, ANr)

Oder

Kurzschreibweise: **Fahrzeughalter** (<u>ANr</u>, PNr)

   Bei der praktischen Implementierung kann es aber trotzdem vorkommen, dass man Nullwerte in Fremdschlüsseln zulässt, weil damit auf eine Transformationstabelle (siehe Abschn. 3.1.2.13) verzichtet werden kann.

▶   Beim physischen Datenmodell sind Nullwerte in Fremdschlüsseln erlaubt (optionale Beziehungen).

3.1.2.6 Die c-m-Beziehung

Bezogen auf das Beispiel „Autos und Personen" könnte eine c-m-Beziehung bedeuten, dass jede Person mindestens ein Auto besitzt und jedes Auto entweder keinen oder genau einen Besitzer hat.

Konzeptionelles Datenmodell

   Dieses Problem hat einen ähnlichen Charakter, wie bei der 1-m-Beziehung. Allerdings können in der Tabelle „Autos" nun auch Autotypen auftreten, welche keinen Besitzer haben und damit ebenfalls Nullwerte im Fremdschlüssel „PNr" aufweisen, wie Abb. 3.12 zeigt.

   Eine weitere Variante wäre, wenn die Personen, welche mehrere Autos besitzen, in der Tabelle „Personen" mehrmals eingetragen würden. Da diese Personen aber ihren ID-Schlüsselwert behalten müssten, würde dies dazu führen, dass der ID-Schlüssel der Tabelle „Personen" nicht mehr eindeutig wäre (jeder Attributwert des ID-Schlüssels darf nur einmal in einer Tabelle vorkommen). Man sieht nun beim gewählten Beispiel, dass in

Personen

PNr	Name	Vorname
1	Müller	Heinz
2	Meier	Hans
3	Schmid	Beat

Autos

ANr	Marke	Typ	Baujahr	PNr
1	Audi	A6	2008	3
2	Opel	Antara	2007	1
3	Fiat	Punto	2002	
4	VW	Bora	2003	2
5	Toyota	Yaris	2006	
6	VW	Golf	2004	1
7	Honda	Civic	2004	2

Abb. 3.12   c-m-Beziehung zwischen zwei Tabellen

Abb. 3.13 Entitätenblockdiagramm mit transformierter
c-m-Beziehung

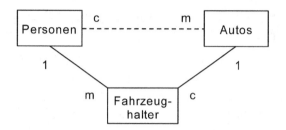

Personen		
PNr	Name	Vorname
1	Müller	Heinz
2	Meier	Hans
3	Schmid	Beat

Autos			
ANr	Marke	Typ	Baujahr
1	Audi	A6	2008
2	Opel	Antara	2007
3	Fiat	Punto	2002
4	VW	Bora	2003
5	Toyota	Yaris	2006
6	VW	Golf	2004
7	Honda	Civic	2004

Fahrzeughalter	
PNr	ANr
1	2
1	6
2	4
2	7
3	1

Abb. 3.14 Transformierte c-m-Beziehung zwischen zwei Tabellen

der Tabelle „Autos" zwangsläufig Nullwerte im Fremdschlüssel „PNr" vorkommen. Dies
ist, wie bei der c-c-Beziehung beschrieben, ebenfalls verboten. Folglich muss auch eine
c-m-Beziehung transformiert werden, wie in Abb. 3.13 dargestellt.

Es wird wie bei der c-c-Beziehung eine neue Tabelle „Fahrzeughalter" geschaffen.
Dies bedeutet nun, dass zu jeder Person mindestens ein Tupel in der Tabelle „Fahrzeughalter" gehört und somit jede Person mindestens ein Auto besitzt. Ein Auto hingegen kann,
muss aber nicht, einen Fahrzeughalter haben. Die drei Tabellen sind nun aufgebaut, wie in
Abb. 3.14 dargestellt.

In diesem Beispiel besitzt Herr Müller einen Opel Antara sowie einen VW Golf. Das
Attribut „PNr" der Tabelle „Fahrzeughalter" darf also mehrere gleiche Attributwerte aufweisen (m-Assoziation). Beim Attribut „ANr" in der Tabelle „Fahrzeughalter" darf aber
der gleiche Attributwert nur einmal auftreten (c-Assoziation), wie dies bei der c-c-
Beziehung ja schon der Fall war. Der ID-Schlüssel der Tabelle „Fahrzeughalter" kann also

aus dem Attribut „ANr" gebildet werden (jeder Attributwert kommt nur einmal in der Tabelle vor). Dieser Sachverhalt ist später bei der Indizierung (Abschn. 4.6.2) wichtig.

Physisches Datenmodell der transformierten c-m-Beziehung

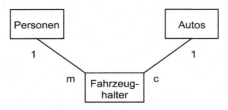

Kurzschreibweise: **Personen** (<u>PNr</u>, Name, Vorname)
Autos (<u>ANr</u>, Marke, Typ, Baujahr)
Fahrzeughalter (<u>ANr</u>, PNr)

3.1.2.7 Die c-mc-Beziehung

Bezogen auf das Beispiel „Autos und Personen" könnte eine c-mc-Beziehung bedeuten, dass jede Person beliebig viele Autos besitzen kann und jedes Auto entweder keinen oder genau einen Besitzer hat.

Konzeptionelles Datenmodell der c-mc-Beziehung

Wie bei der 1-mc-Beziehung könnte man dieses Problem lösen, indem in der Tabelle „Autos" der Fremdschlüssel „PNr" eingeführt wird, wie aus Abb. 3.15 hervorgeht.

Die Personen „Steffen" und „Einstein" besitzen keine Autos und die Autos Nr. 4 und 7 haben keine Eigentümer. Man sieht nun, dass im konzeptionellen Fremdschlüssel „PNr" in der Tabelle „Autos" Nullwerte vorkommen können. Dies ist, wie schon bei der c-c-

Personen

PNr	Name	Vorname
1	Müller	Heinz
2	Meier	Hans
3	Schmid	Beat
4	Steffen	Felix
5	Einstein	Albert

Autos

ANr	Marke	Typ	Baujahr	PNr
1	Audi	A6	2008	1
2	Opel	Antara	2007	2
3	Fiat	Punto	2002	2
4	VW	Bora	2003	
5	Toyota	Yaris	2006	3
6	VW	Golf	2004	1
7	Honda	Civic	2004	

Abb. 3.15 c-mc-Beziehung zwischen zwei Tabellen

Beziehung beschrieben, verboten. Die c-mc-Beziehung muss also ebenfalls transformiert werden, wie in Abb. 3.16 dargestellt.

Die Tabellen sind nun gemäß Abb. 3.17 aufgebaut.

Im Fremdschlüssel „ANr" der Tabelle „Fahrzeughalter" darf jeder Attributwert nur einmal vorkommen (c-Assoziation), während im Fremdschlüssel „PNr" der gleiche Attributwert mehrmals vorkommen darf (m-Assoziation). Dadurch kann, wie bei der c-m-Beziehung, das Attribut „ANr" den ID-Schlüssel alleine bilden.

Abb. 3.16 Entitätenblockdiagramm mit transformierter c-mc-Beziehung

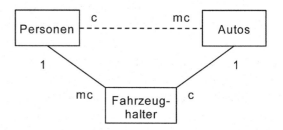

PNr	Name	Vorname
1	Müller	Heinz
2	Meier	Hans
3	Schmid	Beat
4	Steffen	Felix
5	Einstein	Albert

ANr	Marke	Typ	Baujahr
1	Audi	A6	2008
2	Opel	Antara	2007
3	Fiat	Punto	2002
4	VW	Bora	2003
5	Toyota	Yaris	2006
6	VW	Golf	2004
7	Honda	Civic	2004

Fahrzeughalter

PNr	ANr
1	1
1	6
2	2
2	3
3	5

Abb. 3.17 Transformierte c-mc-Beziehung zwischen zwei Tabellen

Physisches Datenmodell der transformierten c-mc-Beziehung

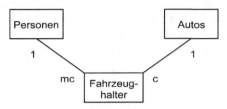

Kurzschreibweise: **Personen** (<u>PNr</u>, Name, Vorname)
Autos (<u>ANr</u>, Marke, Typ, Baujahr)
Fahrzeughalter (<u>ANr</u>, PNr)

3.1.2.8 Die m-m-Beziehung

Bezogen auf das Beispiel „Autos und Personen" könnte eine m-m-Beziehung bedeuten, dass jede Person mindestens ein Auto besitzt und jedes Auto mindestens einen Besitzer hat.

Konzeptionelles Datenmodell der m-m-Beziehung

Diese Beziehung ist ähnlich, wie die 1-m-Beziehung, mit dem Unterschied, dass es hier in beiden Tabellen Mehrfacheinträge geben kann. Im folgenden Beispiel erhält die Tabelle „Autos" den Fremdschlüssel „PNr". Selbstverständlich könnte auch die Tabelle „Personen" den Fremdschlüssel „ANr" bekommen. Es ist aber nicht nötig, dass beide Tabellen einen Fremdschlüssel erhalten. Abb. 3.18 zeigt die Tabelle „Autos" mit dem Fremdschüssel „PNr".

In diesem Beispiel besitzen Herr Müller und Herr Schmid ein gemeinsames Auto (Opel Antara). In der Tabelle „Autos" müssen also Autos, welche mehrere Besitzer haben, mehrmals eingetragen werden. Die m-m-Beziehung erzwingt also Redundanzen durch

Personen

PNr	Name	Vorname
1	Müller	Heinz
2	Meier	Hans
3	Schmid	Beat

Autos

ANr	Marke	Typ	Baujahr	PNr
1	Audi	A6	2008	3
2	Opel	Antara	2007	1
3	Fiat	Punto	2002	1
4	VW	Bora	2003	3
1	Audi	A6	2008	1
1	Audi	A6	2008	2
2	Opel	Antara	2007	3

Abb. 3.18 m-m-Beziehung zwischen zwei Tabellen

Mehrfacheinträge. Damit ergibt sich das Problem, dass der ID-Schlüssel nicht eindeutig ist, weil der gleiche Attributwert in der Tabelle mehrmals vorkommt. In der Praxis ergibt sich daraus folgendes Problem: Falls der Attributwert „Baujahr" für den Audi A6 geändert würde, so müssten alle anderen Tupel mit dem ID-Schlüsselwert „1" ebenfalls entsprechend geändert werden. Alle Tupel mit dem gleichen ID-Schlüsselwert müssen ja identisch sein. Würde dies nicht gemacht, so wären die Daten widersprüchlich d. h. inkonsistent.

▶   Die m-m-Beziehung erzwingt Redundanzen durch Mehrfacheinträge und gefährdet damit die Datenkonsistenz.

Somit muss auch die m-m-Beziehung gemäß Abb. 3.19 transformiert werden.
Die Tabellen sind anschließend aufgebaut, wie in Abb. 3.20 dargestellt.

Abb. 3.19 Entitätenblockdiagramm mit transformierter m-m-Beziehung

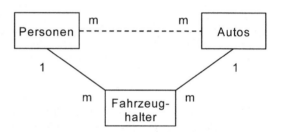

Personen

PNr	Name	Vorname
1	Müller	Heinz
2	Meier	Hans
3	Schmid	Beat

Autos

ANr	Marke	Typ	Baujahr
1	Audi	A6	2008
2	Opel	Antara	2007
3	Fiat	Punto	2002
4	VW	Bora	2003

Fahrzeughalter

PNr	ANr
1	2
1	3
1	1
2	1
3	1
3	4
3	2

Abb. 3.20 Transformierte m-m-Beziehung zwischen zwei Tabellen

Bei der m-m-Beziehung können nun in beiden Fremdschlüsseln der Tabelle „Fahrzeug-halter" die gleichen Attributwerte mehrmals vorkommen. Lediglich die Kombination der beiden Fremdschlüsselattributwerte muss eindeutig sein. Die Kombination „PNr" = 3 und „ANr" = 3 darf also nur einmal in der Entitätsmenge vorkommen. Der ID-Schlüssel der Tabelle „Fahrzeughalter" wird somit aus der Kombination der Attribute „PNr" und „ANr" gebildet (zusammengesetzter ID-Schlüssel).

Physisches Datenmodell der transformierten m-m-Beziehung

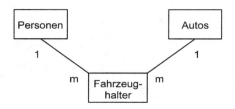

Kurzschreibweise: **Personen** (PNr, Name, Vorname)
                      Autos (ANr, Marke, Typ, Baujahr)
                      Fahrzeughalter (PNr, ANr)

3.1.2.9 Die m-mc-Beziehung

Bezogen auf das Beispiel „Autos und Personen" könnte eine m-mc-Beziehung bedeuten, dass jede Person beliebig viele Autos besitzen kann und jedes Auto mindestens einen Be-sitzer hat.

Konzeptionelles Datenmodell der m-mc-Beziehung

Diese Beziehung ist ähnlich wie die m-m-Beziehung. In der Tabelle „Personen" kön-nen aber auch Tupel existieren, welche keinen Bezug zu einem Tupel der Tabelle „Autos" besitzen (c-Assoziation), wie dies Abb. 3.21 zeigt.

Personen

PNr	Name	Vorname
1	Müller	Heinz
2	Meier	Hans
3	Schmid	Beat
4	Steffen	Felix

Autos

ANr	Marke	Typ	Baujahr	PNr
1	Audi	A6	2008	2
2	Opel	Antara	2007	1
3	Fiat	Punto	2002	1
1	Audi	A6	2008	3
2	Opel	Antara	2007	3

Abb. 3.21   m-mc-Beziehung zwischen zwei Tabellen

Abb. 3.22 Entitätenblockdiagramm mit transformierter
m-mc-Beziehung

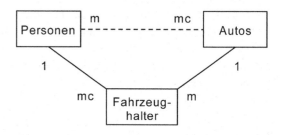

Abb. 3.23 Transformierte
m-mc-Beziehung zwischen
zwei Tabellen

Personen

PNr	Name	Vorname
1	Müller	Heinz
2	Meier	Hans
3	Schmid	Beat
4	Steffen	Felix

Autos

ANr	Marke	Typ	Baujahr
1	Audi	A6	2008
2	Opel	Antara	2007
3	Fiat	Punto	2002

Fahrzeughalter

PNr	ANr
1	2
1	3
2	1
3	1
3	2

In diesem Beispiel besitzen Herr Meier und Herr Schmid ein gemeinsames Auto (Audi A6), während Herr Steffen kein Auto besitzt. Die m-mc-Beziehung erzwingt wie die m-m-Beziehung Redundanzen durch Mehrfacheinträge. Damit ergibt sich wieder das Problem, dass die ID-Schlüssel nicht eindeutig sind. Auch die m-mc-Beziehung muss somit transformiert werden, wie in Abb. 3.22 dargestellt.

Die Tabellen sind anschließend aufgebaut, wie in Abb. 3.23 dargestellt.

Bei der m-mc-Beziehung können nun in beiden Fremdschlüsseln der Tabelle „Fahrzeughalter" die gleichen Attributwerte mehrmals vorkommen. Lediglich die Kombination der beiden Fremdschlüsselattributwerte muss eindeutig sein. Die Kombination „PNr" = 1 und „ANr" = 2 darf also nur einmal in der Entitätsmenge vorkommen. Der ID-Schlüssel wird aus der Kombination der Attribute „PNr" und „ANr" gebildet.

Physisches Datenmodell der transformierten m-mc-Beziehung

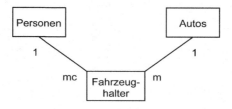

Kurzschreibweise: **Personen** (<u>PNr</u>, Name, Vorname)
                      Autos (<u>ANr</u>, Marke, Typ, Baujahr)
                      Fahrzeughalter (<u>PNr</u>, <u>ANr</u>)

3.1.2.10 Die mc-mc-Beziehung

Bezogen auf das Beispiel „Autos und Personen" könnte eine mc-mc-Beziehung bedeuten, dass jede Person beliebig viele Autos besitzen kann, und dass jedes Auto beliebig viele Besitzer hat.

Konzeptionelles Datenmodell der mc-mc-Beziehung

Diese Beziehung ist ähnlich wie die m-mc-Beziehung. In der Tabelle „Autos" können nun aber auch Tupel stehen, welche keinen Bezug zu einem Tupel der Tabelle „Personen" besitzen (c-Assoziation), wie in Abb. 3.24 dargestellt.

In diesem Beispiel besitzt Herr Schmid kein Auto, da seine Personalnummer im Fremd-schlüssel „PNr" der Tabelle „Autos" nicht vorkommt (c-Assoziation). Andererseits hat der Fiat Punto (ANr = 3) keinen Besitzer (c-Assoziation). Wie schon bei der m-mc-Beziehung zu beobachten war, erzwingt die mc-mc-Beziehung ebenfalls Redundanzen durch Mehr-facheinträge. Damit ergibt sich wieder das Problem, dass die ID-Schlüssel nicht eindeutig sind. Zusätzlich können nun aber auch noch Nullwerte im Fremdschlüssel „PNr" auftreten. Die mc-mc-Beziehung ist somit die ungünstigste Beziehung und muss ebenfalls trans-formiert werden, wie dies Abb. 3.25 zeigt.

Die Tabellen sind anschließend aufgebaut, wie in Abb. 3.26 dargestellt.

Bei der mc-mc-Beziehung können nun in beiden Fremdschlüsseln der Tabelle „Fahr-zeughalter" die gleichen Attributwerte mehrmals vorkommen. Lediglich die Kombination der beiden Fremdschlüsselattributwerte muss eindeutig sein. Die Kombination „PNr" = 3 und „ANr" = 3 darf also nur einmal in der Entitätsmenge vorkommen. Der ID-Schlüssel wird aus der Kombination der Attribute „PNr" und „ANr" gebildet.

Personen

PNr	Name	Vorname
1	Müller	Heinz
2	Meier	Hans
3	Schmid	Beat
4	Steffen	Felix

Autos

ANr	Marke	Typ	Baujahr	PNr
1	Audi	A6	2008	2
2	Opel	Antara	2007	1
3	Fiat	Punto	2002	
1	Audi	A6	2008	1
2	Opel	Antara	2007	2
2	Opel	Antara	2007	4

Abb. 3.24 mc-mc-Beziehung zwischen zwei Tabellen

Abb. 3.25 Entitätenblockdiagramm mit transformierter
mc-mc-Beziehung

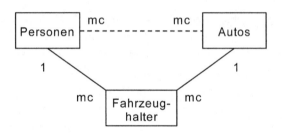

Personen

PNr	Name	Vorname
1	Müller	Heinz
2	Meier	Hans
3	Schmid	Beat
4	Steffen	Felix

Autos

ANr	Marke	Typ	Baujahr
1	Audi	A6	2008
2	Opel	Antara	2007
3	Fiat	Punto	2002

Fahrzeughalter

PNr	ANr
1	2
1	1
2	1
2	2
4	2

Abb. 3.26 Transformierte mc-mc-Beziehung zwischen zwei Tabellen

Physisches Datenmodell der transformierten mc-mc-Beziehung

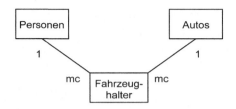

Kurzschreibweise: **Personen** (<u>PNr</u>, Name, Vorname)
                     Autos (<u>ANr</u>, Marke, Typ, Baujahr)
                     Fahrzeughalter (<u>PNr</u>, <u>ANr</u>)

3.1.2.11 Rekursive Beziehungen

Die bisher diskutierten Beziehungen betrafen genau zwei Tabellen. Es gibt jedoch Fälle,
bei denen eine Beziehung innerhalb einer Tabelle auftreten kann. Als Beispiel soll eine

Entitätsmenge „Musiker" dienen, welche außerdem die Dirigenten umfasst. Es gilt dabei die Rahmenbedingung, dass ein Musiker auch gleichzeitig Dirigent sein kann und jeder Dirigent auch Musiker ist. Somit lassen sich rekursive Beziehungen formulieren.

Konzeptionelles Datenmodell einer rekursiven Beziehung

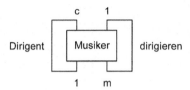

Die 1-c-Beziehung bedeutet, dass ein Musiker Dirigent sein kann und jeder Dirigent gleichzeitig auch Musiker ist. Die 1-m-Beziehung bedeutet, dass jeder Musiker von genau einem Dirigenten dirigiert wird und dass jeder Dirigent mindestens einen Musiker dirigiert. Die beiden Beziehungen werden angeschrieben, damit der Sinn eindeutig erkennbar ist. Die entsprechende Tabelle müsste dann aufgebaut sein, wie in Abb. 3.27 dargestellt.

Kurzschreibweise: **Musiker** (<u>MNr</u>, DNr, Name)

Diese Tabelle besitzt den ID-Schlüssel „MNr" (Musiker-Nr.) und den Fremdschlüssel „DNr" (Dirigenten-Nr.), welcher aus dem ID-Schlüssel „MNr" gebildet wurde. Auf den ersten Blick scheint dies zu funktionieren. Es lässt sich klar bestimmen, dass Karajan ein Dirigent ist, welcher die Musiker Schmid, Bernstein und Müller dirigiert, weil seine Musiker-Nr. im Attribut „DNr" vorkommt.

Allerdings treten nun diverse Unstimmigkeiten auf.

Problematik bei den Musikern

- Der Fremdschlüssel „DNr" müsste „MNr" heißen, weil „DNr" ja aus dem ID-Schlüssel „MNr" gebildet wurde. Dann hätten aber zwei Attribute die gleiche Bezeichnung.
- Wenn man wissen möchte, ob Karajan ein Dirigent ist, muss man alle Attributwerte von „DNr" nach dem ID-Schlüsselwert von Karajan durchsuchen. Dies ist bei einer großen Entitätsmenge unübersichtlich und zeitintensiv. ◄

Abb. 3.27 Rekursive Tabelle

Musiker

MNr	DNr	Name
1	2	Schmid
2	3	Karajan
3	2	Bernstein
4	2	Müller
5	3	Meier

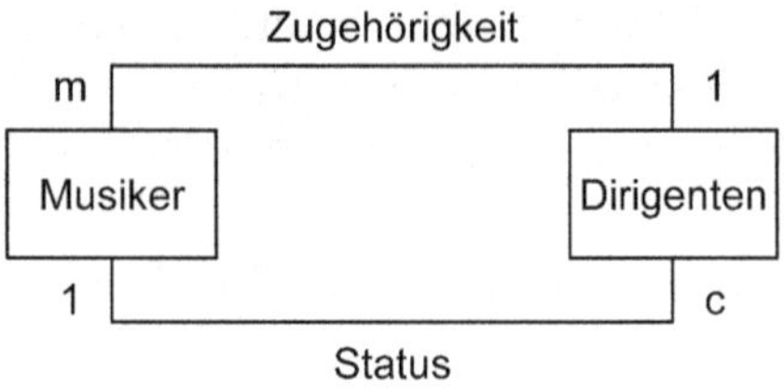

Abb. 3.28 Entitätenblockdiagramm einer indirekt rekursiven Mehrfachbeziehung

Zugehörigkeit

m ⎡ ⎤ 1

| Musiker | | Dirigenten |

1 ⎣ ⎦ c

Status

Abb. 3.29 Indirekt rekursive Beziehungen zwischen zwei Tabellen

Musiker

MNr	DNr	Name
1	1	Schmid
2	2	Karajan
3	1	Bernstein
4	1	Müller
5	2	Meier

Dirigenten

DNr	MNr
1	2
2	3

Das gewählte Beispiel soll verdeutlichen, dass eine rekursive Beziehung nicht verwendet werden darf. Die Tabelle „Musiker" wird deshalb in die Tabellen „Musiker" und „Dirigenten" transformiert, wobei dann zwischen den beiden Tabellen eine Mehrfachbeziehung entsteht, wie dies Abb. 3.28 zeigt.

Die zwei Beziehungen werden ebenfalls der Übersichtlichkeit wegen angeschrieben. Nun sind die Dirigenten klar von den Musikern abgetrennt. Die Beziehung „Zugehörigkeit" beschreibt, welche Musiker von welchen Dirigenten dirigiert werden, während die Beziehung „Status" angibt, welche Musiker Dirigenten sind. Die zwei Tabellen sind nun aufgebaut, wie in Abb. 3.29 dargestellt.

Kurzschreibweise: **Musiker** (<u>MNr</u>, DNr, Name)
                     Dirigenten (<u>DNr</u>, MNr)

In der Tabelle „Musiker" sind nun diejenigen Daten aufgeführt, welche alle Musiker (und damit auch die Dirigenten) betreffen, während man in der Tabelle „Dirigenten" spezifische Attribute einführen könnte, welche bestimmte Eigenschaften der Dirigenten beschreiben würden (z. B. die Anzahl Dirigentenjahre).

Man sieht nun aber, dass der ID-Schlüssel „MNr" vom Fremdschlüssel „DNr" abhängt und andererseits der ID-Schlüssel „DNr" vom Fremdschlüssel „MNr" abhängig ist. Dieser Sachverhalt macht sich bemerkbar, sobald man versucht, einen Musiker einzugeben. Dies gelingt nämlich nur, wenn die Dirigentennummer bekannt ist, weil Nullwerte in konzeptionellen Fremdschlüsseln ja nicht erlaubt sind (Abschn. 3.1.2). Die Dirigentennummer hingegen bekommt man erst, wenn die Musikernummer bekannt ist. Die Beziehungen „Zugehörigkeit" und „Status" zwischen den beiden Tabellen „Musiker" und „Dirigenten" sind **indirekt rekursiver Art** und erzwingen die vorübergehende Verwendung von Nullwerten. Somit ist auch diese Beziehung verboten, was zu einer erneuten Transformation gemäß Abb. 3.30 führt.

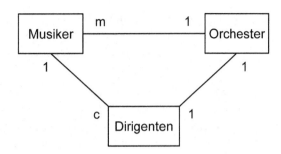

Abb. 3.30 Entitätenblockdiagramm nach Eliminierung aller
rekursiven Beziehungen

Musiker

MNr	ONr	Name
1	1	Schmid
2	2	Karajan
3	1	Bernstein
4	1	Müller
5	2	Meier

Orchester

ONr	Bezeichnung
1	Wiener Philharmoniker
2	London Symphoniker

Dirigenten

MNr	ONr
2	1
3	2

Abb. 3.31 Transformierte rekursive Beziehungen zwischen zwei Tabellen

Es musste eine neue Tabelle „Orchester" eingeführt werden, welche mit der Tabelle
„Dirigenten" in einer 1-1-Beziehung steht. Die drei Tabellen sind nun aufgebaut, wie in
Abb. 3.31 dargestellt.

Mit dieser Transformation wurden alle rekursiven Beziehungen beseitigt und der
ID-Schlüssel „DNr" eliminiert. Bei der Dateneingabe müssen nun zuerst die Orchester
definiert werden. Danach können die Musiker und zuletzt die Dirigenten eingegeben werden. Es ist eindeutig definiert, dass der Musiker „Schmid" bei den Wiener Philharmonikern
spielt und damit von Karajan dirigiert wird. Dieses Beispiel zeigt, dass auch eine 1-1-Be-
ziehung ihre Berechtigung hat, denn eine Zusammenlegung der beiden Tabellen „Orchester" und „Dirigenten" ist nicht möglich.

Physisches Datenmodell der aufgelösten, rekursiven Beziehung

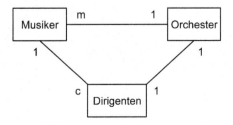

Kurzschreibweise: **Musiker** (<u>MNr</u>, ONr, Name)
                     Dirigenten (<u>ONr</u>, MNr)
                     Orchester (<u>ONr</u>, Bezeichnung)

▶   **Hinweis** Bei der praktischen Umsetzung wird man zwischen den Tabellen „Orchester"
     und „Dirigenten" eine 1-c-Beziehung implementieren. Damit können zuerst die Or-
     chester und anschließend die Musiker erfasst werden. Die Applikation muss dann aber
     sicherstellen, dass letztendlich jedem Orchester auch ein Dirigent zugewiesen wird.

3.1.2.12 Mehrfachbeziehungen

Eine Tabelle kann nicht nur mit einer, sondern mit beliebig vielen anderen Tabellen in Beziehung stehen. Wenn man den Spezialfall „Mehrfachbeziehungen zwischen zwei Tabellen" ausklammert, so lässt sich ein Beispiel gemäß Abb. 3.32 aufzeichnen.

Die Tabelle T3 steht hier mit fünf anderen Tabellen in Beziehung (die gestrichelte Beziehung wurde transformiert). Auch die übrigen Tabellen können mit beliebig vielen anderen
Tabellen in Beziehung stehen. Dabei gelten die gleichen Gesetzmäßigkeiten, welche bereits
beschrieben wurden. Die Problematik besteht darin, dass eine Tabelle unter Umständen viele
Fremdschlüssel beinhaltet, welche zusammen den ID-Schlüssel dieser Tabelle bilden. Dies
ist dann der Fall, wenn eine Tabelle durch das Transformieren einer Beziehung entstanden
ist. Nehmen wir an, dass die Tabelle T3 durch Transformation der m-mc-Beziehung zwischen den Tabellen T1 und T2 entstanden ist. Die Tabelle T3 besitzt dann folgenden Aufbau:

T3 (<u>F-T1</u>, <u>F-T2</u>, …)

Aus den hierarchischen Beziehungen mit den Tabellen T4 und T5 erhält die Tabelle T3
zwei weitere Fremdschlüssel:

T3 (<u>F-T1</u>, <u>F-T2</u>, F-T4, F-T5, …)

Abb. 3.32 Mehrfach-
beziehungen zwischen den
Tabellen

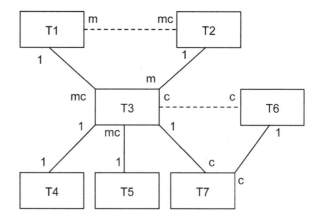

Der ID-Schlüssel der Tabelle T3 wird davon aber nicht tangiert. Zwischen der Tabelle T3 und T6 besteht eine c-c-Beziehung, welche transformiert wurde und zur Tabelle T7 führte. Damit muss der ID-Schlüssel der Tabelle T7 aus den Fremdschlüsseln der Tabellen T3 und T6 gebildet werden. Da der ID-Schlüssel der Tabelle T3 aber aus den Fremdschlüsseln „F-T1" und „F-T2" gebildet wird, hat die Tabelle T7 damit folgenden Aufbau:

T7 (<u>F-T6</u>, <u>F-T1</u>, <u>F-T2</u>, …)

Der ID-Schlüssel der Tabelle T7 wird also aus dem Fremdschlüssel „F-T6" und der Kombination der Fremdschlüssel „F-T1" und „F-T2" gebildet. Somit kann das Attribut „F-T6" den ID-Schlüssel der Tabelle T7 alleine bilden (siehe Abschn. 3.1.2.5). Hätte zwischen den Tabellen T3 und T6 eine m-m-Beziehung bestanden, so besäße der ID-Schlüssel der Tabelle T7 folgenden Aufbau:

T7 (<u>F-T6</u>, <u>F-T1</u>, <u>F-T2</u>, …)

Der ID-Schlüssel der Tabelle T7 würde somit aus der Kombination aller drei Fremdschlüssel gebildet.

Man kann sich vorstellen, dass es recht mühsam ist, wenn man ein Tupel aus der Tabelle T7 ansprechen möchte und dafür drei Attributwerte angeben muss. Es ist darum sinnvoll, wenn in die Tabelle T7 ein Attribut eingefügt wird, welches alleine den ID-Schlüssel verkörpert:

T7 (<u>Id-T7</u>, F-T6, F-T1, F-T2, …)

Jedes neue Tu.pel wird nun identifiziert, indem man dem Attribut ID-T7 eine eindeutige Zahl zuweist. Beispielsweise erhält das erste Tupel die Zahl „1", das zweite Tupel die Zahl „2" usw.

ID-T7	F-T6	F-T1	F-T2	Gegenstand
1	1	1	1	Vase
2	2	2	3	Tisch
3	5	2	2	Spiegel
4	3	1	2	Glas

Genau so könnte man auch bei der Tabelle T3 verfahren. Selbstverständlich muss auch hier darauf geachtet werden, dass die Fremdschlüsselkombinationen von „F-T1" und „F-T2" eindeutig sind und die Fremdschlüsselwerte von „F-T6" nur einmalig vorkommen. Dies kann z. B. durch die Indizierung (Abschn. 4.6.2) erreicht werden.

3.1.2.13 Optionale Beziehungen

Das konzeptionelle Datenmodel verlangt, dass Fremdschlüssel keine Nullwerte enthalten dürfen, da andernfalls eine Transformation durchgeführt werden muss. Es gibt aber Situationen, in denen es von Vorteil ist, wenn ein Fremdschlüssel Nullwerte annehmen kann. Das folgende Beispiel soll dies verdeutlichen:

Konzeptionelles Datenmodell einer c-c-Beziehung

Eine Firma verwaltet eine bestimmte Anzahl an Pagern (Piepser), die bei Bedarf an die Mitarbeiter abgegeben werden. Wem dieser Begriff nicht mehr geläufig ist, kann auch Pager durch Smartphone ersetzen. Dabei kann jeder Mitarbeiter einen Pager haben oder nicht. Jeder Pager kann einem Mitarbeiter zugeordnet sein oder nicht. Diese c-c-Beziehung müsste nun transformiert werden, wie in Abschn. 3.1.2.5 beschrieben. Verzichtet man aber auf diese Transformation, dann entstehen Nullwerte im Fremdschlüssel, wie dies Abb. 3.33 zeigt.

In diesem Beispiel besitzen die Personen „Müller" und „Steiner" keinen Pager, und der Pager Nr. 4 ist nicht in Gebrauch.

Physisches Datenmodell einer optionalen Beziehung

Kurzschreibweise: **Personen** (PNr, Name, PaNr)
                       Pager (PaNr, Rufnummer)

Die meisten Datenbankprogramme lassen es nun zu, dass zwischen den Tabellen „Personen" und „Pager" eine Beziehung programmiert werden kann, obwohl der Fremdschlüssel „PaNr" Nullwerte annehmen kann. Sobald aber ein Fremdschlüsselwert eingegeben wird, überprüft das Datenbankprogramm, ob der neue Wert im Wertebereich des ID-Schlüssels vorkommt. Falls der Wert nicht vorkommt, wird ein Fehler generiert. Diese Überprüfung wird als **„referenzielle Integrität"** bezeichnet.

▶   Im Gegensatz zum konzeptionellen Datenmodell sind beim physischen Datenmodell Nullwerte in Fremdschlüsseln erlaubt.

Bei Dokumentationswerkzeugen werden optionale Beziehungen häufig gestrichelt dargestellt (siehe auch Anhang C). Optionale Beziehungen können als Alternative zur Transformation von konditionellen c-c, c-m und c-mc-Beziehungen verwendet werden.

Abb. 3.33 Optionale Beziehung zwischen zwei Tabellen

Personen

PNr	Name	PaNr
1	Schmid	3
2	Müller	
3	Schenk	1
4	Meier	2
5	Steiner	

Pager

PaNr	Rufnummer
1	040-241001
2	040-241002
3	040-241003
4	040-241004

▶ Bei optionalen Beziehungen ist das konzeptionelle mit dem physischen Datenmodell identisch.

Einsatz von optionalen Beziehungen

- Wenn im Fremdschlüssel Nullwerte die Ausnahme sind
- Wenn Geschwindigkeitsgründe vorliegen. Da auf die Transformationstabelle verzichtet werden kann, werden Abfragen schneller ausgeführt ◀

3.1.3 Generalisierung/Spezialisierung

Es gibt den Spezialfall, dass die Entitätsmengen von zwei oder mehreren Tabellen Teil-
mengen einer übergeordneten Entitätsmenge sind. Beispielsweise könnte eine übergeordnete Entitätsmenge „Firmenpersonal" in die Untermengen „Angestellte" und „Aushilfen" aufgeteilt werden. In der Tabelle „Angestellte" können dann zusätzliche Attribute
verwendet werden, welche die speziellen Eigenschaften eines Angestellten beschreiben
und in der Tabelle „Firmenpersonal" nicht vorhanden sind, weil sie nicht generell für alle
Personen gelten. Die Tabelle „Firmenpersonal" bezeichnet man als **generalisierte** Tabelle,
während die Tabellen „Aushilfen" und „Angestellte" als **spezialisierte** Tabellen bezeichnet werden. Die generalisierte Entitätsmenge umfasst dabei die spezialisierten Entitätsmengen vollständig. Es existieren also keine Tupel in den spezialisierten Tabellen,
welche in der generalisierten Tabelle nicht vorkommen.

Diese Unter- und Obermengenbeziehungen lassen sich in drei verschiede Fälle
einteilen:

- Spezialisierte Entitätsmengen mit zugelassener Überlappung
- Generalisierte Entitätsmenge mit vollständiger Überdeckung
- Spezialisierte Entitätsmengen ohne Überlappung

3.1.3.1 Zugelassene Überlappung
Wenn man die Entitätsmengen dieser Beziehungsart grafisch darstellt, ergibt sich
Abb. 3.34.

Die Entitätsmenge der Tabelle T1 (EM1) beinhaltet die Entitätsmengen der Tabellen T2
(EM2) und T3 (EM3).

Abb. 3.34 Sich überlappende,
spezialisierte Entitätsmengen

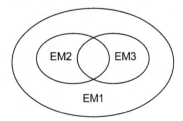

Abb. 3.35 Entitätenblockdiagramm für überlappende,
spezialisierte Entitätsmengen

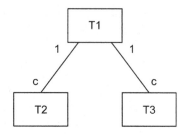

In der Tabelle T1 können nun Tupel existieren, deren ID-Schlüsselwert als Fremdschlüssel:

- in beiden Tabellen T2 und T3 vorkommt,
- nur in einer der beiden Tabellen T2 und T3 vorkommt.

Falls der ID-Schlüssel von T1 nicht als Fremdschlüssel in den Tabellen T2 und T3 vorkommt, liegt keine Spezialisierung vor.

Das Entitätenblockdiagramm sieht aus, wie in Abb. 3.35 dargestellt. Ein Datensatz in
T1 kann also maximal einen zugehörigen Datensatz in T2 und/oder T3 besitzen.

Konzeptionelles Datenmodell

Beispiel für überlappende, spezialisierte Entitätsmengen

Die Tabelle T1 soll alle Flugzeuge einer Fluglinie umfassen. Die Tabelle T2 beinhaltet
alle Segelflugzeuge und die Tabelle T3 beinhaltet alle Motorflugzeuge. ◄

Abb. 3.36 zeigt Daten für dieses Beispiel. Die Kurzschreibweise sieht so aus:

Flugapparate (<u>FNr</u>, Fluggerät, Alter, Plätze)
Segelflugzeuge (<u>FNr</u>, Spannweite)
Motorflugzeuge (<u>FNr</u>, Antriebsart)

In der Entitätsmenge „Flugapparate" kommen auch Flugapparate wie der Heißluft-
ballon vor, welche nicht den Untermengen „Segelflugzeuge" und „Motorflugzeuge" angehören. Der Flugapparat Nr. 6 ist ein Segelflugzeug mit Hilfsmotor und gehört sowohl
der Entitätsmenge „Segelflugzeuge" als auch der Entitätsmenge „Motorflugzeuge" an. Als
ID-Schlüssel der Tabellen „Segelflugzeuge" und „Motorflugzeuge" findet der ID-Schlüssel
„FNr" der Tabelle „Flugapparate" Verwendung, wie dies Abb. 3.37 zeigt.

Physisches Datenmodell

▶   Bei den überlappenden, spezialisierten Entitätsmengen ist das konzeptionelle mit
      dem physischen Datenmodell identisch.

Flugapparate

FNr	Fluggerät	Alter	Plätze
1	Segelflieger	5	1
2	Sportflugzeug	3	4
3	Heißluftballon	4	5
4	Segelflieger	2	2
5	Sportflugzeug	7	2
6	Motorsegler	3	1

Segelflugzeuge

FNr	Spannweite
1	8
4	10
6	12

Motorflugzeuge

FNr	Antriebsart
2	Propeller
5	Düse
6	Propeller

Abb. 3.36 Datenbasis mit zugelassener Überlappung

Abb. 3.37 Überlappende, spezialisierte Entitätsmengen im physischen Datenmodell

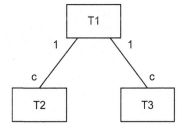

3.1.3.2 Vollständige Überdeckung

Wenn man die Entitätsmengen dieser Beziehungsart grafisch darstellt, ergibt sich Abb. 3.38.

Die Entitätsmenge der Tabelle T1 (EM1) besteht hier vollständig aus den Entitätsmengen der Tabellen T2 (EM2) und T3 (EM3).

In der Tabelle T1 können nur Tupel existieren, deren ID-Schlüsselwert als Fremdschlüssel in **genau einer der beiden Tabellen T2 und T3** vorkommt.

Der ID-Schlüssel von T1 **muss** als Fremdschlüssel in einer der Tabellen T2 oder T3 vorkommen.

Das Entitätenblockdiagramm sieht aus, wie in Abb. 3.39 dargestellt.

Konzeptionelles Datenmodell

Beispiel für vollständige Überdeckung

Die Tabelle T1 umfasst wiederum alle Flugzeuge einer Fluglinie. Die Tabelle T2 beinhaltet alle Segelflugzeuge und die Tabelle T3 beinhaltet alle Motorflugzeuge. Diesmal existieren in der Tabelle „Flugapparate" nur Tupel, deren ID-Schlüssel als Fremdschlüssel entweder in der Tabelle „Segelflugzeuge" oder in der Tabelle „Motorflugzeuge" vorkommt. ◀

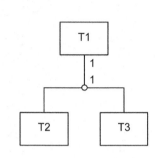

Abb. 3.38 Vollständige
Überdeckung der Entitäts-
mengen EM2/EM3 mit EM1

Abb. 3.39 Entitätenblockdiagramm für vollständige
Überdeckung

Abb. 3.40 Unter-/Ober-
mengenbeziehungen mit
vollständiger Überdeckung

Flugapparate

FNr	Klasse	Fluggerät	Alter	Plätze
1	S	Segelflieger	5	1
2	M	Sportflugzeug	3	4
4	S	Segelflieger	2	2
5	M	Sportflugzeug	7	2

Segelflugzeuge

FNr	Spannweite
1	8
4	10

Motorflugzeuge

FNr	Antriebsart
2	Propeller
5	Düse

Abb. 3.40 zeigt Daten für dieses Beispiel.

Kurzschreibweise: **Flugapparate** (FNr, Klasse, Fluggerät, Alter, Plätze)
Segelflugzeuge (FNr, Spannweite)
Motorflugzeuge (FNr, Antriebsart)

Das Attribut „Klasse" gibt an, in welcher spezialisierten Tabelle ein Tupel zu finden ist
(S = Segelflugzeuge, M = Motorflugzeuge). Es wird als **diskriminierendes Attribut** bezeichnet. Im Gegensatz zur zugelassenen Überlappung kann hier für jedes Tupel klar
angegeben werden, zu welcher spezialisierten Tabelle es gehört, wie in Abb. 3.41 dargestellt.

Abb. 3.41 Vollständig
überdeckte Entitätsmengen im
physisches Datenmodell

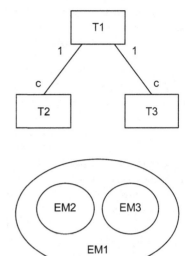

Abb. 3.42 Sich nicht
überlappende, spezialisierte
Entitätsmengen

Physisches Datenmodell

▶ Im physischen Datenmodell wird die vollständige Überdeckung gleich umgesetzt, wie bei den überlappenden, spezialisierten Entitätsmengen. Es müssen zusätzliche programmtechnische Maßnahmen getroffen werden, um sicherzustellen, dass jedes Tupel in der Tabelle T1 genau ein zugehöriges Tupel in der Tabelle T2 oder T3 besitzt.

3.1.3.3 Überlappung nicht zugelassen

Wenn man die Entitätsmengen dieser Beziehungsart grafisch darstellt, ergibt sich Abb. 3.42.

Dieser Fall präsentiert sich ähnlich wie die zugelassene Überlappung. Der einzige Unterschied besteht darin, dass sich die spezialisierten Entitätsmengen nicht überlappen. Auch hier kann klar angegeben werden, zu welcher spezialisierten Tabelle ein Tupel gehört. Somit muss, wie beim Fall der vollständigen Überdeckung, ein diskriminierendes Attribut verwendet werden.

In der Tabelle T1 können nun Tupel existieren, deren ID-Schlüsselwert als Fremdschlüssel

• nicht in den Tabellen T2 und T3 vorkommt,
• nur in einer der beiden Tabellen T2 und T3 vorkommt.

Falls der ID-Schlüssel von T1 nicht als Fremdschlüssel in den Tabellen T2 und T3 vorkommt, liegt keine Spezialisierung vor.

Das Entitätenblockdiagramm sieht aus, wie in Abb. 3.43 dargestellt.

Abb. 3.43 EB-Diagramm für
sich nicht überlappende,
spezialisierte Entitätsmengen

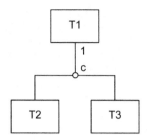

Abb. 3.44 Unter-/Ober-
mengenbeziehungen ohne
Überlappung

Flugapparate

FNr	Klasse	Fluggerät	Alter	Plätze
1	S	Segelflieger	5	1
2	M	Sportflugzeug	3	4
3	A	Heißluftballon	4	5
4	S	Segelflieger	2	2
5	M	Sportflugzeug	7	2

Segelflugzeuge

FNr	Spannweite
1	8
4	10

Motorflugzeuge

FNr	Antriebsart
2	Propeller
5	Düse

Konzeptionelles Datenmodell

Beispiel für sich nicht überlappende, spezialisierte Entitätsmengen

Die Tabelle T1 umfasst wiederum alle Flugzeuge einer Fluglinie. Die Tabelle T2 beinhaltet alle Segelflugzeuge und die Tabelle T3 beinhaltet alle Motorflugzeuge. Diesmal existieren in der Tabelle „Flugapparate" keine Tupel, deren ID-Schlüsselwert sowohl in der Tabelle „Segelflugzeuge" als auch in der Tabelle „Motorflugzeuge"
vorkommt. ◄

Abb. 3.44 zeigt Daten für dieses Beispiel.

Kurzschreibweise: **Flugapparate** (<u>FNr</u>, Klasse, Fluggerät, Alter, Plätze)
                     Segelflugzeuge (<u>FNr</u>, Spannweite)
                     Motorflugzeuge (<u>FNr</u>, Antriebsart)

Der Attributwert „A" im diskriminierenden Attribut „Klasse" bedeutet „anderes Fluggerät". Das Fluggerät Nr. 3 kommt in den spezialisierten Tabellen nicht vor. Abb. 3.45
zeigt die Umsetzung im physischen Datenmodell.

Abb. 3.45 Nicht über-
lappende, spezialisierte
Entitätsmengen im phys.
Datenmodell

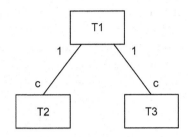

Physisches Datenmodell

▶   Im physischen Datenmodell werden die nicht-überlappenden, spezialisierten Enti-
     tätsmengen gleich umgesetzt wie bei den überlappenden, spezialisierten Entitäts-
     mengen. Es müssen zusätzliche programmtechnische Maßnahmen getroffen wer-
     den, um sicherzustellen, dass ein Tupel in der Tabelle T1 nicht sowohl in der Tabelle
     T2 als auch in T3 ein zugehöriges Tupel besitzt.

3.1.4 Programmierhinweise

Von ursprünglich 10 verschiedenen Beziehungen aus dem konzeptionellen Datenmodell
bleiben zum Schluss im physischen Datenmodell nur noch vier hierarchische Beziehungen
übrig: 1-1, 1-c, 1-m und 1-mc. Wenn man nun hingeht und versucht, diese Beziehungen
bei gängigen Datenbanksystemen wie ORACLE, SQL-Server, MS-ACCESS, mySQL
oder DB2 umzusetzen, erlebt man eine Überraschung: Alle Datenbanksysteme unterstützen nur die 1-c und die 1-mc-Beziehung.

▶   1-m bzw. 1-1-Beziehungen können von einem Datenbankprogramm nicht direkt
     (auf der Datendefinitionsebene) unterstützt werden. Für die Realisierung dieser Be-
     ziehungen ist der Programmierer verantwortlich.

Das Problem liegt bei der Datenerfassung. Wenn man zwei leere Tabellen A und B hat,
zwischen denen eine 1-m oder eine 1-1-Beziehung besteht, dann ist es nicht möglich,
einen Datensatz einzugeben, ohne die definierte Beziehung zu verletzen. Nachdem nämlich in die Tabelle A ein neuer Datensatz eingegeben worden ist, besteht zur Tabelle B
keine m- bzw. 1-Assoziation, weil Tabelle B leer ist (es besteht aber eine mc bzw. c-
Assoziation). Umgekehrt bestünde zur Tabelle A keine 1-Assoziation, wenn in Tabelle B
ein neuer Datensatz eingegeben würde. Da nicht gleichzeitig in beide Tabellen Datensätze
eingegeben werden können, muss folglich der Programmierer dafür sorgen, dass in einem
ersten Schritt zuerst Tabelle A und in einem zweiten Schritt Tabelle B gefüllt wird. Diese

beiden Schritte werden innerhalb einer **Transaktion** ausgeführt (siehe Abschn. 3.4.8). Falls einer der beiden Schritte abgebrochen wird, müssen alle Änderungen am Datenbestand rückgängig gemacht werden.

Bei generalisierten bzw. spezialisierten Tabellen müssen die Beziehungen unabhängig vom Typ gemäß Abb. 3.35 definiert werden. Wiederum ist der Programmierer dafür verantwortlich, dass die Regeln für die Fälle „Vollständige Überdeckung" (Abb. 3.38) und „Überlappungen nicht zugelassen" (Abb. 3.42) eingehalten werden.

▶ Diese technischen Gegebenheiten führen dazu, dass ein konzeptionelles Datenmodell in ein physisches Datenmodell umgewandelt werden muss, bevor man die Tabellen und Beziehungen in der Datenbank implementieren kann.

3.2   Der Normalisierungsprozess

Die Normalisierung bezweckt die redundanzfreie Speicherung von Informationen innerhalb der Tabellen der Datenbasis. Dies wird durch die entsprechende Zuweisung der Attribute zu den einzelnen Tabellen erreicht.

▶ **Redundanzfreie Datenspeicherung** Unter redundanzfreier Datenspeicherung versteht man, dass kein Teil eines Datenbestandes weggelassen werden kann, ohne dass dies zu Informationsverlusten führt.

Redundanzfreie Datenspeicherung bringt Speicherplatzersparnis und verhindert **Mutationsanomalien**. Bei der globalen Normalisierung wird Redundanzfreiheit nicht nur innerhalb der einzelnen Tabellen, sondern auf die ganze Datenbasis bezogen, erreicht. Als Beispiel für Redundanz und Mutationsanomalie soll folgende Tabelle dienen:

Autobesitzer

PNr	Name	Vorname	Automarke	Typ
1234	Müller	Heinz	Opel	Antara
2345	Meier	Hans	Toyota	Yaris
3456	Schmid	Beat	VW	Golf
1234	Müller	Heinz	Subaru	Justy

In dieser Tabelle sind Autobesitzer mit Personalnummer, Name, Vorname und deren Autodaten gespeichert. Herr Müller besitzt zwei Autos, nämlich einen Opel Antara und einen Subaru Justy. Damit dieser Sachverhalt dargestellt werden kann, muss Herr Müller in der Tabelle „Autobesitzer" zwei Datensätze (Tupel) besitzen, weil pro Datensatz und Attribut nur ein Attributwert zulässig ist. Damit sind diese Daten aber redundant, weil die Personalnummer, der Name und der Vorname mehrfach in der Tabelle vorkommen. Wenn sich nun die Personalnummer von Herrn Müller ändern würde, dann müsste dies in beiden Datensätzen nachgeführt werden. Falls diese Änderung nur bei einem Datensatz erfolgen würde, käme es zur **Mutationsanomalie**, weil es dann plötzlich zwei verschiedene Müller mit unterschiedlichen Personalnummern gäbe. Damit wäre die **Datenkonsistenz** (Widerspruchsfreiheit der Daten) nicht mehr gewährleistet.

3.2.1 Abhängigkeiten

Um den Normalisierungsprozess zu verstehen, muss zuerst die Bedeutung des Begriffes „Abhängigkeit" erläutert werden.

Man unterscheidet folgende Abhängigkeiten:

- Funktionale Abhängigkeit
- Volle Abhängigkeit
- Transitive Abhängigkeit

Diese Abhängigkeiten beziehen sich immer auf die Attribute innerhalb einer Tabelle.

Diese Abhängigkeiten der Attribute untereinander sind wichtig, weil volle und transitive Abhängigkeiten dazu führen, dass Tabellen aufgeteilt oder Attributwerte auf mehrere Tupel verteilt werden müssen.

Bei den Definitionen dieser Abhängigkeiten ergeben sich immer wieder Verständnisprobleme, die dadurch auftreten können, dass es mathematische und praktische Definitionen gibt, die aus unterschiedlichen Betrachtungsweisen resultieren. Daher werden hier beide Definitionsarten aufgeführt und die Unterschiede erklärt.

▶ **Funktionale Abhängigkeit (mathematische Sicht)** Ein Attribut bzw. eine Attributkombination B ist dann von einem Attribut oder einer Attributkombination A **funktional abhängig**, wenn zu einem bestimmten Attributwert von A **genau ein** Attributwert von B gehört. Aus dem Attributwert von A ergibt sich also eindeutig der Attributwert von B.

▶ **Funktionale Abhängigkeit (praktische Sicht)** Ein Attribut bzw. eine Attributkombination B ist dann von einem Attribut oder einer Attributkombination A **funktional abhängig**, wenn A den ID-Schlüssel der Tabelle bildet und B in der gleichen Tabelle vorkommt, aber nicht ein Teil des ID-Schlüssels ist.

Beispiel für funktionale Abhängigkeit

In der Tabelle „Artikel (ArtNr, Artikelname, Preis)" bildet das Attribut „ArtNr" den ID-Schlüssel und es wird angenommen, dass der Artikelname eindeutig ist, also nicht mehrere gleiche Attributwerte in der Tabelle vorkommen. ◀

Aus **mathematischer Sicht** wäre der Preis sowohl funktional abhängig von der Artikelnummer, als auch vom Artikelnamen. Das bedeutet, dass sowohl anhand der Artikelnummer als auch des Artikelnamens direkt auf den Preis geschlossen werden kann. Zusätzlich wäre sowohl der Artikelname von der Artikelnummer funktional abhängig, wie
auch umgekehrt. Für eine funktionale Abhängigkeit muss nur gelten: Aus x folgt y!

Aus **praktischer Sicht** wäre der Preis nur von der Artikelnummer funktional abhängig.
Auch der Artikelname wäre nur von der Artikelnummer funktional abhängig und nicht
umgekehrt.

Der Praktiker geht von der Überlegung aus, dass letztendlich aus jeder Entitätsmenge
mindestens eine Tabelle entsteht. Da jede Tabelle einen ID-Schlüssel braucht, legt man
einfach das entsprechende Attribut (oder Attributkombination) fest und geht davon aus,
dass alle anderen Attribute nur vom ID-Schlüssel funktonal abhängig sind. Ob dies dann
effektiv so ist, wird erst später überprüft, wenn es um die volle bzw. transitive Abhängigkeit geht. Einem geübten Datenbankdesigner käme es jedenfalls im Traum nicht in den
Sinn, anzunehmen, dass der Preis vom Artikelnamen abhängig sein könnte, wenn gleichzeitig eine wunderbare, eindeutige, ganzzahlige Artikelnummer vorhanden ist, die sich als
ID-Schlüssel geradezu aufdrängt. Und gäbe es diese Artikelnummer nicht, so würde er sie
erfinden, nur um nicht einen Artikelnamen mit variabler Länge und inkompatibler Sortierung als ID-Schlüssel verwenden zu müssen!

▶ **Volle Abhängigkeit (mathematische Sicht)** Ein Attribut bzw. eine Attributkombination
B ist dann von einer Attribut**kombination** A **voll abhängig**, wenn B nur von A, nicht jedoch schon von einem Teil der Attributkombination A funktional abhängig ist.

▶ **Volle Abhängigkeit (praktische Sicht)** Ein Attribut bzw. eine Attributkombination B
ist dann vom ID-Schlüssel A **voll abhängig**, wenn A aus mindestens zwei Attributen besteht und B von der Attribut**kombination** A, nicht jedoch schon von einem Teil von A
funktional abhängig ist.

Beispiel für volle Abhängigkeit

In der Tabelle „Verkauf" (KNr, ANr, Kaufdatum, Kundenname) ist das Kaufdatum voll
abhängig vom ID-Schlüssel (Attributkombination) „KNr, ANr" (Kundennummer,
Autonummer), weil das Kaufdatum weder vom Attribut „KNr" noch vom Attribut
„ANr" funktional abhängig ist. Das Kaufdatum ist nur von der Attributkombination
„KNr, ANr" funktional abhängig. Das Attribut „Kundenname" hingegen wäre vom ID-
Schlüssel nicht voll abhängig, weil der Kundenname zur Kundennummer gehört und
somit nur von „KNr" funktional abhängig ist. ◀

Aus **mathematischer Sicht** ist es unerheblich, ob sich die volle Abhängigkeit auf den
ID-Schlüssel bezieht. Es geht hier um jede mögliche Abhängigkeit von irgendwelchen
Attributkombinationen.

Aus **praktischer Sicht** ist nur die volle Abhängigkeit vom ID-Schlüssel interessant. Tabellen ohne zusammengesetzten ID-Schlüssel (mindestens zwei Attribute) werden gar nicht überprüft. Erst bei der transitiven Abhängigkeit spielen Abhängigkeiten von Nicht-Schlüsselattributen untereinander eine Rolle.

▶ **Transitive Abhängigkeit (mathematische Sicht)** Ein Attribut oder eine Attribut-kombination C ist von einem Attribut oder einer Attributkombination A **transitiv abhängig**, wenn das Attribut B von A und das Attribut C von B funktional abhängig ist, aber A nicht von C funktional abhängig ist.

▶ **Transitive Abhängigkeit (praktische Sicht)** Ein Attribut oder eine Attributkombination C ist vom ID-Schlüssel A **transitiv abhängig**, wenn das Attribut B von A und das Attribut C von B funktional abhängig ist, aber A nicht von C funktional abhängig ist.

Beispiel für transitive Abhängigkeit

In der Tabelle „Artikel (ArtNr, Artikelname, Kategorie)" bildet das Attribut „ArtNr" den ID-Schlüssel und es wird angenommen, dass der Artikelname eindeutig ist, also nicht mehrere gleiche Attributwerte in der Tabelle vorkommen. Jeder Artikel gehört einer Kategorie an. ◀

Aus **mathematischer Sicht** wäre die Kategorie funktional abhängig vom Artikelnamen (dieser ist ja eindeutig). Der Artikelname ist wiederum funktional abhängig von der Artikelnummer (ist ID-Schlüssel und somit ebenfalls eindeutig). Weil aber die Artikelnummer auch funktional abhängig vom Artikelnamen ist, läge hier keine transitive Abhängigkeit vor.

Aus **praktischer Sicht** wäre die Kategorie funktional abhängig vom Artikelnamen (dieser ist ja eindeutig). Der Artikelname ist wiederum funktional abhängig von der Artikelnummer (ist ID-Schlüssel und somit ebenfalls eindeutig). Weil aber die Artikelnummer nicht funktional abhängig von der Kategorie ist, ist die Kategorie transitiv abhängig von der Artikelnummer.

Diese Unterschiede zwischen der mathematischen und der praktischen Sicht zeigen auf, dass diese Definitionen nicht einfach blind angewendet werden können. Aus praktischer Sicht würde die Tabelle „Artikel" in die Tabellen „Artikel" und „Kategorien" überführt und die Tabelle „Artikel" bekäme den Fremdschlüssel aus der Tabelle „Kategorien" anstelle des Attributes „Kategorie". Aus mathematischer Sicht fände diese Zerlegung nicht statt, weil keine transitive Abhängigkeit vorliegt.

Doch auch die Definition aus praktischer Sicht zeigt Schwächen. Würde beim letzten Beispiel die Kategorie durch den Preis ersetzt, dann läge gemäß mathematischer Definition ebenfalls keine transitive Abhängigkeit vor. Aus praktischer Sicht hingegen gäbe es diese Abhängigkeit, was dazu führen würde, dass es eine Tabelle „Preise" geben müsste, die aber nicht wirklich Sinn macht.

▶ **Hinweis** Es wird dem Leser überlassen, ob er die Abhängigkeiten aus mathematischer oder aus praktischer Sicht anwenden möchte. Entscheidend dafür, ob Tabellen aufgeteilt werden müssen, ist die Erfahrung des Anwenders sowie die Kenntnisse des Umfeldes. Es gibt kein Schema F, mit dem alle Probleme gelöst werden könnten. Dies schlägt sich auch im Abschn. 3.2.6 nieder.

Ein weiteres Beispiel für eine transitive Abhängigkeit wird im Abschn. 3.3 bei der Strukturregel 6 beschrieben.

3.2.2 Die 1. Normalform

Der Normalisierungsprozess verläuft über die Bildung so genannter Normalformen und soll an folgendem Beispiel erklärt werden:

Eine Autoverkaufsstelle möchte eine Datenbank einrichten, in der alle Autos mit Modellangabe und Seriennummer gespeichert sind. Außerdem sollen alle Verkäufer und alle Kunden erfasst werden. Ein Kunde muss mindestens ein Auto gekauft haben, bevor er in der Datenbank erfasst wird. Die Datenbank soll Auskunft darüber geben, welcher Kunde welche Autos von welchem Verkäufer wann gekauft hat.

Alle diese Informationen könnte man in einer einzigen Tabelle darstellen, wie dies Abb. 3.46 zeigt.

Der Opel Antara wurde noch nicht verkauft, muss jedoch für das Inventar in der Datenbank existieren. Das Gleiche gilt für den Verkäufer Schenk, welcher noch kein Auto verkauft hat. Die Tabelle ist in dieser Form jedoch nicht zulässig, da pro Tupel und Attribut nur ein Attributwert erlaubt ist. Außerdem ist nicht klar, ob die Verkäufer „Schmid" bei den Kunden „Meier" und „Steffen" identisch sind oder ob es sich um zwei verschiedene Verkäufer mit gleichem Namen handelt. Es sind somit noch weitere Attribute einzuführen. Die Tabelle muss also so umgeschrieben werden, dass jedes Attribut nur einfache Attributwerte besitzt und die Sachverhalte klar sind.

Kunden-name	Adresse	Auto-marke	Typ	Serien-nummer	Verkäufer	Datum
Meier	Planeten-weg 7	VW	Golf	123456	Schmid	23.4.08
		Opel	Astra	345678	Plüss	7.8.08
Müller	Altstadt 12	VW	Golf	388721	Frey	17.6.08
Steffen	Gartenstr. 7	VW	Bora	222245	Schmid	15.7.08
Steffen	Augasse 12	Audi	A6	122154	Frey	13.11.08
		Opel	Antara	445321		
					Schenk	

Abb. 3.46 Einfache Liste mit Geschäftsdaten

Geschäftsdaten

KNr	Kunden-name	Adresse	ANr	Auto-Marke	Typ	Serien-num-mer	VNr	Ver-käufer	Datum
1	Meier	Planetenweg 7	1	VW	Golf	123456	1	Schmid	23.4.08
1	Meier	Planetenweg 7	2	Opel	Astra	345678	2	Plüss	7.8.08
2	Müller	Altstadt 12	3	VW	Golf	388721	3	Frey	17.6.08
3	Steffen	Gartenstr. 7	4	VW	Bora	222245	1	Schmid	15.7.08
4	Steffen	Augasse 12	5	Audi	A6	122154	3	Frey	13.11.08
			6	Opel	Antara	445321			
							4	Schenk	

Abb. 3.47 Tabelle „Geschäftsdaten" in der 1. Normalform

Richtig umgeschrieben sieht die Tabelle gemäß Abb. 3.47 aus.

Geschäftsdaten (KNr, Kundenname, Adresse, ANr, Automarke, Typ, Seriennummer, VNr, Verkäufer, Datum)

   Es wurden neu die Attribute „KNr", „ANr" und „VNr" eingefügt, welche die Kunden, Autos und Verkäufer klar identifizieren. Alle Attribute besitzen nur noch einfache Attributwerte, wobei Nullwerte ebenfalls Attributwerte darstellen. Die Tabelle befindet sich nun in der 1. Normalform.

▶ **1. Normalform** Eine **Tabelle** befindet sich in der **1. Normalform**, wenn alle Attribute nur einfache Attributwerte aufweisen, wobei auch Nullwerte zulässig sind.

Man erkennt aber, dass nun Redundanzen aufgetreten sind. Der Kundenname sollte nicht für jeden Zweitwagen nochmals aufgeführt werden müssen. Außerdem ist ersichtlich, dass es innerhalb der Tabelle verschiedene Sachgebiete gibt, welche unabhängig voneinander existieren können. Beispielsweise gehört die Seriennummer zur Automarke und zum Autotyp, hat jedoch mit dem Kunden oder dem Verkäufer nichts zu tun. Man versucht also in einem zweiten Schritt die Tabelle nach Sachgebieten aufzuteilen. Diese Aufteilung ist zum Teil schon bei der Vergabe von Identifikationsattributen erfolgt.

3.2.3   Die 2. Normalform

Die 2. Normalform betrifft nur Tabellen mit ID-Schlüsseln, welche aus mindestens zwei Attributen bestehen. Als Kriterium für die 2. Normalform gilt, dass alle nicht zum ID-Schlüssel gehörenden Attribute einer Tabelle vom ganzen ID-Schlüssel und nicht nur von einzelnen Attributen davon funktional abhängig sein müssen.

Abb. 3.48 Tabelle „Verkäufe"
in der 2. Normalform

Kunden

KNr	Kundenname	Adresse
1	Meier	Planetenweg 7
2	Müller	Altstadt 12
3	Steffen	Gartenstr. 7
4	Steffen	Augasse 12

Autos

ANr	Automarke	Typ	Seriennummer
1	VW	Golf	123456
2	Opel	Astra	345678
3	VW	Golf	388721
4	VW	Bora	222245
5	Audi	A6	122154
6	Opel	Antara	445321

Verkäufe

KNr	ANr	Datum	VNr	Verkäufer	Verkäufer
1	1	23.4.08	1	Schmid	Schenk?
1	2	7.8.08	2	Plüss	
2	3	17.6.08	3	Frey	
3	4	15.7.08	1	Schmid	
4	5	13.11.08	3	Frey	

▶ **2. Normalform** Eine **Tabelle** befindet sich in der **2. Normalform**, wenn sie schon in der 1. Normalform ist und jedes **nicht** zum ID-Schlüssel gehörende Attribut **voll** vom ID-Schlüssel abhängig ist. Es können sich also nur Tabellen mit zusammengesetzten ID-Schlüsseln in der 2. Normalform befinden.

Die nach Sachgebieten aufgeteilte Tabelle „Stammdaten" sieht nun aus, wie dies Abb. 3.48 zeigt.

Kunden (<u>KNr</u>, Kundenname, Adresse)
Autos (<u>ANr</u>, Automarke, Typ, Seriennummer)
Verkäufe (<u>KNr</u>, <u>ANr</u>, Datum, VNr, Verkäufer)

Aus der ursprünglichen Tabelle „Geschäftsdaten" sind nun drei Tabellen entstanden. Gemäß Definition der 2. Normalform sind nur Tabellen maßgebend, welche als ID-Schlüssel eine Attributkombination enthalten (vgl. volle Abhängigkeit). In unserem Beispiel ist dies die Tabelle „Verkäufe". Man sieht, dass die Attribute „Datum", „VNr" und „Verkäufer" voll vom ID-Schlüssel „<u>KNr</u>, <u>ANr</u>" abhängig sind. Somit befindet sich diese

Tabelle **mindestens** in der 2. Normalform (weitere Erklärungen folgen im Abschn. 3.2.4). Allerdings kann der Verkäufer „Schenk" nirgends eingegliedert werden, weil kein ID-Schlüsselwert vorhanden ist. Daraus ist bereits ersichtlich, dass die Normalisierung noch nicht abgeschlossen sein kann.

3.2.4 Die 3. Normalform

Bei der 3. Normalform werden nun auch die Abhängigkeiten der nicht zum ID-Schlüssel einer Tabelle gehörenden Attribute untereinander untersucht. Dabei gilt, dass kein Nichtschlüssel-Attribut von einem anderen Nichtschlüssel-Attribut funktionell abhängig sein darf.

▶ **3. Normalform** Eine **Tabelle** befindet sich in der **3. Normalform**, wenn sie schon in der 2. Normalform (bzw. mit einfachem ID-Schlüssel in der 1. Normalform) ist und **kein** Nicht-Schlüsselattribut vom ID-Schlüssel **transitiv** abhängig ist.

Diese Definition bedeutet nun, dass die Attribute innerhalb einer Tabelle nur vom ID-Schlüssel funktional abhängig sind und untereinander keine sonstigen funktionalen Abhängigkeiten existieren.

Wenn man unser Beispiel nun auf diese Definition hin untersucht, stellt man fest, dass sich alle Tabellen mit Ausnahme der Tabelle „Verkäufe" bereits in der dritten Normalform befinden. In der Tabelle „Kunden" ist jedes Attribut nur von der Kundennummer abhängig. Aus dem Namen „Steffen" kann z. B. nicht die Adresse „Gartenstr. 7" abgeleitet werden, weil es ja verschiedene Steffen gibt. Hingegen kann aus der Verkäufernummer innerhalb der Tabelle „Verkäufe" der Verkäufername abgeleitet werden, da hier eine funktionale Abhängigkeit besteht. Die Verkäufernummer ihrerseits ist aber vom ID-Schlüssel „KNr, ANr" funktional abhängig. Somit besteht eine transitive Abhängigkeit zwischen dem ID-Schlüssel „KNr, ANr" und dem Attribut „Verkäufer". Die Tabelle „Verkäufe" muss also weiter aufgeteilt werden, wie in Abb. 3.49 dargestellt.

Verkäufe (KNr, ANr, Datum, VNr)
Verkäufer (VNr, Verkäufer)

Abb. 3.49 Tabellen in der 3. Normalform

Verkäufe

KNr	ANr	Datum	VNr
1	1	23.4.08	1
1	2	7.8.08	2
2	3	17.6.08	3
3	4	15.7.08	1
4	5	13.11.08	3

Verkäufer

VNr	Verkäufer
1	Schmid
2	Plüss
3	Frey
4	Schenk

Mit dieser Aufteilung wurden nun alle Redundanzen innerhalb der Tabelle „Verkäufe" eliminiert und der Verkäufer „Schenk" konnte ebenfalls untergebracht werden. Alle Tabellen der Datenbasis befinden sich nun in der 3. Normalform.

▶ **Normalisiert** Tabellen, welche sich in der 3. Normalform befinden, werden als **normalisiert** bezeichnet. Die darin enthaltenen Informationen sind redundanzfrei. Dies gilt jedoch nicht für die gesamte Datenbasis.

Das Entitätenblockdiagramm sieht nun aus, wie in Abb. 3.50 dargestellt.

Kurzschreibweise: **Kunden** (<u>KNr</u>, Kundenname, Adresse)
                       Autos (<u>ANr</u>, Automarke, Typ, Seriennummer)
                       Verkäufe (<u>KNr</u>, <u>ANr</u>, Datum, VNr)
                       Verkäufer (<u>VNr</u>, Verkäufer)

Unter der Voraussetzung, dass ein Auto nur einmal verkauft werden kann (keine Occasionsgeschäfte), kann das Attribut „ANr" in der Tabelle „Verkäufe" auch alleine den ID-Schlüssel bilden. Dadurch würde die mc-m-Beziehung zwischen Kunden und Autos zu einer c-m-Beziehung. Falls man aber den Fall zulassen möchte, dass ein Kunde ein bestimmtes Auto kauft, später wieder an das Geschäft verkauft und noch später das gleiche Auto nochmals kauft, müsste der ID-Schlüssel der Tabelle „Verkäufe" aus den Attributen „KNr", „ANr" und „Datum" gebildet werden. Eine andere Variante wäre, dass das bereits verkaufte Auto beim Rückkauf eine neue ID-Nummer erhalten würde.

Der Normalisierungsprozess hat also dazu geführt, dass die ursprüngliche Tabelle mit den Geschäftsdaten in vier Tabellen aufgeteilt worden ist, ohne dass die Beziehungen zwischen diesen Tabellen vorher bekannt waren. Die redundanten Informationen der Tabelle „Geschäftsdaten" wurden derart auf die vier neuen Tabellen verteilt, dass jede Tabelle für sich alleine redundanzfrei ist. Trotzdem können noch Redundanzen vorhanden sein. Diese werden im Abschn. 3.2.5 diskutiert.

Abb. 3.50 Entitätenblockdiagramm für die Geschäftsdaten

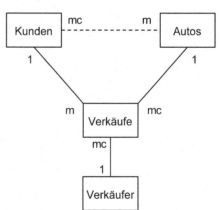

3.2.5 Höhere Normalformen (Globale Normalisierung)

Um die höheren Normalformen erklären zu können, müssen zwei neue Begriffe eingeführt werden:

* Lokale Attribute
* Globale Attribute

▶ **Lokale Attribute** Als **lokale Attribute** werden alle Attribute bezeichnet, welche nur innerhalb einer einzigen Tabelle vorkommen und nicht deren ID-Schlüssel bilden, bzw. Bestandteile des ID-Schlüssels sind.

▶ **Globale Attribute** Als **globale Attribute** werden alle Attribute bezeichnet, welche in mindestens einer Tabelle den ID-Schlüssel bilden bzw. im ID-Schlüssel vorkommen.

Im letzten Beispiel (Abb. 3.50) wäre in der Tabelle „Verkäufe" das Attribut „Datum" ein lokales Attribut, während die Attribute „KNr", „ANr" und „VNr" globale Attribute sind.
    Es können nun innerhalb einer Datenbasis Attribute existieren, welche weder lokalen noch globalen Charakter haben.

Datenbasis mit Attributen ohne lokalen und globalen Charakter

Segelflugzeuge (<u>SFNr</u>, Fluggerät, Alter, Plätze, Spannweite)
    Motorflugzeuge (<u>MFNr</u>, Fluggerät, Alter, Plätze, Antriebsart)
    Beide Tabellen befinden sich in der 3. Normalform, und die gespeicherten Informationen sind redundanzfrei, solange niemand auf die Idee kommt, die Daten eines Motorseglers aufnehmen zu wollen. Ein Motorsegler müsste nämlich in beiden Tabellen erscheinen und bekäme zwei verschiedene ID-Nummern. Man sieht auch, dass in den Attributen „Fahrzeugtyp", „Alter" und „Plätze" Redundanzen auftreten, weil für einen Motorsegler die entsprechenden Attributwerte zweimal vorkommen müssten. Gemäß Definition der lokalen und globalen Attribute wären die Attribute „Fahrzeugtyp", „Alter" und „Plätze" weder lokal noch global. ◀

Dieses Beispiel wurde bei den überlappenden Entitätsmengen im Abschn. 3.1.3.1 besprochen. Die Lösung dieses Problems liegt in der Erschaffung einer übergeordneten Entitätsmenge:

Flugapparate (<u>FNr</u>, Fluggerät, Alter, Plätze)
Segelflugzeuge (<u>FNr</u>, Spannweite)
Motorflugzeuge (<u>FNr</u>, Antriebsart)

In dieser Datenbasis sind nur noch lokale und globale Attribute vorhanden, und die Datenbasis befindet sich nun in der 4. Normalform.

▶ **4. Normalform** Eine **Datenbasis** befindet sich in der **4. Normalform**, wenn sich alle Tabellen in der 3. Normalform befinden und nur noch lokale und globale Attribute existieren.

Der Begriff „redundanzfrei" muss etwas relativiert werden, weil ja globale Attribute von Natur aus Redundanzen aufweisen. Denn jeder Fremdschlüssel nimmt Werte an, welche bereits in einer Tabelle als ID-Schlüsselwerte existieren. Anders lassen sich Beziehungen aber nicht darstellen. Die Bezeichnung „Redundanz" bezieht sich somit auf die lokalen Attribute einer Datenbasis.

Neben der 4. Normalform wurde auch noch eine 5. Normalform nachgewiesen, welche jedoch für die Praxis keine Bedeutung hat und deshalb hier nicht behandelt wird.

Abb. 3.51 zeigt die einzelnen Normalisierungsebenen.

Das Fundament besteht aus allen Tabellen in der 1. Normalform. Diese Tabellen können zum Teil in die 2. oder direkt in die 3. Normalform gebracht werden. Tabellen aus der 2. Normalform werden dann ebenfalls in die 3. Normalform umgewandelt. Erst wenn sich alle Tabellen in der 3. Normalform befinden, kann die ganze Datenbasis in die 4. Normalform gebracht werden.

3.2.6 Optimale Normalformen

Der Normalisierungsprozess, wie er bisher beschrieben wurde, scheint alle Datenstrukturierungsprobleme zu lösen. Leider ist dem nicht so. Eine Datenbasis in der 4. Normalform kann sich bei der praktischen Implementierung durchaus als ineffizient und benutzerunfreundlich erweisen (vgl. Abschn. 3.4). Dies liegt hauptsächlich daran, dass mit steigendem Normalisierungsgrad immer mehr Tabellen entstehen. Dadurch werden Abfragen zunehmend komplizierter und damit langsamer. Außerdem bestehen wichtige Tabellen (z. B. die Tabelle „Verkäufe") praktisch nur noch aus Fremdschlüsselattributen, so dass sich der Benutzer eine Unzahl von Kodenummern merken oder diese nachschlagen muss. Geht man ferner davon aus, dass jede Tabelle in der Datenbankapplikation mit einer

Abb. 3.51 Die verschiedenen Normalisierungsebenen

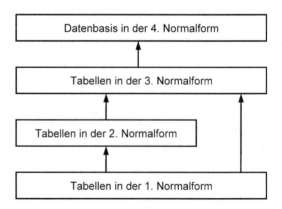

Bildschirmmaske verknüpft ist, dann ist leicht einzusehen, dass die Übersichtlichkeit mit jeder neuen Tabelle abnimmt. Man wird in der Praxis also bestrebt sein, dass die Datenbasis aus möglichst wenigen Tabellen besteht und nimmt dabei bewusst in Kauf, dass Redundanzen vorkommen können. Diese Redundanzen müssen dann durch die Applikationssoftware derart verwaltet werden, dass die Datenkonsistenz erhalten bleibt.

▶ **Hinweis** Es ist durchaus sinnvoll, die Daten zunächst so zu strukturieren, dass die 4. Normalform erfüllt ist und erst dann einzelne Tabellen in eine niedrigere Normalform umzuwandeln. Dadurch ist nämlich gewährleistet, dass die restlichen Tabellen widerspruchsfrei sind.

Ein anschauliches Beispiel wird im Abschn. 4.4 behandelt.

3.3   Strukturregeln

Zusammenfassung

Aus dem Prozess der Normalisierung sowie der Beziehungslehre können sechs Strukturregeln abgeleitet werden, welche man zur Überprüfung einer Datenbasis heranziehen kann. ◀

Falls die Tabellen einer Datenbasis allen sechs Strukturregeln entsprechen, so ist die Datenbasis **global normalisiert**. Für die Definition der Strukturregeln 3 und 6 müssen noch zwei Begriffe erklärt werden:

• Statischer Wertebereich
• Dynamischer Wertebereich

▶ **Statischer Wertebereich** Ein statischer Wertebereich umfasst eine Menge von Werten und wird bei der Definition der Datenbasis festgelegt. Er ändert sich im Verlaufe der Zeit nicht.

Beispiele für statische Wertebereiche

Das Attribut „Farbe" könnte folgende Werte annehmen: „blau", „grün", „hellgelb", „rosa" etc. Man kann aber den Wertebereich einschränken (definieren), so dass nur noch folgende Farben erlaubt sind: „rot", „grün", „blau". Das Attribut „Farbe" besitzt nun einen statischen Wertebereich, welcher die Werte „rot", „grün" und „blau" umfasst. Etwas anders verhält es sich beim Attribut „Name". Dort ist es nicht sinnvoll, eine Menge von möglichen Namen zu definieren. Da man aber die Länge eines Namens auf beispielsweise 20 Zeichen begrenzen wird, ergibt sich automatisch ein statischer Wertebereich, welcher $26^{20} \approx 2 \cdot 10^{28}$ mögliche Namen umfasst, sofern nur die Kleinbuchstaben a-z zulässig sind (über Sinn und Zweck eines Namens wie „xyzfgc" oder „nnnn" brauchen wir hier nicht zu diskutieren). ◀

▶ **Dynamischer Wertebereich** Ein dynamischer Wertebereich ist eine Menge von ID-Schlüsselwerten oder Schlüsselwertkombinationen, welche für einen Fremdschlüssel zur Verfügung stehen.

Beispiel für dynamische Wertebereiche

In einer Tabelle „Personen" existieren 20 Tupel. Das Attribut „PNr" bildet den ID-Schlüssel dieser Tabelle. Somit besitzt dieses Attribut als Fremdschlüssel in einer anderen Tabelle einen dynamischen Wertebereich von 20 möglichen Werten. Wenn in der Tabelle „Personen" neue Tupel hinzukommen oder gelöscht werden, so ändert sich auch der Wertebereich des Fremdschlüssels. Das Attribut „PNr" besitzt in der Tabelle „Personen" hingegen einen statischen Wertebereich, welcher z. B. durch die möglichen Personalnummern von 1000 bis 9999 definiert ist. ◀

Strukturregeln

SR 1:	Jede Tabelle muss einen Identifikationsschlüssel besitzen.
SR 2:	Eine Datenbasis muss aus Tabellen in der 3. Normalform bestehen, welche nur lokale und globale Attribute enthalten.
SR 3:	**Lokale Attribute** müssen statische Wertebereiche verwenden.
	Globale Attribute dürfen nur in einer einzigen Tabelle einen statischen Wertebereich besitzen und müssen dort ID-Schlüssel sein. In allen anderen Tabellen, in denen sie auch noch vorkommen, müssen sie einen dynamischen Wertebereich besitzen, d. h. Fremdschlüsselattribute sein.
SR 4:	Rekursive Beziehungen sind verboten. Es dürfen in einer Tabelle B nur solche Fremdschlüssel verwendet werden, deren Ursprungstabelle A unabhängig von der Tabelle B definiert werden kann.
SR 5:	Unter- und Obermengenbeziehungen zwischen Tabellen sind im Entitätenblockdiagramm genau festzuhalten. Wenn keine Spezialisierung mit zugelassener Überlappung vorliegt, muss in der generalisierten Tabelle ein diskriminierendes Attribut eingefügt werden, welches die betroffene spezialisierte Tabelle angibt.
SR 6:	Wenn in einer Tabelle globale Attribute als Fremdschlüssel eingeführt werden, so sind diejenigen Tabellen beizuziehen, welche eine größtmögliche Einschränkung (möglichst wenige Tupel in der Entitätsmenge) des zulässigen dynamischen Wertebereiches mitbringen.

◀

Beispiel für Strukturregel 6

Strukturregel 6 soll Anhand eines Beispiels erklärt werden, da die Definition nicht ohne weiteres verständlich ist. ◀

Gegeben sei folgende Tabelle:

Kunden (<u>KNr</u>, Vorname, Nachname, PLZ, Ort)

Man könnte nun auf die Idee kommen, die Nachnamen in einer eigenen Tabelle zu verwalten, weil man diese dann nachschlagen könnte und nicht jedes Mal eintippen müsste. Daraus ergäbe sich folgende Datenstruktur:

Kunden (<u>KNr</u>, Vorname, NNr, PLZ, Ort)
Namen (<u>NNr</u>, Nachname)

Im praktischen Einsatz würde dies bedeuten, dass man bei der Eingabe eines neuen Kunden dessen Namen zuerst in einer Liste nachschlagen und gegebenenfalls in einem anderen Formular zuerst erfassen müsste, wenn er nicht vorhanden wäre. Da ist es wesentlich einfacher, den Nachnamen einfach einzugeben, auch wenn dabei allenfalls Schreibfehler entstehen könnten.

Die Strukturregel 6 soll solche Auswüchse verhindern, denn es gibt derart viele Nachnamen, dass es keinen Sinn macht, diese in einer eigenen Tabelle zu verwalten (Ausnahmen bilden beispielsweise die Ahnenforschung, wo die richtige Schreibweise des Namens essenziell ist).

Hingegen könnte es Sinn machen, die PLZ und den Ort separat zu verwalten:

Kunden (<u>KNr</u>, Vorname, Nachname, PLZ)
Orte (<u>PLZ</u>, Ort)

Weil es nur eine bestimmte Anzahl Postleitzahlen in einem Land gibt und sich diese praktisch nicht ändern, könnte eine separate Tabelle sinnvoll sein, zumal diese Daten sicher irgendwo online vorhanden sind und nicht extra von Hand eingetippt werden müssten.

▶ **Hinweis** Die Strukturregel 6 soll verhindern, dass unnötigerweise Tabellen aufgeteilt werden. Die Tabellenanzahl soll somit möglichst geringgehalten werden. Dabei kann es durchaus zu Konflikten mit den transitiven Abhängigkeiten kommen, welche eine Aufteilung eigentlich verlangen würden.

Bei der ursprünglichen Tabelle „Kunden" im letzten Beispiel besteht sowohl aus mathematischer, wie auch aus praktischer Sicht eine **transitive Abhängigkeit** vom Ort über die Postleitzahl zur Kundennummer. Trotzdem wird meistens auf eine Aufteilung der Tabelle verzichtet.

3.4 Der logische Entwurfsprozess

Zusammenfassung

In diesem Abschnitt wird das ganze Datenbank-Entwurfsverfahren an einem Beispiel beschrieben. Diese Vorgehensweise sollte für jeden Datenbankaufbau angewendet werden. ◄

Der logische Entwurfsprozess kann wie in Abb. 3.52 grafisch dargestellt werden.

▶ **Achtung** Der Entwurfsprozess stellt kein geradliniges „Kochrezept" dar, bei
dem aus einer vage formulierten Aufgabenstellung automatisch die perfekte
Datenbankapplikation resultiert. Vielmehr handelt es sich um einen **iterativen
Prozess**, bei dem ein schrittweises Entwurfsverfahren immer wieder an-
gewendet wird, bis zuletzt ein Datensystem resultiert, welches alle gestellten
Anforderungen erfüllt.

Abb. 3.52 Ablaufdiagramm
für den logischen Ent-
wurfsprozess

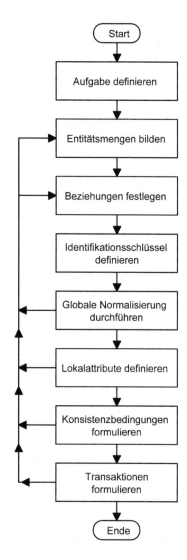

Man sieht in Abb. 3.52, dass einige Arbeitsschritte dazu führen können, den Entwurfsprozess nochmals zu beginnen, wobei neue Entitätsmengen oder Beziehungen entstehen können. Die einzelnen Schritte werden nachfolgend detailliert erklärt.

3.4.1 Aufgabenstellung

Zusammenfassung

Die vielfach diffusen Anforderungen an eine Datenbankapplikation müssen in Worte gefasst werden. Dabei sind wichtige Zusammenhänge und Vorgaben möglichst klar zu definieren. ◄

Das folgende Beispiel soll dies verdeutlichen, wobei hier nur die wichtigsten Punkte aufgeführt sind:

Ein Unternehmen möchte eine Datenbankapplikation für die Ausbildungskontrolle der Angestellten entwickeln. Es soll erfasst werden, welche Angestellten welche Kurse wann besucht haben und von wem sie ausgebildet wurden. Die Personaldaten werden vom Personaldienst, die Kurse von einem Kursadministrator und die Kursbesuche vom Sekretariat verwaltet.

Dabei gelten folgende Rahmenbedingungen:

- Jede Person ist mit Personalnummer, Name, Vorname, Funktion und Lohnstufe zu erfassen.
- Für Kurse sind Kursnummer, Themengebiet, Kursort und Kursbezeichnung festzuhalten.
- Einige Personen können sowohl Kursleiter, als auch Kursteilnehmer sein. Bei diesen internen Kursleitern ist die Kurserfahrung (Dienstjahre) anzugeben.
- Externe Kursleiter müssen mit Name, Vorname und Firmenname erfasst werden. Sie werden aber erst gespeichert, wenn sie schon Angestellte ausgebildet haben.
- Jeder Kursbesuch ist mit Kursteilnehmer, Kursleiter und Kursdatum festzuhalten.

Es ist ferner zu definieren, welche Reports man benötigt, wie mit dem System gearbeitet werden soll, wer das System benutzt usw.

3.4.2 Bildung von Entitätsmengen

Zusammenfassung

Aus der Aufgabenstellung sind Entitätsmengen zu bilden, um so eine Gruppierung nach gewissen Eigenschaften herbeizuführen. Bei überlappenden Entitätsmengen sind die entsprechenden umfassenden Entitätsmengen zu bilden. ◄

Aus unserem Beispiel kann man problemlos folgende Entitätsmengen bilden:

Personen, Kurse

Diese beiden Entitätsmengen sind von zentraler Bedeutung. Alle Anforderungen an die Datenbankapplikation stützen sich auf diese Entitätsmengen. Man nennt sie deshalb auch **Kernentitäten**. Eine weitere Entitätsmenge könnten die Kursleiter bilden, wobei man aber zwischen internen und externen Kursleitern zu unterscheiden hat. Weil die internen Kursleiter aber ein Bestandteil der Entitätsmenge „Personen" sind, bilden wir vorläufig nur die folgende Entitätsmenge:

Externe Kursleiter

3.4.3 Festlegen der Beziehungen

Zusammenfassung

Alle möglichen, gegenseitigen Beziehungen zwischen den Entitätsmengen sind im konzeptionellen Datenmodell festzuhalten, wobei auch „nicht-hierarchische" Beziehungen zulässig sind. Unklare Beziehungen sind anzuschreiben. ◄

Mit unseren drei Entitätsmengen lässt sich ein Entitätenblockdiagramm gemäß Abb. 3.53 zeichnen:

Man erkennt eine rekursive Beziehung für die internen Kursleiter. Eine Person kann Kursleiter sein oder nicht; ein interner Kursleiter entspricht genau einer Person. Ein interner Kursleiter kann beliebig viele verschiedene Kurse geben; ein Kurs kann von beliebig vielen internen Kursleitern durchgeführt werden.

Externe Kursleiter müssen mindestens einen Kurs durchgeführt haben; Kurse können von beliebig vielen externen Kursleitern durchgeführt werden. Eine Person kann von beliebig vielen externen Kursleitern ausgebildet werden; ein externer Kursleiter muss mindestens eine Person ausgebildet haben.

Abb. 3.53 Entitätenblockdiagramm für die Kursverwaltung (nicht normalisiert)

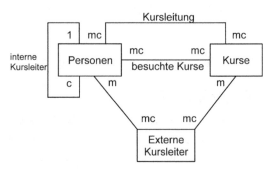

Beziehungen müssen so definiert werden, wie wenn die Datenbasis bereits Datensätze enthalten würde. Außerdem sollte man mit 1-m und 1-1-Beziehungen sparsam umgehen. Würde nämlich zwischen den Tabellen „Personen" und „Kurse" eine m-mc-Beziehung definiert werden, dann müssten alle neuen Kurse sofort einer Person zugeordnet werden. In der Praxis wird man aber zuerst einmal alle Kurse im Kursangebot eintippen, bevor man die Teilnehmer zuordnet. Allerdings wäre es nun möglich, Kurse ohne Teilnehmer durchzuführen. Dies muss später durch das Programm verhindert werden (siehe Abschn. 3.4.7).

3.4.4   Definition von Identifikationsschlüsseln

Zusammenfassung

Für jede Entitätsmenge ist ein natürlicher oder künstlicher ID-Schlüssel festzulegen. Bei künstlichen ID-Schlüsseln wird ein neues Attribut eingeführt. Bei natürlichen ID-Schlüsseln wird ein bestehendes Attribut verwendet. ◄

In unserem Beispiel bekommt die Entitätsmenge „Personen" die Personalnummer als ID-Schlüssel, während die Entitätsmenge „Kurse" eine Kursnummer als ID-Schlüssel erhält. Bei der Entitätsmenge „Externe Kursleiter" muss eine eigene ID-Nummer vergeben werden:

Personen (<u>PNr</u>)
Kurse (<u>KNr</u>)
Externe Kursleiter (<u>ENr</u>)

3.4.5   Globale Normalisierung

Zusammenfassung

Alle konditionellen und netzwerkförmigen Beziehungen werden durch die Einführung von Hilfsentitätsmengen in hierarchische Beziehungen transformiert. Damit erfolgt die Umwandlung vom konzeptionellen in das physische Datenmodell. ◄

Zunächst einmal sollte man sich auf die rekursiven Beziehungen beschränken. Nach der erfolgten Transformation der Beziehungen „Interne Kursleiter" und „Kursleitung" ergibt sich Abb. 3.54.

Es ist offensichtlich, dass es sich bei den Entitätsmengen „Interne Kursleiter" und „Externe Kursleiter" um spezialisierte, sich nicht überlappende Entitätsmengen handelt (ein Kursleiter kann intern oder extern, aber nicht beides zugleich sein). An dieser Stelle geht man somit zurück zum Schritt „Bildung von Entitätsmengen" und bildet die umfassende Entitätsmenge „Kursleiter". Dann folgt der Schritt „Festlegen von Beziehungen" usw. Das überarbeitete Entitätenblockdiagramm sieht nun aus wie in Abb. 3.55.

Abb. 3.54 Entitätenblockdiagramm mit spezialisierten
Entitätsmengen

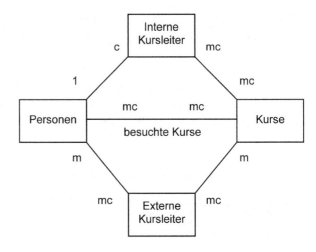

Abb. 3.55 Entitätenblockdiagramm mit Unter-/Ober-
mengenbeziehungen

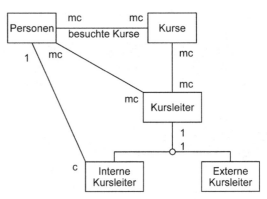

   Die mc-mc-Beziehung zwischen „Personen" und „Kursleiter" soll zum Ausdruck bringen, dass jede Person von beliebig vielen Kursleitern ausgebildet werden kann; und dass
jeder Kursleiter beliebig viele Personen ausbilden kann. Die Frage, ob eine Person auch
Kursleiter ist, wird durch die 1-c-Beziehung zum Ausdruck gebracht. Beim Vergleich von
diesem Diagramm (Abb. 3.55) mit der Vorgängerversion (Abb. 3.54) fällt auf, dass die
m-mc-Beziehung zwischen „Personen" und „Externe Kursleiter" nun via „Kursleiter" in
eine mc-mc-Beziehung umgewandelt worden ist. Wir wollten ja mit der früheren m-mc-
Beziehung zum Ausdruck bringen, dass ein externer Kursleiter nur im System gespeichert
wird, wenn er mindestens eine Person ausgebildet hat. Durch die Generalisierung ging
dieses Faktum verloren und muss später programmtechnisch sichergestellt werden (vgl.
Abschn. 4.7.2). Die einzelnen Entitätsmengen besitzen nun folgende ID-Schlüssel:

Personen (PNr)
Kurse (KNr)
Kursleiter (KLNr)

Externe Kursleiter (<u>KLNr</u>)
Interne Kursleiter (<u>KLNr</u>)

Der ID-Schlüssel „KLNr" in den Entitätsmengen „Externe Kursleiter" und „Interne Kursleiter" wird durch den Fremdschlüssel „KLNr" aus der Entitätsmenge „Kursleiter" gebildet. Man könnte auch künstliche ID-Schlüssel bilden wie z. B. „ELNr" und „ILNr". Dann wäre „KLNr" in diesen Entitätsmengen nur ein Fremdschlüssel und nicht Bestandteil des ID-Schlüssels.

Die globale Normalisierung ist jedoch noch längst nicht beendet, da noch viele nicht-hierarchische Beziehungen existieren. Ein erneuter Durchgang liefert das Entitätenblockdiagramm gemäß Abb. 3.56.

Die nicht-hierarchische mc-mc-Beziehung „besuchte Kurse" wurde transformiert, und es entstand eine neue Entitätsmenge „Kursbesuche". Zwischen dieser Entitätsmenge und der Entitätsmenge „Kursleiter" konnte eine 1-mc-Beziehung definiert werden, weil ja für jeden Kursteilnehmer auch der entsprechende Kursleiter und der besuchte Kurs bekannt sein muss. Diese Zusammenhänge wurden vorher durch die mc-mc-Beziehungen zwischen der Entitätsmenge „Kursleiter" und den Entitätsmengen „Personen" und „Kurse" ausgedrückt. Deshalb konnten diese Beziehungen ohne Informationsverlust eliminiert werden. Die Datenbasis wäre nun global normalisiert, sofern nur noch lokale und globale Attribute existieren würden. Diese Abklärung bildet den nächsten Schritt des Entwurfsprozesses.

Die einzelnen Entitätsmengen besitzen nun folgende ID-Schlüssel:

Personen (<u>PNr</u>)
Kurse (<u>KNr</u>)
Kursleiter (<u>KLNr</u>)
Externe Kursleiter (<u>KLNr</u>)
Interne Kursleiter (<u>KLNr</u>)
Kursbesuche (<u>PNr</u>, <u>KNr</u>, <u>KLNr</u>)

Abb. 3.56 Entitätenblockdiagramm mit ausschließlich hierarchischen Beziehungen

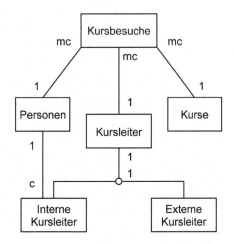

Dieses Beispiel zeigt deutlich, wie wichtig es ist, nicht-hierarchische Beziehungen schrittweise zu transformieren. Bei jeder neu entstandenen Entitätsmenge müssen zuerst die Beziehungen zu anderen Entitätsmengen definiert werden, bevor die nächste nicht-hierarchische Beziehung transformiert wird. Andernfalls riskiert man, dass neue Entitätsmengen entstehen, welche gar nicht nötig sind und letztendlich zu Redundanzen führen. Dies soll Abb. 3.57 verdeutlichen.

Dieses Entitätenblockdiagramm entsteht, wenn man die drei nicht-hierarchischen Beziehungen des vorletzten Diagramms (Abb. 3.55) gleichzeitig transformiert. In der Entitätsmenge „Kursbesuche" wird festgehalten, welche Personen welche Kurse besucht haben. In der Entitätsmenge „Ausgebildete Personen" steht, welche Personen von wem ausgebildet wurden und in der Entitätsmenge „Durchgeführte Kurse" ist gespeichert, welche Kursleiter welche Kurse gegeben haben. Es ist nicht gerade einfach zu erkennen, dass man diese drei Entitätsmengen zu einer einzigen Entitätsmenge zusammenfassen kann, wie dies im Entitätenblockdiagramm (Abb. 3.56) getan wurde.

3.4.6 Lokal-Attribute

Zusammenfassung

Für jede Entitätsmenge werden die entsprechenden lokalen (beschreibenden) Attribute festgelegt, wobei auch Fremdschlüsselattribute verwendet werden dürfen. Anschließend werden alle Tabellen und schließlich die gesamte Datenbasis normalisiert. ◀

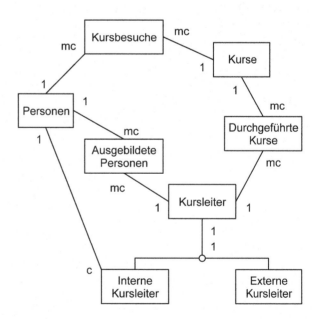

Abb. 3.57 Entitätenblockdiagramm mit versteckten Redundanzen

Nach Einbezug der beschreibenden Attribute besitzen die Tabellen aus unserem Beispiel (Abb. 3.56) folgenden Aufbau:

Personen (<u>PNr</u>, Name, Vorname, Funktion, Lohnstufe)
Kurse (<u>KNr</u>, Kursbezeichnung, Themengebiet, Kursort)
Kursleiter (<u>KLNr</u>, Status)
Externe Kursleiter (<u>KLNr</u>, EName, EVorname, Firma)
Interne Kursleiter (<u>KLNr</u>, PNr, Kurserfahrung)
Kursbesuche (<u>PNr</u>, <u>KNr</u>, <u>KLNr</u>, Datum)

Es ist zu beachten, dass nur dann zwei Attribute die gleiche Bezeichnung haben dürfen, wenn es sich um globale Attribute handelt oder wenn in der Datenbasis überlappende Entitätsmengen existieren. Dies ist bei den Tabellen „Personen" und „Externe Kursleiter" nicht der Fall, weshalb das Attribut „EName" nicht „Name" heißen darf, obwohl es sich auch um eine Namensbezeichnung handelt. In der Tabelle „Kursleiter" musste gemäß Strukturregel 5 ein diskriminierendes Attribut „Status" eingeführt werden, welches für jedes Tupel angibt, wo die spezialisierten Informationen zu finden sind (externe oder interne Kursleiter). Es wird nun jede einzelne Tabelle normalisiert, sofern sie sich nicht schon in der 3. Normalform befindet.

Betrachten wir nun die Tabelle „Personen". Auf den ersten Blick scheint diese Tabelle normalisiert zu sein. Alle Attribute sind vom ID-Schlüssel funktional abhängig. Es fällt aber auf, dass das Attribut „Funktion" einen sehr begrenzten Wertebereich aufweist. Im Gegensatz zum Attribut „Name" gibt es hier nur wenige mögliche Attributwerte. Man könnte nun in der Tabelle „Personen" eine Funktionsnummer einfügen und bekäme dann via „FNr" eine transitive Abhängigkeit zwischen „Funktion" und „PNr":

Personen (<u>PNr</u>, Name, Vorname, FNr, Funktion, Lohnstufe)

Gemäß Normalisierungsprozedere müsste dann eine Aufteilung in folgende Tabellen stattfinden:

Personen (<u>PNr</u>, Name, Vorname, FNr)
Funktionen (<u>FNr</u>, Funktion)

Wenn davon ausgegangen werden kann, dass jede Funktion anders heißt, wäre diese Aufteilung nicht zwingend erforderlich. Der Funktionsname wäre ja eindeutig. Es macht aber dennoch Sinn, diese Auftrennung vorzunehmen, wenn man sich vor Augen führt, dass später für jede Person noch deren Funktion eingetippt werden muss. Dabei können leicht Tippfehler entstehen, während eine Nummer kürzer und eindeutig ist. Aus diesem Grunde verfahren wir auch bei den restlichen Tabellen in ähnlicher Weise.

▶   Ob eine Tabelle als normalisiert betrachtet werden kann, hängt von der Aufgaben-
      stellung und den Anforderungen an die Datenkonsistenz ab.

Die Datenbasis ist nun global normalisiert und sieht folgendermaßen aus:

Personen (<u>PNr</u>, Name, Vorname, FNr, Lohnstufe)
Funktionen (<u>FNr</u>, Funktion)
Kurse (<u>KNr</u>, Kursbezeichnung, KTNr, Kursort)
Kursthemen (<u>KTNr</u>, Themengebiet)
Kursleiter (<u>KLNr</u>, Status)
Externe Kursleiter (<u>KLNr</u>, EName, EVorname, Firma)
Interne Kursleiter (<u>KLNr</u>, PNr, Kurserfahrung)
Kursbesuche (<u>PNr</u>, <u>KNr</u>, <u>KLNr</u>, Datum)

Das dazugehörende Entitätenblockdiagramm präsentiert sich gemäß Abb. 3.58.

3.4.7   Konsistenzbedingungen

Zusammenfassung

Bei diesem Schritt geht es darum, Bedingungen zu formulieren, welche von den gespeicherten Daten eingehalten werden müssen. Damit ist sicherzustellen, dass die
Datenkonsistenz jederzeit erhalten bleibt. ◀

Das Datenmodell gibt bereits eine Vielzahl von solchen Bedingungen vor, welche je nach
Datenbanksystem direkt unterstützt werden oder programmiert werden müssen. Dazu gehören die Eindeutigkeit von ID-Schlüsseln und die Einhaltung der dynamischen Werte-

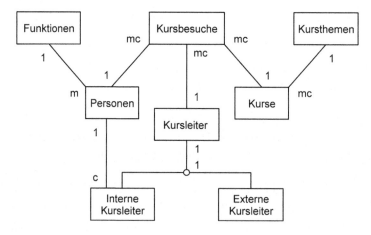

Abb. 3.58 Global normalisierte Datenbasis „Kursverwaltung"

Abb. 3.59 Definition von
Wertebereichen für aus-
gewählte Attribute

Tabelle	Attribut	Wertebereich
Personen	PNr	Ganze Zahlen mit 6 Ziffern zwischen 100000 und 999999
	Name	Zeichenkette mit 20 Zeichen
	Vorname	Zeichenkette mit 15 Zeichen
	Lohnstufe	1 bis 9
Kursbesuche	Datum	Datumfeld im Format TT.MM.JJ
Kursleiter	Status	Nur Zeichen 'I' für interne Kursleiter und 'E' für externe Kursleiter sind zulässig.

bereiche von Fremdschlüsseln (**referenzielle Integrität**). Beispielsweise dürfen in der Tabelle „Personen" im Attribut „FNr" nur Funktionsnummern akzeptiert werden, welche in der Tabelle „Funktionen" auch vorkommen.

Bei Attributen mit statischem Wertebereich ist dieser möglichst stark einzuschränken. Bei unserem Beispiel könnte dies aussehen, wie in Abb. 3.59 dargestellt.

In diesem Sinne werden alle statischen Wertebereiche definiert. Eine weitere Bedingung könnte sein, dass jede Person einen Kurs nur einmal besuchen darf. Dann dürfte jede Attributwertkombination von „PNr, KNr" in der Tabelle „Kursbesuche" nur einmal vorkommen. Falls dies jedoch erlaubt wäre, dann könnte als Bedingung gelten, dass eine Person den gleichen Kurs nicht mehrmals am gleichen Datum besuchen darf. Der ID-Schlüssel der Tabelle „Kursbesuche" sähe dann so aus: „PNr, KNr, Datum". Mit diesem ID-Schlüssel könnte verhindert werden, dass ein bestimmter Kursbesuch versehentlich zweimal abgespeichert wird (siehe Abschn. 4.6.2).

Es ist auch in diesem Schritt möglich, dass neue Entitätsmengen definiert werden müssen. Wenn beispielsweise funktionsspezifische Kurse angeboten werden, muss gewährleistet sein, dass nur Personen mit der richtigen Funktion solche Kurse besuchen können. Dafür muss eine neue Entitätsmenge „Kurskontrolle" in die Datenbasis aufgenommen werden, weil zwischen den Entitätsmengen „Funktionen" und „Kurse" eine nicht-hierarchische m-mc-Beziehung entsteht, wie dies Abb. 3.60 zeigt.

Die Tabelle „Kurskontrolle" hat folgenden Aufbau:

Kurskontrolle (FNr, KNr).

Die m-Assoziation zwingt dazu, dass für jeden Kurs definiert werden muss, welche Funktionen ihn besuchen dürfen. Zwischen den Entitätsmengen „Kursbesuche" und „Kurskontrolle" besteht keine direkte Beziehung. Trotzdem muss die Einschränkung der Kursbesuche bei den Transaktionen berücksichtigt werden. Man sieht, dass im Verlaufe des Entwurfsprozesses auch Sachverhalte auftauchen können, an die man bei der Aufgabenstellung unter Umständen gar nicht gedacht hat (dies entspricht zwar nicht dem Idealfall, dafür aber der Realität).

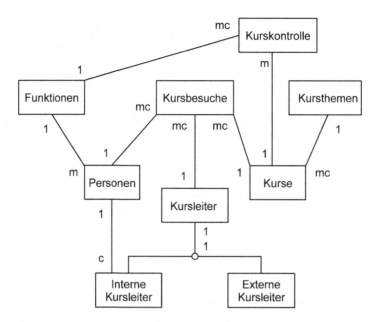

Abb. 3.60 Erweitertes Entitätenblockdiagramm mit der Entität „Kurskontrolle"

3.4.8   Transaktionen definieren

Zusammenfassung

Beim späteren Datenbankbetrieb muss der Datenbestand manipuliert werden. Es ist deshalb nötig, alle zulässigen Manipulationsarten (Transaktionen) und deren Ablauf klar zu definieren, wobei die Datenkonsistenz erhalten bleiben muss. ◄

Bei einer **Transaktion** handelt es sich um eine Operation auf den Datenbestand, wobei es folgende Möglichkeiten gibt:

- Daten abfragen (Query)
- Daten einfügen (Insert)
- Daten nachführen (Update)
- Daten löschen (Delete)

In diesem Zusammenhang werden nun noch weitere Begriffe erklärt.

▶ **Datenmutation** Darunter versteht man das Verändern von Daten. Dies geschieht durch das Einfügen, Nachführen und Löschen von Datensätzen.

▶ **Datenmanipulation** Als Datenmanipulation werden alle Operationen auf den Datenbestand bezeichnet, bei denen Daten mutiert werden.

▶ **Transaktion** Eine Transaktion umfasst mindestens einen Operationsschritt auf den Datenbestand. Es gilt dabei das Prinzip, dass wenn auch nur ein einziger Operationsschritt einer Transaktion fehlschlägt, (z. B. Indexverletzung beim Einfügen, Datensatz wird gerade von einem anderen Benutzer editiert, referenzielle Integrität wurde verletzt etc.) alle vorhergehenden Änderungen (innerhalb dieser Transaktion) am Datenbestand rückgängig gemacht werden müssen.

▶ **Wichtig** Transaktionen müssen immer konsistenzerhaltend sein. Es darf nie vorkommen, dass durch fehlerhafte Operationsschritte die Datenbasis beschädigt wird, indem widersprüchliche Daten auftreten.

Beispiele für Transaktionen

Bei unserer Kursverwaltung müssen wir uns nun überlegen, welche Transaktionen wir beim Datenbankbetrieb benötigten. Dabei beschränken wir uns auf folgende Mustertransaktionen:

A) Einfügen, Löschen und Nachführen von Kursthemen in der Tabelle „Kursthemen".
B) Einfügen, Löschen und Nachführen von Kursdaten in der Tabelle „Kurse".
C) Einfügen, Löschen und Nachführen eines Tupels in der Tabelle „Kurskontrolle".
D) Einfügen eines Kursleiters in die Tabelle „Kursleiter".
E) Abfrage: Liste von allen besuchten Kursen von Person X mit Kursnummer, Kursbezeichnung, Kursdatum, Personalnummer, Kursleitername und Firma.

Diese Beispiele zeigen typische Probleme, welche beim Datenbankbetrieb auftreten können. Die Transaktionen A bis E werden nun nacheinander diskutiert. ◄

Transaktion A gestaltet sich am einfachsten, weil die Tabelle „Kursthemen" nur mit einer Tabelle verknüpft ist. Die 1-mc-Beziehung bedeutet außerdem, dass man Tupel (Datensätze) einfügen und nachführen kann, ohne dass dies direkte Auswirkungen auf die Tabelle „Kurse" hat, weil solch ein Tupel nicht mit anderen Tupel assoziiert sein muss. Hingegen darf in der Tabelle „Kursthemen" nur dann ein Tupel gelöscht werden, wenn in der Tabelle „Kurse" keine Tupel mehr mit dem zu löschenden Tupel assoziiert sind. Konkret bedeutet dies, dass ein Kursthema erst dann gelöscht werden darf, wenn keine Kurse mehr zu diesem Thema existieren. Andererseits dürfen wir jederzeit neue Kursthemen eingeben. Solche Bedingungen müssen speziell programmiert werden, sofern die Datenbank dies nicht direkt unterstützt. Beim Einfügen eines Tupels besteht die Möglichkeit, den ID-Schlüsselwert selbst zu vergeben oder vom System vergeben zu lassen. Es gehört somit auch zu einer Transaktion, ID-Schlüsselwerte zu generieren bzw. auf Eindeutigkeit zu prüfen.

Transaktion B gestaltet sich schon schwieriger. Man kann einen Kurs erst dann eingeben, wenn das entsprechende Kursthema in der Tabelle „Kursthemen" schon existiert, weil man ja beim Attribut „KTNr" nach dem Fremdschlüsselwert gefragt wird. Noch komplizierter wird die Sache, weil zwischen den Tabellen „Kurse" und „Kurskontrolle" eine 1-m-Beziehung besteht, welche uns dazu zwingt, für jeden neuen Kurs sofort anzugeben, welche Funktionen diesen Kurs besuchen dürfen. Dies ist aber nur möglich, wenn bereits alle Funktionen eingegeben worden sind. Eine Funktion können wir aber nur eingeben, wenn mindestens eine Person dieser Funktion angehört. Unsere Transaktion zieht also einen richtigen Rattenschwanz an Bedingungen mit sich. Man erkennt aus diesem Beispiel schon, dass es wichtig ist, welche Daten man zuerst eingibt. Diese Basisdaten werden auch **Stammdaten** genannt. In unserem Falle wäre es am sinnvollsten, mit der Tabelle „Personen" anzufangen, weil dann nur noch die Funktionen gleichzeitig definiert werden müssen. Doch zurück zur Tabelle „Kurse". In der Praxis würden wir bei der Eingabe eines neuen Kurses neben den kursspezifischen Daten auch nach der Funktionsnummer gefragt. Falls diese existiert, wird in der Tabelle „Kurskontrolle" ein entsprechendes Tupel generiert. Andernfalls wird die Transaktion abgebrochen mit dem Hinweis, zuerst die Funktion zu definieren.

Bei der **Transaktion C** erübrigt sich das Einfügen eines neuen Tupels, weil dies bei der Kurseingabe automatisch geschehen muss. Für das Löschen eines Tupels ergeben sich keine Einschränkungen. Das Nachführen eines Tupels ist hingegen verboten, weil dafür der ID-Schlüsselwert geändert werden müsste (andere Attribute existieren ja nicht), welcher bei dieser Tabelle aus den Fremdschlüsseln „FNr" und „KNr" gebildet wird. Gemäß Definition des ID-Schlüssels darf ein ID-Schlüsselwert aber nie geändert werden. Programmtechnisch gesehen müssten bei einer Änderung eines bestehenden ID-Schlüsselwertes sämtliche Tabellen nachgeführt werden, in denen dieser ID-Schlüssel als Fremdschlüsselattribut vorkommt.

Bei der **Transaktion D** tritt das Problem auf, dass die Zugehörigkeit des neuen Kursleiters zur Entitätsmenge „Externe Kursleiter" bzw. „Interne Kursleiter" erst bekannt ist, wenn im Attribut „Status" der Tabelle „Kursleiter" ein 'I' oder 'E' eingegeben wird. Falls ein 'I' eingegeben wird, muss das System automatisch nach der Personalnummer und der Kurserfahrung fragen. Im anderen Falle werden Name, Vorname und Firma benötigt. Vor der Mutation muss aber noch sichergestellt werden, dass es diesen Kursleiter nicht schon gibt. Es sind während dieser Transaktion also diverse Abklärungen zu treffen, welche größtenteils programmiert werden müssen. Außerdem wäre es einfacher, wenn man die internen Kursleiter in der Tabelle „Personen" beispielsweise mit einem 'X' markieren könnte und diese dann automatisch in die Tabelle „Interne Kursleiter" eingefügt würden. Auch hier müsste dann der ID-Schlüsselwert vom System automatisch vergeben werden.

Die **Transaktion E** scheint einfach zu sein, weil bei einer Abfrage normalerweise keine Daten verändert werden und somit keine Konsistenzprobleme auftreten. In unserem Beispiel soll eine Liste der besuchten Kurse einer Person X erstellt werden, welche folgenden Aufbau besitzt:

KNr	Kursbezeichnung	Datum	PNr	Name	Firma
123	Arbeitshygiene	03-FEB-07	845622	Huber	
776	Wartung von Anlagen	15-APR-08	232452	Müller	
454	Elektrostatische Aufla-dung	17-SEP-07		Krieg	Funkenflug

Man sieht, dass in dieser Liste Nullwerte auftreten. Bei internen Kursleitern wird die Firma nicht aufgelistet, während bei externen Kursleitern die Personalnummer nicht benötigt wird. Wenn man diese Liste mit der Datenbanksprache SQL erstellen möchte, gibt

dies große Probleme, weil der Kursleitername abhängig vom Status entweder aus der Tabelle „Personen" oder der Tabelle „Externe Kursleiter" geholt werden muss. Um dieses
Problem dennoch lösen zu können, wird eine Hilfstabelle mit folgendem Aufbau erstellt:

Liste (KNr, Kursbezeichnung, Datum, PNr, Name, Firma)

Für jede Transaktion E sind dann folgende Schritte nötig:

1. Löschen aller alten Datensätze aus der Tabelle „Liste"
2. Kursbesuchsdaten mit internen Kursleitern in der Hilfstabelle abspeichern
3. Kursbesuchsdaten mit externen Kursleitern in der Hilfstabelle abspeichern
4. Inhalt der Hilfstabelle anzeigen

Diese vier Schritte könnte man z. B. mit ORACLE-SQL in Form eines Batch-Files
programmieren. Dieses Kommandofile würde dann gemäß Abb. 3.61 aussehen.

Die Transaktion wird in der SQL-Umgebung gestartet mit „START Kursbesuch X".
Kursbesuch ist der Name des Kommandofiles. „X" ist die Personalnummer der Person X
und wird als Argument übergeben.

```
/* Schritt 1 */
DELETE FROM Liste;

/* Schritt 2 */
INSERT INTO Liste (KNr, Kursbezeichnung, Datum, PNr, Name)
SELECT A.KNr, Kursbezeichnung, Datum, C.PNr, Name
FROM Kurse A, Kursbesuche B, Personen C, Interne_Kursleiter D
WHERE (B.KNr, B.Datum) IN ( SELECT KNr, Datum
                            FROM Kursbesuche
                            WHERE PNr=&1 )
AND B.KNr=A.KNr
AND B.KLNr=D.KLNr
AND C.PNr=D.PNr;

/* Schritt 3 */
INSERT INTO Liste (KNr, Kursbezeichnung, Datum, Name, Firma)
SELECT A.KNR, Kursbezeichnung, Datum, EName, Firma
FROM Kurse A, Kursbesuche B, Externe_Kursleiter C
WHERE PNr=&1
AND B.KNr=A.KNr
AND B.KLNr=C.KLNr;

/* Schritt 4 */
SELECT * FROM Liste;
```

Abb. 3.61 SQL-Kommandofile für Kursbesuchsliste

```
SELECT  A.KNr, Kursbezeichnung, Datum, C.PNr, Name,
        NULL AS Firma
FROM Kurse A, Kursbesuche B, Personen C, Interne_Kursleiter D
WHERE (B.KNr, B.Datum) IN (  SELECT KNr, Datum
                             FROM Kursbesuche
                             WHERE PNr=&1 )
AND B.KNr=A.KNr
AND B.KLNr=D.KLNr
AND C.PNr=D.PNr;
UNION
SELECT A.KNR, Kursbezeichnung, Datum, NULL, EName, Firma
FROM Kurse A, Kursbesuche B, Externe_Kursleiter C
WHERE PNr=&1
AND B.KNr=A.KNr
AND B.KLNr=C.KLNr;
```

Abb. 3.62 Verwendung von UNION in einer Abfrage

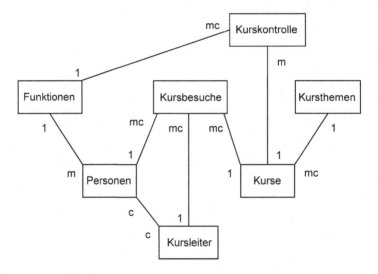

Abb. 3.63 Datenbasis „Kursverwaltung" in der optimalen Normalform

Als Alternative zu dieser Transaktion kann der SQL-Operator „UNION" verwendet werden. Damit lassen sich die Abfragen bei den Schritten 2 und 3 zusammenfassen und es kann auf die Hilfstabelle „Liste" verzichtet werden, wie aus Abb. 3.62 ersichtlich.

Wenn man sowohl die internen- als auch externen Kursleiter in einer einzigen Tabelle zusammenfassen würde, dann sähe die Datenbasis wie in Abb. 3.63 aus.

Die Tabellen „Interne Kursleiter" und „Externe Kursleiter" wurden zu einer einzigen Tabelle „Kursleiter" zusammengefasst, wobei nun eine nicht-hierarchische c-c-Beziehung entstanden ist. Diese c-c-Beziehung kommt zustande, weil es ja auch externe Kursleiter gibt, welche nicht zur Tabelle „Personen" gehören. Die Tabelle „Kursleiter" hat folgenden Aufbau:

Kursleiter (<u>KLNr</u>, Status, PNr, Name, Vorname, Firma, Kurserfahrung)

Bei der Eingabe eines neuen Kursleiters werden nur noch die notwendigen Felder der Tabelle ausgefüllt. Bei einem internen Kursleiter müssen Status, Personalnummer, Name, Vorname und die Kurserfahrung angegeben werden, während bei einem externen Kursleiter Status, Name, Vorname und Firma genügen. Es werden also bewusst Nullwerte akzeptiert, obwohl diese gemäß konzeptionellem Datenmodell zu vermeiden sind. Das Attribut „Status" wird beibehalten, weil man anhand dieses Attributes einen Plausibilitätstest (siehe Abschn. 4.7.1) durchführen kann. Wenn nämlich eine Personalnummer eingegeben wird, obwohl im Statusfeld ein „E" steht, dann ist die Eingabe mit Sicherheit falsch. Die Gewährleistung der Datenkonsistenz liegt in diesem Falle ganz beim Programmierer und wird durch das Datenbanksystem nicht mehr unterstützt.

Das Generieren unserer Liste der Kursbesuche vereinfacht sich nun sehr stark. Es wird keine Hilfstabelle oder UNION-Operator mehr benötigt, weil die Transaktion E mit einer einzigen SQL-Anweisung realisiert werden kann. Das SQL-Kommandofile sieht dann folgendermaßen aus:

```
SELECT   A.Nr, Kursbezeichnung, Datum, B.PNr, Name,
         Firma
FROM Kurse A, Kursleiter B, Kursbesuche C
WHERE B.KLNr=C.KLNr
AND A.KNr=C.KNr
AND C.PNr=&1;
```

Man braucht nicht unbedingt SQL zu verstehen, um zu erkennen, dass die Transaktion E mit diesem Aufbau wesentlich effizienter sein wird. Messungen der Transaktionsdauer ergaben, dass die Abarbeitung dieses Kommandofiles durchschnittlich um 72 % schneller erfolgte, als dies beim ursprünglichen Kommandofile der Fall war.

Dieser Wert ist natürlich systemabhängig. Dennoch ist klar ersichtlich, dass die Effizienz stark von der gewählten Datenstruktur abhängt.

▶   **Hinweis** Dieses Beispiel zeigt anschaulich, dass auch die Formulierung von Transaktionen dazu führen kann, die Datenbasis zu verändern. Damit wird auch der Begriff der optimalen Normalform verständlich. „Optimal" bezieht sich auf den Datenbankbetrieb und bedeutet, dass die Datenbasis so gestaltet werden muss, dass sie den Anforderungen bezüglich Verarbeitungsgeschwindigkeit (Antwortzeiten) und Bedienungsfreundlichkeit genügt.

Sämtliche Tabellen des optimierten Entitätenblockdiagramms (Abb. 3.63) und deren Definitionen und Tupel sind im Anhang aufgeführt.

3.4.9   Zusammenfassung

Zusammenfassung

Der logische Entwurfsprozess beschreibt den schrittweisen Aufbau eines optimalen Datensystems, wobei die Datenkonsistenz eine zentrale Bedeutung einnimmt. ◄

Dabei sind folgende Sachverhalte zu beachten:

Logischer Entwurfsprozess

- Der logische Entwurfsprozess ist keineswegs eindeutig. Zwei verschiedene Applikations-programmierer werden meistens auch unterschiedliche Datensysteme entwerfen.
- Der logische Entwurfsprozess ist iterativ. Eine anfänglich grobe Datenstruktur wird schrittweise verfeinert, wobei neue Entitätsmengen und Beziehungen entstehen können.
- Der Normalisierungsprozess alleine ist keine Gewähr für ein praxistaugliches Daten-system. Es ist durchaus möglich, dass zu Gunsten der Systemleistung und/oder der Benutzerfreundlichkeit vom theoretischen Datenmodell abgewichen werden muss. ◄

Die Effizienz der Datenmodellierung hängt auch hier stark von der Erfahrung ab. Diese erlangt man nur durch Übung und Praxis. Dennoch können folgende Regeln beim Entwurfsprozess sehr hilfreich sein:

Regeln für Entwurfsprozess

- Die Anforderungen an das Datenbanksystem sollten möglichst präzise in Form eines Pflichtenheftes formuliert werden. Unklare Vorgaben führen zwangsläufig zu mangelhaften Applikationen.
- Es sollten in einer ersten Phase möglichst viele Entitätsmengen gebildet werden. Damit werden rekursive Beziehungen, welche das Problem unnötig komplizieren, weitgehend vermieden.
- Nicht-hierarchische Beziehungen sollten nicht im gleichen Schritt, sondern nach-einander transformiert werden. Falls neue Entitätsmengen entstehen, sind die ent-sprechenden Beziehungen umgehend zu formulieren. Dadurch können versteckte Redundanzen vermieden werden
- Man sollte die Datenbasis zuerst global normalisieren und erst dann zur optimalen Normalform übergehen. Damit werden Redundanzen als solche erkannt und können programmtechnisch so verwaltet werden, dass die Datenkonsistenz jederzeit garan-tiert werden kann. ◄

3.5   Datenintegrität

Datenintegrität ist dann gegeben, wenn ein Datenbanksystem so funktioniert, dass keine widersprüchlichen Daten entstehen können, Daten nicht verloren gehen und der Daten-zugriff geregelt ist.

Die Datenintegrität kann man in folgende Themen aufgliedern:

*   Datenkonsistenz
*   Datensicherheit
*   Datenschutz

3.5.1 Datenkonsistenz

Der Begriff Datenkonsistenz wurde in früheren Abschnitten bereits verwendet. Datenkonsistenz bedeutet die Freiheit von Widersprüchen innerhalb der Datenbank. Wenn ein Datensystem gemäß globalem Datenmodell aufgebaut wurde, dann sollte die Datenstruktur weitgehend widerspruchsfrei sein.

Es gibt aber zwei Möglichkeiten, wie beim Datenbankbetrieb Widersprüche in den Daten entstehen können:

*   Bei der Dateneingabe
*   Bei der Durchführung von Transaktionen

Wenn beispielsweise bei der Tabelle „Personen" statt Müller Muller eingetippt wird, dann können später keine Daten zur Person Müller abgefragt werden, weil für das Datenbanksystem nur ein Muller, aber kein Müller existiert. Solche Tippfehler können nicht verhindert werden, womit bereits gesagt ist, dass es eine 100 % konsistente Datenbank nicht geben kann. Dennoch macht es Sinn, alle Eingaben so weit wie möglich auf deren Richtigkeit hin zu überprüfen, um eine möglichst hohe Datenkonsistenz zu erreichen. Wenn z. B. alle Bestandteile eines Gemisches als Prozentwerte eingegeben werden, dann sollte das Datenbanksystem eine Fehlermeldung generieren, wenn als Summe dieser Prozentwerte nicht 100 % herauskommt.

Bei der Durchführung von Transaktionen werden Daten eingefügt, verändert, gelöscht oder abgefragt. Solche Transaktionen können über mehrere Schritte verlaufen, wobei am Schluss einer Transaktion der Datenbestand weiterhin widerspruchsfrei vorliegen muss. Beispielsweise darf aus einer Tabelle „Kursthemen" nur dann ein Kursthema gelöscht werden, wenn keine Kurse existieren, welche zu diesem Kursthema gehören. Andernfalls können diese Kurse keinem Kursthema mehr zugeordnet werden. Wenn dann das Problem so gelöst werden soll, dass gleichzeitig sämtliche Kurse zu diesem Kursthema gelöscht werden, dann ist dies nur zulässig, wenn noch niemand einen solchen Kurs besucht hat. Es ist also wichtig, dass bei jedem Schritt einer Transaktion genau abgeklärt wird, welche Konsequenzen sich ergeben können.

3.5.2 Datensicherheit

Zusammenfassung

Bei der Datensicherheit soll verhindert werden, dass Daten beschädigt werden oder verloren gehen. ◄

Dies geschieht durch technische und organisatorische Mittel:

Zu den **technischen Mittel** gehören das regelmäßige Kopieren der gespeicherten Daten auf ein separates Speichermedium (Datensicherung, Back-up) und der Schutz der Rechnerhardware vor Zerstörung (Feuer etc.). Häufig eingesetzte Speichermedien sind je nach Größe des Datenbestandes Magnetbänder, Optische Speicherplatten (CD, DVD, BD, WORM), Festplatten und Disketten.

Zu den **organisatorischen Mitteln** gehören das Erteilen von Zugriffsberechtigungen auf bestimmte Daten mittels Passwort und der kontrollierte Zutritt zur Rechnerhardware (Schlüsselregelungen etc.).

Die größten Gefahren bilden aber Programmierfehler (fehlerhafte Transaktionen) sowie Bedienungsfehler (z. B. versehentliches Formatieren des Speichermediums, falsche Dateneingabe etc.). Gerade das Austesten neuer Transaktionen sollte nur auf einem Testsystem durchgeführt werden. Dort ist es nicht weiter schlimm, wenn Daten verloren gehen. Sollten aber Fehler erst im produktiven Datenbankbetrieb auftreten, dann besteht nur noch die Möglichkeit, früher gesicherte Daten zurückzuspeichern. Allerdings gehen dann aber alle Daten seit dem letzten Back-up verloren.

3.5.3   Datenschutz

Zusammenfassung

Der Datenschutz hat zum Ziel, den Datenmissbrauch zu verhindern. ◄

Vertrauliche Daten müssen vor dem Zugriff unberechtigter Personen geschützt werden. Dies geschieht, indem für jeden Benutzer festgelegt wird, auf welche Daten er zugreifen darf. Für die Zutrittsberechtigung zum Datenbanksystem wird meistens ein Passwort verlangt, welches vom Benutzer frei gewählt werden kann und nur dem Datenbanksystem bekannt ist. Der Benutzer ist verpflichtet, sein Passwort geheim zu halten. Er haftet persönlich für alle Schäden, welche durch die sachgemäße Verwendung seines Passwortes entstehen. Es werden zum Teil auch elektronische Geräte für die Unterschriftserkennung eingesetzt. Der zu betreibende Aufwand hängt dabei von der Wichtigkeit der gespeicherten Daten ab.

Für den Datenschutz gelten folgende Grundsätze:

- Ziel und Zweck der Speicherung und Verarbeitung von Daten, speziell für Personendaten, müssen klar definiert sein. Maßgebend dafür sind Rechtsgrundlagen, Vertragsbestimmungen und Zweckartikel.
- Das Speichern von personenbezogenen, heiklen Daten ist nur beschränkt zulässig.
- Sammlungen von Personendaten müssen je nach gesetzlichen Bestimmungen registriert werden. Jede Person ist berechtigt, ihre persönlichen Daten einzusehen. Es existiert also ein Auskunftsrecht.

- Falsche oder unvollständige Daten müssen berichtigt bzw. ergänzt werden, soweit dies die Datenverarbeitung erfordert. Unzulässige oder nicht mehr benötigte Daten sind zu vernichten.
- Beim Datenverkehr (Weitergabe von Daten) herrschen besondere Sorgfaltspflichten.

3.6   Fragen und Aufgaben zu Kap. 3

3.1. Was bezweckt die globale Datennormalisierung?

3.2. Was ist eine Entitätsmenge?

3.3. Wie ist eine Tabelle aufgebaut?

3.4. Welche Assoziationstypen kennen Sie?

3.5. Welche unterschiedlichen Beziehungen gibt es?

3.6. Welches ist der wesentliche Unterschied zwischen einem Identifikationsschlüssel und einem Primärschlüssel?

3.7. Was können Sie über den Wertebereich eines Fremdschlüssels sagen?

3.8. Welche Beziehungen müssen transformiert werden?

3.9. Wodurch unterscheidet sich eine transformierte c-c-Beziehung von anderen transformierten Beziehungen?

3.10. Suchen Sie zu den 10 verschiedenen Beziehungen je ein typisches Beispiel

3.11. Zeichnen Sie das Entitätenblockdiagramm des konzeptionellen Datenmodells für folgende Situation:

Chemikalien

3.12. Welche Beziehung existiert zwischen den Entitätsmengen „Politiker" und „Parteien"?

3.13. Führen Sie bei der Tabelle „Reisebüro" (Abb. 3.64) eine globale Normalisierung durch und zeichnen Sie das entsprechende Entitätenblockdiagramm des physischen Datenmodells. Es handelt sich bei diesem Beispiel um ein Reisebüro, welches alle Buchungen mit Karteikarten verwaltete und infolgedessen Bankrott ging. Beachten Sie, dass es möglich ist, Hinflüge ohne Rückflüge zu buchen. Ein Hin- bzw. Rückflug kann sich aus mehreren Teilflügen zusammensetzen.

3.14. Was versteht man unter dem Begriff „Datenintegrität"?

3.15. Eine Bibliothek möchte alle Bücher mit einer Datenbank verwalten, wobei folgende Daten erfasst werden sollen:

Reisebüro

Buchungs- datum	Preis	Name	Vorname	Adresse	Ort	Reiseziel	Hotel	Anzahl Personen	Hinflug	Hinflug- datum	Hinflug- zeit	Rück- flug	Rückflug- datum	Rück- flugzeit
12.12.07	2450.-	Müller	Hugo	Saturnweg 7	Laufen	Rio	Hilton	2	SR220	12.3.08	07:15	BA321	15.3.08	12:10
22.12.07	450.-	Meier	Max	Feldweg 5	Buckten	Birmingham	Royal	1	BA212 SR420	23.4.08 23.4.08	8:20 9:30	SR212 -	28.4.08 -	12:30 -
1.1.08	4450.-	Schmid	Beat	Hauptstr. 13	Aesch	Hawaii	Aloha	3	SR212	25.5.08	12:40	-	-	-
4.1.08	840.-	Müller	Hugo	Saturnweg 7	Laufen	Frankfurt	Tropica	4	BA123	12.3.08	12:10	DA110	12.4.08	21:10
15.1.08	1820.-	Steffen	Felix	Heuboden 2	Pratteln	St. Domingo	Royal	1	AF320 AF512 -	24.5.08 24.5.08 -	8:15 17:20 -	AF210 AF212 CR101	4.6.08 4.6.08 5.6.08	9:30 18:20 7:20
1.2.08	2400.-	Müller	Hugo	Flühstr. 12	Reinach	Caracas	Central	2	AV555 VI113	12.4.08 12.4.08	10:00 22:30	-	-	-
						Rio	Pallas							
						Ibiza	Perle Mango							

Es sollen später auch noch spezifische Daten zu den einzelnen Flügen verwaltet werden können (z.B. Flugzeugtyp, maximale Personenanzahl etc.)

Abb. 3.64   Tabelle zur Aufgabe 3.13

Name, Vorname, Adresse, PLZ und Wohnort des Ausleihers.

Autoren, Buchtitel, Thema, ISBN-Nummer, Jahrgang und Standort der Bücher.

Ausleihdatum, Rückgabedatum und Verleihgebühr der ausgeliehenen Bücher.

Jedes Buch wird einem Thema zugeordnet, wobei auch Themen erfasst werden, wenn noch keine Bücher vorhanden sind. Ein Autor kann mehrere Bücher schreiben, und jedes Buch kann mehrere Autoren haben. Jeder Ausleiher wird beim Ausleihen und bei der Buchrückgabe im System mutiert. Es können auch mehrere gleiche Bücher vorhanden sein.

Entwerfen Sie ein konzeptionelles Datenmodell, wandeln Sie dieses in das physische Datenmodell um und zeichnen Sie die entsprechenden Entitätenblockdiagramme.

Es dürfen zu keinem Zeitpunkt Mehrfacheinträge oder Nullwerte vorkommen.

Dokumentieren Sie die aus dem physischen Datenmodell erstellte Datenbasis mit der Kurzschreibweise.

Literatur

Vetter M., Aufbau betrieblicher Informationssysteme mittels konzeptioneller Datenmodellierung. 7. Auflage, Teubner, Stuttgart, 1991

Zehnder C.A., Informationssysteme und Datenbanken. 6. Auflage, Teubner, Stuttgart, 1998

Datenbankentwicklung

4

Zusammenfassung

In diesem Kapitel wird beschrieben, wie eine Datenbankapplikation für ein bestehendes Datenbankproblem entwickelt und realisiert werden kann.

Es wird dabei angenommen, dass die ganze Datenbank-Applikation von einer einzigen Person, dem Datenbankadministrator (DBA), erstellt werden kann und dass der DBA nicht gleichzeitig der Benutzer ist. Es handelt sich also um eine kleine Datenbankapplikation. Für die Benutzerschulung und den Betrieb der Datenbank ist ebenfalls der DBA verantwortlich. Außerdem seien die Datenbanksoftware und die Rechnerhardware vorgegeben, wobei eine Client/Server-Architektur verwendet wird, welche aussieht, wie Abb. 4.1 zeigt.

Es gibt drei Benutzer mit je einem PC, welche über ein Netzwerk mit dem Server verbunden sind. Auf dem Server läuft die Datenbank, während auf den PCs die Applikationssoftware installiert ist. Der Client (PC) sendet seine Transaktionsanforderungen in Form von SQL-Anweisungen an den Datenbankserver. Dieser führt die Transaktionen durch und liefert die aufbereiteten Daten an den Client zurück. Der Datenbankadministrator (DBA) ist direkt mit dem Server verbunden. Es wäre aber auch möglich, den Server via Netzwerk zu betreuen.

© Springer Fachmedien Wiesbaden GmbH, ein Teil von Springer Nature 2021
R. Steiner, *Grundkurs Relationale Datenbanken*,
https://doi.org/10.1007/978-3-658-32834-4_4

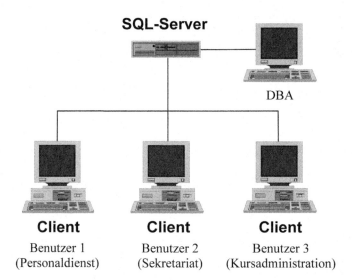

Abb. 4.1 Client/Server-Architektur mit drei Benutzern

4.1   Ablauf

Zusammenfassung

Es soll der Ablauf eines Datenbankprojektes beschrieben werden, wobei schwerge-
wichtig die Arbeiten des DBA im Vordergrund stehen. ◄

Der Projektentscheid wurde gefällt, das Konzept steht, der Kredit ist bewilligt und die Benutzer stehen zur Verfügung. Detailinformationen über die Durchführung von Informatik-
Projekten können der Literatur (Zehnder 1991) entnommen werden. Spezielle Informationen über Datenbankprojekte finden sich in der Literatur (Zehnder 1998) und (Vetter 1991).
Der Ablauf unseres Datenbankprojektes sieht folgendermaßen aus:

1. Projektteam bilden
2. Pflichtenheft erarbeiten
3. Datenbasis entwerfen
4. Zugriffsberechtigungen definieren
5. Datenbasis implementieren
6. Applikationssoftware erstellen
7. Reports entwickeln
8. Menüsystem aufbauen
9. Benutzer schulen

4.2   Projektorganisation

Zusammenfassung

Für ein erfolgreiches Projekt braucht es einen erfahrenen Projektleiter und eine Projektorganisation, bei der die Zuständigkeiten klar geregelt sind. ◄

Die späteren Benutzer der Datenbank sowie der DBA bilden zusammen ein Projektteam.
Falls komplizierte Probleme (z. B. spezielle Konsistenzbedingungen) anfallen, können
auch Fachspezialisten beigezogen werden. Diese sind aber normalerweise keine Datenbankspezialisten, sondern Personen, welche das Arbeitsumfeld der Benutzer sehr gut kennen. Die Projektleitung kann entweder der DBA oder eine Fremdperson übernehmen.
Abb. 4.2 zeigt ein Beispielorganigramm für eine Projektorganisation.
Der Projektleiter führt die Projektteamsitzungen. Er ist verantwortlich für die Termin-
und Kostenkontrolle. Der DBA entwickelt in Zusammenarbeit mit den Benutzern und den
Fachspezialisten die Datenbank. Bei unserem Projekt übernimmt er auch gleich die Projektleitung.

4.3   Pflichtenheft erarbeiten

Zusammenfassung

Im Pflichtenheft wird so detailliert wie möglich beschrieben, was die zukünftige Datenbankapplikation können muss und wie sie auszusehen hat. ◄

Dies entspricht dem Punkt „Aufgabenstellung festlegen" beim logischen Entwurfsprozess.
Ein großes Problem besteht darin, dass die Benutzer meist nur über relativ geringe
EDV-Kenntnisse verfügen und von Datenbanken vielfach nichts verstehen. Dadurch
können sie auch nicht abschätzen, welche Konsequenzen sich bezüglich Aufwand oder
Antwortzeiten aus ihren Forderungen ergeben können. Die Benutzer sollten also zu Be-

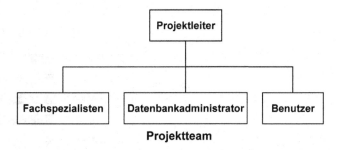

Abb. 4.2 Beispiel einer Projektorganisation

ginn des Projektes mit dem Datenbankgrundwissen geschult werden. Es darf aber auch nicht passieren, dass der DBA anfängt, irgendetwas zu entwickeln und dies den Benutzern als vollendete Tatsachen präsentiert. In diesem Falle wird die Datenbankapplikation immer mit Akzeptanzproblemen zu kämpfen haben, weil die Benutzer nicht mehr das Gefühl haben, dass sie die Entwicklung maßgebend beeinflusst haben. Außerdem wird solch eine Applikation nicht die für den Benutzer notwendige Funktionalität aufweisen.

▶   Eine optimale Datenbankapplikation wird nur dann entstehen können, wenn sowohl
        der Benutzer als auch der DBA zu Kompromissen bereit sind.

Das folgende Vorgehen hat sich für die Pflichtenhefterstellung gut bewährt:
Die Benutzer entwerfen Bildschirmmasken für alle vorgesehenen Arbeitsabläufe. Darauf sind alle Felder und deren Bildschirmanordnung für die Dateneingabe, Datenabfrage und die Programmsteuerung eingezeichnet. Es wird für jede dieser Masken (Formulare) notiert, welche Operationen (eigentlich Transaktionen) damit möglich sein sollen. Eine Bildschirmmaske kann also als Schnittstelle zwischen Benutzer und Datenbank angesehen werden. Bei diesem Verfahren werden automatisch Entitätsmengen gebildet, da normalerweise jede dieser Masken mit einer oder mehreren Tabellen verbunden sein wird. Eine solche Maske könnte beispielsweise aussehen, wie in Abb. 4.3 dargestellt.

Aus dem Titel dieser Maske kann bereits die Entitätsmenge „Personen" gebildet werden. Die Bezeichnungen entsprechen den Attributen und die Felder den Attributwerten. Beim Normalisierungsprozess in Abschn. 3.2 haben wir gesehen, dass noch eine Entitätsmenge „Funktionen" entstehen könnte. In diesem Falle müsste bei dieser Maske noch ein Feld für den Fremdschlüssel „FNr" eingebaut werden, weil dann aus Gründen der Datenkonsistenz eine Funktionsnummer und nicht die Funktionsbezeichnung eingetippt bzw. aus einer Liste ausgewählt würde. Der DBA wird mit Hilfe dieser Masken dann die Datenbasis entwerfen, wobei die Bildschirmmasken unter Umständen abgeändert werden müssen.

Abb. 4.3 Beispiel einer Benutzermaske für die Datenverwaltung

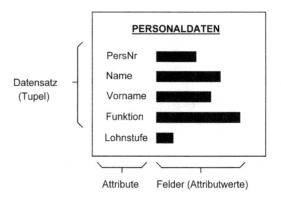

4.4 Datenbasis entwerfen

Zusammenfassung

Hier kommt nun die Datenmodellierung zum Einsatz und es entscheidet sich, ob die Applikation später den Anforderungen genügen wird oder nicht. ◄

Aus den vorliegenden Bildschirmmasken wird versucht, die Datenbasis zu entwerfen. Dabei werden zuerst Entitätsmengen gebildet, Beziehungen formuliert usw., wie dies im Abschn. 3.4 beschrieben wird. Bei diesem Prozess müssen die Benutzer im Hinblick auf Funktionalität, Arbeitsabläufe und Wertebereiche der Attribute immer wieder Informationen liefern. Die gewünschten Funktionen können in Form eines hierarchischen Funktionendiagramms dargestellt werden. Solch ein Funktionendiagramm kann z. B. aufgebaut sein, wie Abb. 4.4 zeigt.

Dieses Diagramm kann später als Basis für ein Menüsystem dienen. Mit Hilfe des Entitätenblockdiagramms und des Funktionendiagramms werden schließlich die Transaktionen definiert.

4.5 Zugriffsberechtigungen definieren

Zusammenfassung

Nicht jeder Benutzer darf auf alle Daten der Datenbank zugreifen können. Deshalb müssen die Zugriffsberechtigungen klar definiert werden. ◄

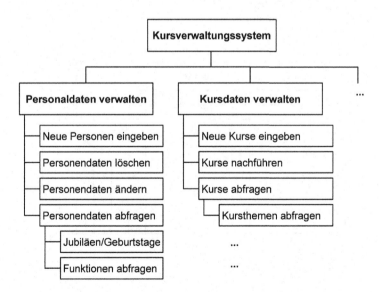

Abb. 4.4 Beispiel eines Funktionendiagramms

Beispielsweise hat nur die Personalabteilung Zugriff auf alle Personaldaten inklusive Salärdaten. Die Sekretärin, welche die Kursbesuche verwaltet, darf aber keine Personaldaten ändern können. Es ist ihr lediglich gestattet, allgemein zugängliche Personaldaten abzufragen. Für jeden Benutzer bzw. Benutzertyp muss genau festgehalten werden, auf welche Daten er in welcher Form zugreifen darf. Dies kann in Form einer Zugriffsmatrix erfolgen, wie in Abb. 4.5 dargestellt.

▶ **A-** und **B**-Berechtigungen können für einzelne Attribute, **E-** und **L**-Berechtigungen hingegen nur für ganze Datensätze vergeben werden!

In diesem Beispiel werden die Personaldaten vom Personaldienst (Benutzer 1) verwaltet. Dieser braucht aber keinen Zugriff auf die Tabellen „Kurse". Hingegen hat er die Berechtigung, Kursbesuche zu löschen, weil alle Personendaten gelöscht werden müssen, sobald eine Person aus der Firma ausscheidet. Das Sekretariat hingegen verwaltet die Kursbesuche und muss außerdem abfragen können, welche Personen und Kurse es gibt. Die Salärdaten der Personen dürfen jedoch nicht gesichtet werden. Die Kursadministration organisiert Ausbildungskurse und braucht somit den vollen Zugriff auf die Tabelle „Kurse".

Aus dieser Tabelle lassen sich auch potenzielle Konsistenzprobleme ableiten. Die Kursverwaltung darf nur dann einen Kurs aus der Datenbank löschen, wenn es keine Personen mehr gibt, welche diesen Kurs schon besucht haben. Falls eine Person die Firma verlässt, muss diese aus der Tabelle „Personen" entfernt werden. Gleichzeitig müssen aber auch alle Daten gelöscht werden, welche irgendeinen Bezug zu dieser Person haben (z. B. Kursbesuche). Die Erhaltung der Datenkonsistenz ist in diesem Falle Aufgabe der Transaktionen. Transaktionen können also auch Tabellen beeinflussen, auf die der Benutzer gar keinen direkten Zugriff hat. Er muss in diesem Falle aber die Berechtigung besitzen, fremde Tabellen zu manipulieren.

Berechtigungs-gruppen	Benutzer 1 (Personaldienst)				Benutzer 2 (Sekretariat)				Benutzer 3 (Kursadmin.)			
Tabellen / Attribute	A	E	B	L	A	E	B	L	A	E	B	L
Personen		X		X								
- Lohnstufe	X		X									
- restliche Attribute	X		X		X							
Funktionen	X	X	X	X	X				X			
Kurse					X				X	X	X	X
Kursthemen					X				X	X	X	X
Kursleiter	X	X	X	X	X							
Kursbesuche			X	X	X	X	X	X	X			
Kurskontrolle				X	X					X	X	X	X

Legende:

A: Abfragen; **E**: Einfügen; **B**: Bearbeiten; **L**: Löschen

Abb. 4.5 Zugriffsmatrix für die Kursverwaltung

4.6 Datenbasis implementieren

Zusammenfassung

In diesem Abschnitt wird beschrieben, wie aus dem physischen Datenmodell die Datenbasis programmiert werden kann. ◀

Damit dies überhaupt möglich ist, benötigen wir eine Benutzeridentifizierung (Benutzer-ID) und ein Passwort für die neue Applikation. Da wir selber DBA sind, können wir uns beides selbst geben. Andernfalls muss man dies beim DBA anfordern. Das Einrichten neuer Benutzer ist für jedes Datenbanksystem wieder anders geregelt und muss der Dokumentation entnommen werden. Wir wählen als Benutzer-ID das Wort „Kursverwaltung" und als Passwort „Kurse". Wenn wir bei ORACLE als DBA angemeldet sind, können wir in der SQL-Umgebung einen GRANT-Befehl eingeben:

```
GRANT RESOURCE TO Kursverwaltung
IDENTIFIED BY Kurse;
```

RESOURCE erlaubt das Erstellen, Löschen und Indizieren von Tabellen. Außerdem darf man anderen Benutzern die Zugriffsberechtigungen für die eigenen Tabellen erteilen. Daneben gibt es noch CONNECT und DBA. Mit CONNECT darf man lediglich in die Datenbank einsteigen und Daten mutieren, aber keine Tabellen erstellen oder löschen. Mit DBA besitzt man die gleichen Rechte, wie bei RESOURCE, darf aber zusätzlich neue Benutzer einrichten. Nun müssen wir noch die drei Benutzer anmelden. Als Benutzer-ID/Passwort vergeben wir folgende Begriffe:

- Personaldienst/Geld
- Sekretariat/Kaffee
- Kursadministration/Papier

Diese geschieht wieder mit einer SQL-Anweisung:

```
GRANT CONNECT TO Personaldienst
IDENTIFIED BY Geld;
```

Der Personaldienst erhält das Recht, Daten zu manipulieren und abzufragen. Er kann aber keine Tabellen löschen oder verändern. Alle Benutzerdefinitionen sind im Anhang vorhanden. Mit folgenden SQL-Befehl können wir uns als Hauptbenutzer „Kursverwaltung" mit dem Passwort „Kurse" bei der Datenbank anmelden:

```
CONNECT Kursverwaltung/Kurse;
```

Hier werden Tabellen, Beziehungen, Views etc. generiert und Zugriffsberechtigungen erteilt.

4.6.1 Tabellen generieren

Aus den Tabellen der Datenbasis sind nun die entsprechenden Tabellen zu generieren. Dafür müssen alle Attribute und deren Datentyp bekannt sein. Die Wertebereiche der Attribute können an dieser Stelle normalerweise nicht programmiert werden. Je nach Datenbanksystem erfolgt die Tabellendefinition anders. Wir nehmen deshalb an, dass dieser Prozess mit dem Datendefinitionsteil von SQL erfolgen soll. Als Beispiel soll die Tabelle „Kursleiter" implementiert werden. Wir benötigen dazu folgende SQL-Anweisung:

```
CREATE TABLE Kursleiter (
KLNr NUMBER(3) NOT NULL,
Status CHAR(1) NOT NULL,
PNr NUMBER(6) NULL,
Name VARCHAR2(20) NOT NULL,
Vorname VARCHAR2(20) NOT NULL,
Firma VARCHAR2(20) NULL,
Kurserfahrung NUMBER(2) NULL);
```

Diese Syntax wird beim Datenbanksystem ORACLE verwendet. Bei anderen Datenbanken werden unter Umständen Abweichungen bei den Datentypbezeichnungen auftreten. Beispielsweise kennt SQL-Server keinen VARCHAR2-Datentyp. Der heißt dort nur VARCHAR (beim Unicode-Datentyp NVARCHAR).

Mit dem SQL-Befehl „CREATE TABLE" wird eine Tabelle erstellt. Für jedes Attribut dieser Tabelle muss Attributname und Datentyp angegeben werden. Zusätzlich ist zu definieren, ob das Attribut auch Nullwerte annehmen kann (NULL) oder ob ein Attributwert eingegeben werden muss (NOT NULL). ORACLE verwendet Datentypen wie CHAR, VARCHAR2, NVARCHAR2, NUMBER, DATE, CLOB, NCLOB usw. Die Zahlen in Klammern bedeuten die Anzahl Zeichen bzw. Ziffern. Beim Typ CLOB können bis zu 8 Terrabyte Daten (z. B. eine Grafik) verwaltet werden. Bei **N**CLOB und **N**VARCHAR2 können Unicode-Daten gespeichert werden (z. B. chinesische Zeichen). DATE kann das Datum und die Zeit aufnehmen. Fließkommazahlen können in der Form NUMBER(8,2) definiert werden. Diese Notation bedeutet, dass eine Zahl max. 8 Stellen umfassen kann und dass davon 2 Stellen für die Nachkommastellen reserviert werden.

Die vollständige Datenbasisdefinition ist im Anhang vorhanden.

4.6.2 Tabellen indizieren/Beziehungen implementieren

Das Datenmodell verlangt, dass für jede Tabelle ein ID-Schlüssel existiert. Dieser kann aus einem oder mehreren Attributen gebildet werden. In einem ID-Schlüssel darf ein Attributwert bzw. eine Attributwertkombination nur einmal vorkommen. Mit Hilfe der Indizierung ist es nun möglich, diese Forderung programmtechnisch sicherzustellen.

▶ **Indizierung** Unter der Indizierung versteht man den Aufbau eines Verwaltungssystems für ein oder mehrere Attribute. Dieses Verwaltungssystem wird als Index bezeichnet.

Indizes haben folgende Funktionen:

- ID-Schlüsselattribute werden auf Eindeutigkeit überwacht
- Die Verarbeitungsgeschwindigkeit wird erhöht, weil der Suchvorgang verkürzt wird

▶ Um einen bestimmten Attributwert zu finden, muss nicht eine große Datei, sondern nur ein Register durchsucht werden, in welchem die Attributwerte sortiert vorliegen. Wird der gesuchte Wert gefunden, weiß das System sofort, wo der zugehörige Datensatz auf dem Speichermedium vorhanden ist.

Für uns steht zunächst die Eindeutigkeit des ID-Schlüssels im Vordergrund. Die Erstellung eines Index kann jederzeit erfolgen, auch wenn schon Daten in der Tabelle vorliegen. Mit der folgenden SQL-Anweisung wird ein Index für das Attribut „PNr" der Tabelle „Personen" erstellt:

```
CREATE UNIQUE INDEX Personenindex
ON Personen (PNr ASC);
```

UNIQUE bedeutet, dass jeder Attributwert vom Attribut PNr nur einmal vorkommen darf. ASC bedeutet, dass die Personalnummern aufsteigend sortiert werden (Absteigend: DESC). Der Index trägt den Namen „Personenindex". Das gleiche Prozedere soll nun auf die Tabelle „Kursbesuche" angewandt werden. Dort wird der ID-Schlüssel aus den Attributen „PNr" und „KNr" gebildet, wobei hier die Attributwertkombination eindeutig sein muss. Die folgende SQL-Anweisung erstellt diesen Index:

```
CREATE UNIQUE INDEX Kursbesuchsindex
ON Kursbesuche (PNr ASC, KNr ASC);
```

Nun gibt es aber noch den Fall, dass ein ID-Schlüssel zwar aus zwei Attributen besteht, aber nicht die Attributwertkombination, sondern jedes der beiden Attribute eindeutig sein muss. Dies passiert, wenn eine c-c-Beziehung transformiert wird. In solch einer Situation müssen für eine Tabelle zwei Indizes erstellt werden. Noch komplizierter wird es, wenn ein ID-Schlüssel aus mehr als zwei Attributen besteht. Die Tabelle gemäß Abb. 4.6 gibt einen Überblick über die Indizierung von Tabellen, welche durch die Transformation von nicht-hierarchischen Beziehungen entstanden sind.

Betrachten wir zum Schluss noch die Tabelle „Kursthemen". Bei dieser Tabelle sollen die ID-Schlüsselwerte nicht vom Benutzer, sondern vom Datenbanksystem vergeben werden. Jedes neue Tupel erhält automatisch einen ID-Schlüsselwert. In diesem Falle macht

Indizierung von Tabelle T3 (aus Transformation entstanden)

Beziehung zwischen T1 und T2	Fremdschlüsselattribut aus T2	Fremdschlüsselattribut aus T1	Anzahl Indizes für Tabelle T3
c-c	Indizieren	Indizieren	2
c-m	Indizieren	-	1
c-mc	Indizieren	-	1
m-m	Zusammen indizieren		1
m-mc	Zusammen indizieren		1
mc-mc	Zusammen indizieren		1

Abb. 4.6 Indizierung von Beziehungstransformationstabellen

es keinen Sinn, das Attribut „TNr" mit einem Unique-Index zu versehen, denn es darf davon ausgegangen werden, dass bei der ID-Schlüsselwertvergabe keine Fehler passieren. Es könnte hier aber durchaus Sinn machen, das Attribut „Themengebiet" zu indizieren. Jedes Themengebiet darf in der Tabelle „Kursthemen" nämlich nur einmal vorkommen. Eine komplette Indexliste finden Sie im Anhang.

Beziehungen implementieren: Alle aktuellen relationalen oder objektrelationalen Datenbanksysteme (z. B. MS-ACCESS, ORACLE, SQL-Server, DB2 etc.) erlauben die Definition von 1-c und 1-mc-Beziehungen auf der Tabellenebene (siehe auch Abschn. 3.1.4). Man kann also für jede Tabelle die Ident- und Fremdschlüsselattribute angeben sowie die Beziehungstypen definieren. Das Datenbankprogramm überwacht dann bei jeder Datenmanipulation, ob die referenzielle Integrität gewährleistet ist und bricht eine Transaktion ab, wenn diese verletzt wird. Außerdem kann bei den meisten Programmen angegeben werden, ob beim Löschen eines Datensatzes bzw. Ändern eines ID-Schlüsselwertes in der Haupttabelle (1-Assoziation) auch automatisch die assoziierten Datensätze in der Detailtabelle (c oder mc-Assoziation) gelöscht bzw. die Fremdschlüsselwerte angepasst werden. Sie sollten diese Möglichkeiten unbedingt nutzen, da damit ein wichtiger Beitrag für die Datenintegrität (siehe Abschn. 3.4.7) geleistet wird und sich die spätere Programmierung vereinfacht (die referenzielle Integrität muss nicht programmiert werden).

▶   Es gibt Datenbankprogrammierer, die generell darauf verzichten, Beziehungen zwischen den Tabellen einzurichten. Sie begründen dies damit, dass die Tabellen dann in beliebiger Reihenfolge gefüllt werden können, was die Programmierung vereinfacht. Doch gerade die Beziehungen stellen sicher, dass die Datenkonsistenz erhalten bleibt, weil nicht versehentlich Datensätze gelöscht werden können, auf die noch verwiesen wird. Gewisse Datenbanksysteme (z. B. ORACLE) lassen es zudem zu, dass während einer Transaktion die Beziehungen abgeschaltet werden können und die referenzielle Integrität erst bei Transaktionsende überprüft wird. Damit verlieren solche „Optimierungen" zu Lasten der Datenkonsistenz endgültig ihre Daseinsberechtigung.

4.6.3   Zugriffsberechtigungen erteilen

Wir haben bereits definiert, welcher Benutzer über welche Zugriffsrechte verfügt. Nun geht es darum, diese Beschränkungen zu programmieren.
Datenbanksysteme bietet hier zwei Möglichkeiten an:

- Erstellen von Pseudotabellen („Views" bzw. „Datensichten")
- Erteilen von Zugriffsberechtigungen auf Tabellen oder „Views"

Eine Datensicht (View) ist ein Abbild einer bestehenden Tabelle, wobei gewisse Attribute ausgeblendet und die Entitätsmenge eingeschränkt werden kann. Für unsere Personentabelle könnten wir eine „Sicht" generieren, wie dies folgender SQL-Befehl zeigt:

```
CREATE VIEW Chemiker AS
SELECT PNr, Name, Vorname
FROM Personen
WHERE FNr=3;
```

Damit wird eine Datensicht erstellt (siehe Abschn. 6.1.6), die sich wie eine Tabelle (Pseudotabelle) verhält und später Datensätze anzeigen wird, wie in diesem Beispiel:

Chemiker

PNr	Name	Vorname
100001	Steffen	Felix
567231	Schmid	Beat
625342	Gerber	Roland

In dieser Tabelle existieren nur die Daten der Funktionsnummer 3 (Chemiker) und die Attribute „FNr" und „Lohnstufe" wurden ausgeblendet. Es handelt sich aber um eine Pseudotabelle, weil sich die richtigen Daten nach wie vor in der Tabelle „Personen" befinden. Für dieses „View" könnte man nun einem anderen Benutzer die Zugriffsrechte geben, welcher dann spezifisch die Chemiker-Daten verwalten könnte.
Die Zugriffsrechte für die eigenen Tabellen oder Views können auch an andere Benutzer weitergegeben werden. Wir möchten als DBA dem Benutzer 2 (Sekretariat) alle Zugriffsrechte an der Tabelle „Kursbesuche" erteilen. Dies geschieht mit folgender SQL-Anweisung:

```
GRANT SELECT, INSERT, UPDATE, DELETE
ON Kursbesuche TO Sekretariat;
```

Das Sekretariat darf in der Tabelle „Kursbesuche" Daten abfragen (SELECT), einfügen (INSERT), nachführen (UPDATE) und löschen (DELETE). Für die Erteilung der Zugriffsrechte auf die Personendaten müssen wir zuerst eine Pseudotabelle (Datensicht) errichten:

```
CREATE VIEW Personen2 AS
SELECT PNr, Name, Vorname, FNr
FROM Personen;
```

Diese Pseudotabelle darf nicht den gleichen Namen besitzen wie eine bereits existierende Tabelle. Deshalb nennen wir sie „Personen2". Nun müssen wir dem Benutzer „Sekretariat" noch den Zugriff auf unsere Sicht erlauben. Dies geschieht mit folgender SQL-Anweisung:

```
GRANT SELECT ON Personen2
TO Sekretariat;
```

Der Benutzer „Sekretariat" darf die Personaldaten nur abfragen, aber nicht verändern.
Jetzt stört nur noch der Datensichtname „Personen2". Viel schöner wäre es, wenn alle Benutzer die gleichen Tabellenbezeichnungen verwenden könnten, wie der Hauptbenutzer „Kursverwaltung". Außerdem ist für die anderen Benutzer der Zugriff auf diese Tabellen umständlich. Sie müssen nämlich neben dem Tabellenname noch die Benutzer-ID des Hauptbenutzers angeben. Hauptbenutzer ist der Benutzer „Kursverwaltung", weil ihm die Originaltabellen „gehören". Die SQL-Anweisung für die Datenabfrage der Pseudotabelle „Personen2" sieht für jeden Nicht-Hauptbenutzer folgendermaßen aus:

```
SELECT * FROM Kursverwaltung.Personen2;
```

Man kann nun durch die Verwendung von **Synonymen** jedem Benutzer vorgaukeln, er wäre selber der Hauptbenutzer. Wenn wir dem Benutzer „Sekretariat" den Zugriff auf die Pseudotabelle „Personen2" erleichtern möchten, müssen wir zuerst als Benutzer „Sekretariat" einsteigen und folgenden SQL-Befehl eingeben:

```
CREATE SYNONYM Personen FOR
Kursverwaltung.Personen2;
```

Nun kann der Benutzer „Sekretariat" den folgenden SQL-Befehl verwenden:

```
SELECT * FROM Personen;
```

Es werden somit alle Daten der Pseudotabelle „Personen2" des Benutzers „Kursverwaltung" angezeigt. Alle erteilten Zugriffsrechte bleiben unverändert bestehen. Falls der
Hauptbenutzer seine Tabellen oder „Views" nicht für andere Benutzer zugänglich macht,
kann auch mit Synonymen kein Zugriff erzwungen werden. Zum Schluss noch eine An-
leitung für die Vergabe von Zugriffsrechten:

1. Als Hauptbenutzer einsteigen
2. Falls für Fremdbenutzer gewisse Attribute oder Tupel von Tabellen ausgeblendet werden sollen, sind Datensichten (Views) zu erstellen
3. Für jeden Fremdbenutzer sind die Zugriffsrechte auf die notwendigen Tabellen oder
   Datensichten zu vergeben
4. Als Fremdbenutzer einsteigen
5. Für jede Fremdtabelle oder Datensicht ist ein Synonym zu erstellen

▶   **Hinweis** Im Anhang sind alle Zugriffsberechtigungen, Synonyme und Views auf-
    geführt.

Bei MS-ACCESS kann einem Benutzer via Abfragen ermöglicht werden, Datensätze
in einer Tabelle A zu manipulieren, obwohl er für Tabelle A keine Mutationsberechtigung
besitzt. Dies ist beispielsweise dann sinnvoll, wenn eine klar definierte Aktion des Benutzers es erfordert, bestimmte Datensätze in der Tabelle A zu löschen (z. B. innerhalb
einer vom Benutzer ausgelösten Transaktion). Man möchte diesem Benutzer aber keine
generelle Löschberechtigung für alle Datensätze der Tabelle A erteilen. Dafür erhält er die
Berechtigung, eine Löschabfrage auszuführen, welche von einer Person erstellt worden
ist, die die Löschberechtigung für Tabelle A besitzt. Damit dies gelingt muss die entsprechende Person die Abfrage mit dem Zusatz „WITH OWNERACCESS OPTION" erstellen (kann bei den Abfrageoptionen eingestellt werden). Der Systemadministrator kann
dann dem Benutzer die Berechtigung erteilen, diese Abfrage auszuführen.

4.7   Applikationssoftware erstellen

Zusammenfassung

Die Applikationssoftware erlaubt den Benutzern das Arbeiten mit den Daten. Sie stellt
also das Bindeglied zwischen der Datenbank und den Benutzern dar. ◀

Die Datenbasis wurde bereits implementiert, und alle Zugriffsrechte wurden definiert und
vergeben. Die Tabellen enthalten aber noch keine Datensätze. Damit wir überhaupt Daten
eingeben können, benötigen wir ein entsprechendes Hilfsmittel. Dieses Hilfsmittel ist der

Maskengenerator, welcher die Entwicklung von benutzerdefinierten Eingabemasken unterstützt und die Verbindung zwischen dem Benutzer und der Datenbank darstellt.

4.7.1 Benutzermasken erstellen

Eine Benutzermaske (auch als Formular bezeichnet) hat folgende Aufgaben:

- Sie ermöglicht das komfortable Editieren und Abfragen von Daten.
- Sie trägt maßgeblich zur Erhaltung der Datenkonsistenz bei, indem Benutzereingaben und Aktionen auf deren Richtigkeit hin überprüft werden.
- Sie kann komplexe Transaktionen durchführen, welche die Arbeit des Benutzers wesentlich vereinfachen.

Für das Erstellen von Benutzermasken empfiehlt sich folgende Vorgehensweise:
Die von den Benutzern gezeichneten Bildschirmmasken werden mit Hilfe des Datenmodells überarbeitet und angepasst. Dies umfasst im Wesentlichen das Einführen von Fremdschlüsselfeldern, welche aus dem Normalisierungsprozess entstanden sind. Alle Felder besitzen eine bestimmte Feldbreite, welche sich aus dem Wertebereich der entsprechenden Attribute ergeben. Das Feld für die Personalnummer muss z. B. genau sechs Ziffern breit sein, weil wir früher definiert haben, dass eine Personalnummer einen Wert zwischen 100000 und 999999 haben muss. Beim Namen sind max. 20 Zeichen zulässig. Folglich muss die Feldbreite 20 Zeichen umfassen. Je nach Maskengenerator können für jeden Feld-Typ (Nummer, Datum, Zeichenkette etc.) spezielle Konsistenzbedingungen definiert werden.
Folgende Liste zeigt ein paar Beispiele:

- Großschreibung gefordert
- Nullwerte sind unzulässig
- Genau n Zeichen müssen eingegeben werden
- Es sind nur Buchstaben erlaubt

Es empfiehlt sich, für jedes Fremdschlüsselfeld zusätzliche Anzeigefelder einzurichten, welche dem Benutzer für jeden eingegebenen Fremdschlüsselwert sofort die wichtigsten Daten anzeigen. Als Beispiel soll eine ACCESS-Eingabemaske für die Kursbesuche gemäß Abb. 4.7 dienen.
Bei dieser Maske gibt es die Fremdschlüsselfelder „PNr" (Personalnummer), „KNr" (Kursnummer) und „KLNr" (Kursleiternummer). Dazu gehören die Personen-, Kurs- und Kursleiterdaten. Die Maske ist mit der Tabelle „Kursbesuche" verbunden, denn alle Eingabedaten dieser Maske werden in die Tabelle „Kursbesuche" übertragen. Es werden aber gleichzeitig Daten aus den Tabellen „Personen", „Kurse", „Kursthemen" und „Kursleiter" angezeigt. Der Benutzer hat alle notwendigen Daten für den Kursbesuch einer Person vor

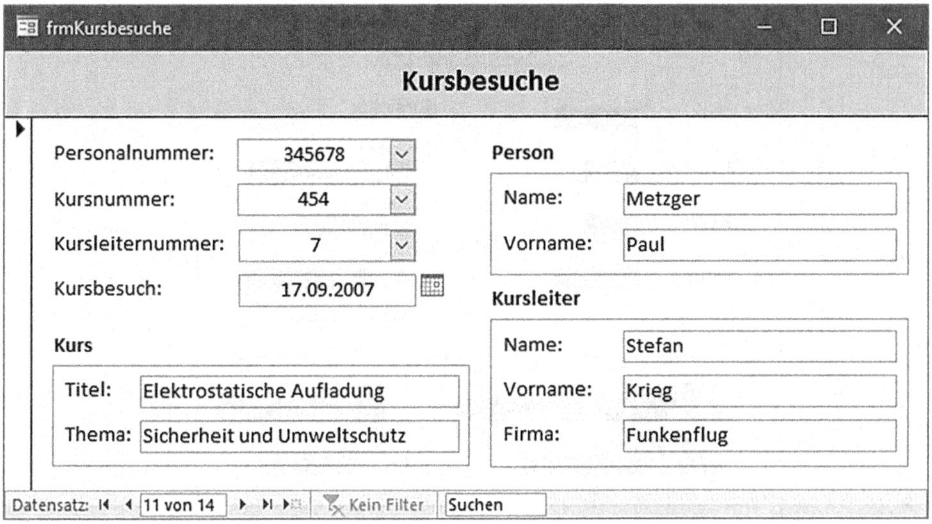

Abb. 4.7 Beispiel einer grafischen Eingabemaske mit Kombinationsfeldern

Augen. Wenn alles stimmt, kann der Datensatz per Mausklick auf den Datensatzmarkierer gespeichert werden. Falls nicht alle Eingabe- und Anzeigefelder einer Tabelle auf einer Bildschirmseite Platz haben, muss eine übersichtliche und sinnvolle Anordnung auf mehreren Bildschirmseiten gefunden werden. Ein Problem kann sich für den Benutzer ergeben, wenn er zwar die Kursbezeichnung aber nicht den zugehörigen ID-Schlüsselwert kennt. Diesen muss er ja im Feld „KNr" eingeben. Beim Formular aus Abb. 4.7 wurde ein Kombinationsfeld verwendet, welches die Tupel der Tabelle „Kurse" anzeigt. Mit einer Bildlaufleiste kann dann das entsprechende Tupel angewählt werden, und nach der Bestätigung des Benutzers wird der dazugehörige Fremdschlüsselwert direkt ins Feld „KNr" geschrieben. Anschließend verschwindet die Liste wieder und der Benutzer kann das nächste Feld bearbeiten. Wenn jedoch in der Tabelle „Kurse" sehr viele Tupel existieren, muss es möglich sein, direkt nach einem bestimmten Tupel suchen zu können, da man andernfalls mit der Bildlaufleiste viel zu viel Zeit benötigt. In solchen Fällen kann ein neues Formular geöffnet werden, bei dem die Datensätze auch gefiltert werden können.

Bei einfachen zeichenorientierten Eingabeterminals ohne Maussteuerung (gibt es immer noch), könnte die Eingabemaske aus Abb. 4.7 aussehen, wie dies Abb. 4.8 zeigt.

4.7.2 Transaktionen programmieren

Damit für den Fremdschlüsselwert im Feld „KNr" die entsprechenden Kursdaten angezeigt werden, muss bei jeder Wertänderung der entsprechende Datensatz geholt und angezeigt werden. Dies läuft für den Benutzer unsichtbar im Hintergrund ab. Solche speziellen Transaktionen werden bei ORACLE „Trigger" genannt. Ein Trigger kann durch

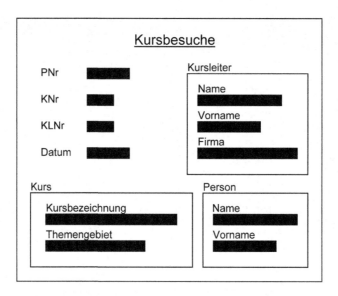

Abb. 4.8 Beispiel einer zeichenorientierten Eingabemaske

diverse Aktionen des Benutzers ausgelöst werden, ohne dass der Benutzer dies merkt. Folgende Aktionen könnten beispielsweise einen solchen Trigger auslösen:

- Ein Feldinhalt wird geändert
- Ein Datensatz wird gelöscht
- Die Löschtaste wird betätigt
- Es wird zum nächsten Eingabefeld gesprungen etc.

Trigger dienen dem Benutzerkomfort sowie der Erhaltung der Datenkonsistenz. Letztlich müssen alle Beziehungen im Datenmodell mit Hilfe von Triggern programmiert werden, sofern dies nicht schon bei der Implementation der Datenbasis erfolgen konnte.

Beispiele für Datenbank-Trigger

Die Programmierung von Triggern in ORACLE soll nun Anhand von drei Beispielen erläutert werden. ◄

A) Kursdaten anzeigen für jeden neuen Wert im Feld „KNr" der Maske „Kursbesuche".
B) Implementierung der 1-mc-Beziehung zwischen den Tabellen „Kurse" und „Kursbesuche" beim Löschen eines Datensatzes aus der Tabelle „Kurse".
C) Implementierung der m-1-Beziehung zwischen den Tabellen „Personen" und „Funktionen" beim Einfügen eines Datensatzes in die Tabelle „Personen".

Für **Beispiel A** muss für das Feld „KNr" ein „Post-Change"-Trigger gesetzt werden. Dieser Trigger wird aktiv, sobald im Feld „KNr" der Wert geändert wird. In diesem Falle muss der folgende SQL-Befehl ablaufen:

```
SELECT Kursbezeichnung, Themengebiet
INTO {Maskenfelder}
FROM Kurse, Kursthemen
WHERE Kurse.TNr=Kursthemen.TNr
AND Kurse.KNr={Feld „KNr"};
```

Mit {Maskenfelder} sind die Feldnamen in der Benutzermaske gemeint. Diese können beliebig gewählt werden. „INTO" ist kein Standardbezeichner, sondern wird bei ORA-CLE verwendet, um die Werte der SELECT-Anweisung in die Maskenfelder zu kopieren. Unter {Feld „KNr"} ist die Bezeichnung des Feldes „KNr" in der Benutzermaske zu verstehen. Mit diesem Trigger wird gleichzeitig die **referenzielle Integrität** gewährleistet. Der Trigger findet nämlich nur dann einen Datensatz in der Tabelle „Kurse", wenn der Fremdschlüsselwert im Feld „KNr" zum dynamischen Wertebereich des ID-Schlüssels „KNr" gehört. Andernfalls meldet er einen Fehler.

Bei **Beispiel B** muss wegen der 1-mc-Beziehung sichergestellt werden, dass beim Löschen eines Kurses alle assoziierten Datensätze in der Tabelle „Kursbesuche" ebenfalls gelöscht werden. Die 1-Assoziation verlangt ja, dass für jeden Datensatz der Tabelle „Kursbesuche" genau ein Datensatz in der Tabelle „Kurse" existiert. Hier muss aber vorgängig abgeklärt werden, ob es überhaupt zulässig ist, einen Kurs zu löschen, wenn es Personen gibt, die diesen Kurs schon besucht haben. Wir nehmen an, dies sei zulässig und verwenden für diese Transaktion einen „Post-Delete"-Trigger. Dieser Trigger wird aktiv, **nachdem** ein Datensatz gelöscht worden ist. Der SQL-Befehl sieht dann folgendermaßen aus:

```
DELETE FROM Kursbesuche
WHERE KNr={Feld „KNr"};
```

Es muss jetzt dem Trigger aber noch mitgeteilt werden, dass kein Fehler vorliegt, wenn in der Tabelle „Kursbesuche" kein Datensatz gelöscht werden konnte (mc-Assoziation). Bei der Kurskontrolle hingegen müsste dies wegen der m-Assoziation zu einer Fehlermeldung führen.

Bei **Beispiel C** muss sichergestellt werden, dass nur Funktionsnummern eingegeben werden können, welche in der Tabelle „Funktionen" auch existieren. Dies erreicht man, indem man den Benutzer zwingt, einen Funktionswert einzugeben und diesen dann mit einem Trigger wie in Beispiel A überprüft. Dieser Eingabezwang erfolgt automatisch, wenn man dies beim Feld „FNr" in der Benutzermaske so definiert (Nullwerte nicht erlaubt).

4.7.3 Programmieraufwand

Wie schon im Theorieteil erklärt, kann es eine 100 %ige Datenkonsistenz gar nicht geben. Es stellt sich also die Frage, wie groß der Programmieraufwand für die Konsistenzerhaltung sein sollte. Diese Frage kann natürlich nur qualitativ beantwortet werden und hängt in erster Linie von der Problemstellung ab. Die Kurve aus Abb. 4.9 zeigt aber, wie der Programmieraufwand mit dem Konsistenzgrad generell zusammenhängt.

Mit relativ kleinem Programmieraufwand ist schon ein recht hoher Konsistenzgrad erreichbar. Dann jedoch muss für eine geringe Erhöhung des Konsistenzgrades ein überproportionaler Aufwand betrieben werden, welcher in keinem vernünftigen Verhältnis mehr zum Nutzen steht.

▶   Ein Konsistenzgrad von 100 % (ideale Datenbank) kann demzufolge nur mit einem
     unendlich großen Programmieraufwand erreicht werden.

Zum Schluss dieses Abschnitts soll noch gezeigt werden, wie sich der Programmieraufwand zusammensetzt. Dies veranschaulicht die Grafik gemäß Abb. 4.10.

Der Flächeninhalt der einzelnen Segmente entspricht etwa dem Aufwand. Das Zentrum bildet die Implementation der Datenbasis. Darauf aufgebaut ist der Datenschutz, und die letzte Schicht bildet die Programmierung der Applikation.

4.7.4 Dokumentation

Es ist leicht einsehbar, dass Datenbanken außerordentlich kompliziert werden können. Deshalb ist es für spätere Ergänzungen und für die Benutzung einer Datenbank außerordentlich wichtig, dass die verschiedenen Funktionen, Transaktionen, Tabellendefini-

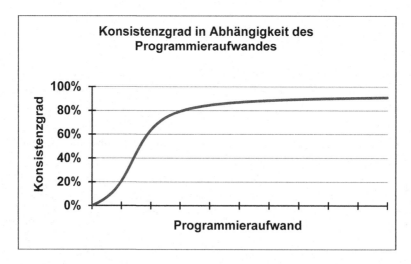

Abb. 4.9 Zusammenhang zwischen Programmieraufwand und Konsistenzgrad

Abb. 4.10 Aufteilung des gesamten Programmieraufwandes eines Datensystems

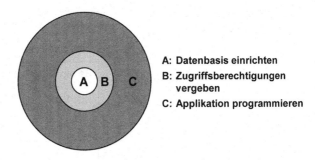

A: Datenbasis einrichten
B: Zugriffsberechtigungen
   vergeben
C: Applikation programmieren

tionen, Beziehungen und Zugriffsregelungen ausführlich beschrieben werden. Sobald die Datenbank eine gewisse Größe erreicht hat, ist es nach einer gewissen Zeitdauer sogar für den oder die Programmierer selber enorm schwierig, die Applikationssoftware zu warten oder Erweiterungen zu programmieren. Auch der Benutzer steht recht hilflos da, wenn er Informationen aus der Datenbank abfragen möchte und nicht einmal weiß, in welcher Tabelle was gespeichert ist. Es ist daher nicht nur zu beschreiben, welche Informationen eine Tabelle beinhaltet, sondern es müssen auch die einzelnen Attribute inklusive Wertebereich dokumentiert werden. Für den Benutzer ist es auch sehr hilfreich, wenn für jede Bildschirmmaske eine „online" Hilfefunktion vorhanden ist (meist wird diese mit der Taste „F1" aktiviert) und sogar für jedes einzelne Feld automatisch ein Hilfetext angezeigt wird. Auf welche Art und Weise man ein Datensystem dokumentieren kann, wurde in den einzelnen Abschnitten bereits anhand von Beispielen gezeigt. Wichtig ist aber nicht das Erscheinungsbild, sondern die Verständlichkeit der Dokumentation. Deshalb werden grundsätzlich zwei verschiedene Dokumentationen erstellt: Eine für den Benutzer und die Andere für den Applikationsprogrammierer.

4.8 Reports entwickeln

Zusammenfassung

Daten möchte man nicht nur verwalten, sondern auch auswerten. Dies geschieht, indem man Abfragen definiert und die daraus entstandenen Daten formatiert. ◄

Die formatierten Daten werden in Form von Listen oder Berichten ausgedruckt oder am Bildschirm angezeigt. Solche Abfragen können sehr komplex aufgebaut sein, und man benötigt dafür ein geeignetes Werkzeug, welches Reportgenerator genannt wird. Mit Hilfe des Reportgenerators können beispielsweise Listen generiert werden, bei denen Spaltensummen berechnet und Überschriften und Fußzeilen erstellt werden. Wenn wir beispielsweise eine Liste der Angestellten eines Produktionsbetriebes, nach Funktionen geordnet, haben möchten, könnte diese gemäß Abb. 4.11 aussehen.

Abb. 4.11 Beispiel eines vom
Benutzer verlangten Reports

```
┌─────────────────────────────────────────────────────────┐
│  Betriebspersonal nach Funktionen geordnet                │
│                                                           │
│  Funktion        PNr.       Name        Vorname           │
│  ------------------------------------------------------   │
│  Bereichsleiter  845622     Huber       Walter            │
│                  233456     Müller      Franz             │
│  Chemiker        625342     Gerber      Roland            │
│                  567231     Schmid      Beat              │
│                  100001     Steffen     Felix             │
│  Meister         334643     Meier       Hans              │
│                  344556     Scherrer    Daniel            │
│  Vorarbeiter     345678     Metzger     Paul              │
│                  232452     Müller      Hugo              │
│                  132442     Osswald     Kurt              │
│                                                           │
│  Stand: 01.01.2017                                        │
└─────────────────────────────────────────────────────────┘
```

Die Abfrage muss bei gewissen Reportgeneratoren als SQL-Befehl eingegeben werden, während bei anderen Produkten die Abfrage grafikorientiert mit Hilfe einer „Maus" erstellt werden kann.

Reports haben den Vorteil, dass sie während der Nacht als Batch-Job ausgeführt werden können, wenn das Rechnersystem weniger stark belastet ist.

4.9   Menüsystem aufbauen

Zusammenfassung

Sobald die Datenbank eine gewisse Größe erreicht hat, ist es sinnvoll, die verschiedenen Eingabemasken und Reports mit einem Menüsystem zu verwalten. ◀

Diese Menüsysteme haben meist einen hierarchischen Aufbau, wie dies beim Funktionenmodell schon der Fall war. Der Benutzer kann dann die gewünschte Eingabemaske oder einen Report anwählen, die Datensicherung auslösen etc. Solch ein Menüsystem könnte aufgebaut sein, wie in Abb. 4.12 dargestellt.

Es ist auch möglich, das gleiche Menüsystem verschiedenen Benutzern zur Verfügung zu stellen und entsprechend der Zugriffsberechtigung gewisse Funktionen zu sperren. Für einen Benutzer würde sich das Menüsystem so präsentieren:

```
┌──────────────────────────────────┐
│  HAUPTMENU                        │
│  Kursverwaltung                   │
│                                   │
│  1. Eingabemasken                 │
│  2. Reports                       │
│  3. Datensicherung                │
└──────────────────────────────────┘
```

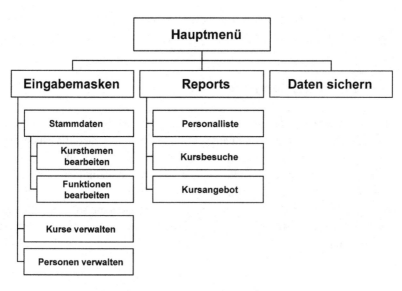

Abb. 4.12 Beispiel eines Menüsystems für die Kursverwaltung

Nach der Anwahl von Punkt 1 ergäbe sich dann folgendes Bild:

```
EINGABEMASKEN

1. Stammdaten verwalten
2. Kurse verwalten
3. Personen verwalten
```

4.10   Benutzer schulen

Zusammenfassung

Der Benutzerschulung muss große Bedeutung beigemessen werden. Wird dieser Punkt vernachlässigt, ist damit zu rechnen, dass die Benutzer gegen das Programm opponieren, was den Nutzen der Applikation stark schmälern kann. ◄

Diejenigen Benutzer, welche nicht im Projektteam mitgearbeitet haben, müssen zuerst einmal über den Sinn und Zweck der neuen Datenbankapplikation informiert werden. Die Schulung sollte nicht nur die spezifischen Funktionen beinhalten, welche der Benutzer unmittelbar für seine Arbeit benötigt, sondern es sollte auch eine Übersicht über die Tätigkeiten anderer Benutzer vermittelt werden. Dem Benutzer muss klar sein, wie sich seine Arbeit auf andere Benutzer auswirken kann. Nebst der Schulung ist auch ein verständlich geschriebenes Benutzerhandbuch abzugeben. Solche Handbücher sollten möglichst von Personen geschrieben werden, welche im Projektteam dabei waren und im Arbeitsumfeld des Benutzers tätig sind. Datenbankspezialisten neigen dazu, fachspezifische Fremdwörter zu verwenden, welche die Benutzer unter Umständen nicht verstehen.

4.11   Weitere Entwicklungsmethoden

Beim bisher beschriebenen Verfahren wurden alle Entwicklungsarbeiten nur von einer Person ausgeführt. Bei kleineren Datenbankapplikationen funktioniert dies auch ganz gut. Sobald aber mehrere Programmierer an derselben Applikation arbeiten, müssen diese Arbeiten koordiniert werden. Dies bedingt einen zusätzlichen administrativen Aufwand. Es gibt aber Werkzeuge, die so genannten CASE-Methoden, welche sowohl die Koordination großer Projekte als auch die Entwicklung der Datenbanksoftware unterstützen. „CASE" steht für Computer Aided Software Engineering und bedeutet rechnerunterstützte Softwareentwicklung.

Dazu gehören:

- **Projektverwaltung**: Alle Arbeiten werden von einer zentralen Datenbank verwaltet. Jeder Programmierer kennt den aktuellen Stand der Datenbankentwicklung und kann auf der Arbeit anderer Programmierer oder Analytiker aufbauen.
- **Datenbankdesign**: Das Erstellen von Datenmodellen, Funktionsdiagrammen, Benutzermasken und Reports wird grafisch unterstützt. Der Analytiker kann Entitätsmengen, Beziehungen, Wertebereiche und Transaktionen definieren. Die Dokumentation wird automatisch erstellt.
- **Programmgenerierung**: Aus allen Daten des Datenbankdesigns werden durch die CASE-Software schließlich lauffähige Programme erzeugt, welche mit traditionellen Softwareentwicklungsmethoden weiter bearbeitet werden können. Außerdem wird automatisch ein Menüsystem generiert.

Mit CASE können Datenbanken zu mindestens 80 % erstellt werden. Der Rest umfasst spezielle Transaktionen sowie die Entwicklung von Schnittstellenprogrammen zu anderen Datenbanken oder Rechnersystemen.

4.12   Mehrschichtige Systemarchitekturen

Zusammenfassung

Im Kap. 4 wurde bisher die klassische Client/Server-Architektur beschrieben. Es sind aber noch andere Systemarchitekturen denkbar, die sich je nach Aufgabenstellung besser oder weniger gut eignen, um eine Datenbankapplikation zu entwickeln. ◄

Eine zentrale Bedeutung bei der Wahl der Systemarchitektur hat die Geschäftslogik (Business-Logic). Sie definiert, in welcher Form Daten aufgearbeitet werden müssen, in welchen Tabellen und Feldern Daten gespeichert werden sollen und welche Kriterien dabei zu erfüllen sind. Idealerweise ist die Geschäftslogik auf der Datenbankebene in Form von gespeicherten Prozeduren (Stored Procedures) und Triggern implementiert (auf der untersten Ebene). Dort kann sie sicherstellen, dass die Datenintegrität jederzeit gewährt bleibt, unabhängig davon, woher die Daten kommen. Trotzdem wird diese Funktionalität aber oft beim Client-Programm umgesetzt, oder es kommt ein zusätzlicher Applikationsserver (zusätzlich oder kombiniert mit dem Datenbankserver) zum Einsatz. Die Vor- und Nachteile der verschiedenen Systemarchitekturen sollen nun diskutiert werden, wobei vorgängig noch folgende Begriffe erklärt werden müssen:

Logische Schichten (tiers)
Eine Datenbankapplikation lässt sich grundsätzlich in drei logische Schichten aufteilen:

- **Präsentationsschicht (Front-End)**
  Die Präsentationsschicht bildet die Schnittstelle zum Benutzer. Dort findet er Eingabeformulare, mit denen er Daten erfassen oder Aktionen (z. B. Berichte drucken) auslösen kann.
- **Logikschicht (Middletier, Business Logic)**
  Die Logikschicht ist für die Umsetzung der Geschäftslogik verantwortlich. Sie beinhaltet die eigentliche Programmintelligenz (Algorithmen, Prozeduren).
- **Datenschicht (Back-End)**
  Die Datenschicht enthält die Datenbank und das Wissen darüber, wie die Daten physikalisch gespeichert werden. Die Datenschicht wird meist auf einem Datenbankserver implementiert.

4.12.1 Fat-Client-Architektur (2-schichtig)

Die Fat-Client-Architektur bildet den einfachsten Fall einer Client/Server-Architektur. Dabei werden die Logik- und Präsentationsschicht auf dem Client-PC ausgeführt:

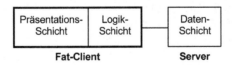

Die Fat-Client-Architektur wird als zweischichtige Architektur bezeichnet, weil die Logik- und Präsentationsschicht zusammen in einer physikalischen Schicht ablaufen. Sie verfügt aber ebenfalls über drei logische Schichten und hat folgende Vor- und Nachteile:

Vorteile

- Die ganze Programmierung kann mit einer einzigen Programmiersprache erfolgen. Serverseitige Sprachen werden nicht benötigt (mit Ausnahme von SQL).
- Das Programm kann ohne Server laufen, solange keine Daten gespeichert oder nachgeladen werden müssen. Daraus resultiert eine geringe Netzwerkbelastung.

Nachteile

- Jede Änderung der Geschäftslogik verlangt ein Programm-Update auf sämtlichen Client-PCs.
- Je nach zu verarbeitender Datenmenge und Komplexität der Programmlogik werden schnelle Client-PCs benötigt, was firmenweit zu hohen Kosten führen kann.

4.12.2   Thin-Client-Architektur (2-schichtig)

Bei der Thin-Client-Architektur werden die Präsentationsschicht wie beim Fat-Client auf dem Client-PC, die Logik- und Datenschicht aber auf dem Server ausgeführt:

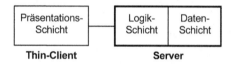

Die Thin-Client-Architektur wird als zweischichtige Architektur bezeichnet, weil die Logik- und Datenschicht zusammen in einer physikalischen Schicht ablaufen. Sie verfügt aber ebenfalls über drei logische Schichten und hat folgende Vor- und Nachteile:

Vorteile

- Die Geschäftslogik kann zentral auf dem Server geändert werden, ohne dass dies die Client-Programme beeinflusst.
- Durch die Verwendung der serverseitigen Programmiersprache können die Möglichkeiten des Datenbanksystems optimal genutzt werden. Dies wirkt sich positiv auf die Stabilität und die Geschwindigkeit der Applikation aus.
- Die Client-PCs müssen nicht besonders leistungsfähig sein, was sich bei vielen Benutzern günstig auf die Kosten auswirkt.

Nachteile

- Es müssen zwei verschiedene Programmiersprachen gelernt werden (client- und serverseitig). Die serverseitigen Programmiersprachen sind den Clientseitigen bezüglich Sprachumfang und Möglichkeiten unterlegen. Dies erhöht den Programmieraufwand unter Umständen massiv (bei einer komplexen Geschäftslogik).
- Der Datenbankserver muss leistungsfähig sein und eine hohe Verfügbarkeit gewährleisten, da beim Ausfall des Servers nichts mehr geht.

4.12.3   3-tier-Architektur (3-schichtig)

Bei der 3-tier-Architektur werden die Präsentationsschicht auf dem Client-PC, die Logik-schicht auf einem Applikationsserver und die Datenschicht auf einem Datenbankserver ausgeführt:

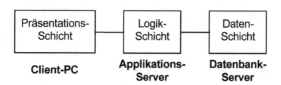

Jede dieser drei logischen Schichten wird somit auch physisch in einer eigenen Schicht ausgeführt. Die Logikschicht lässt sich zudem in zwei Unterschichten aufteilen:

- **Clientseitige Schicht (Emissaries)**
  Diese Schicht nimmt die Benutzereingaben entgegen und bereitet sie für das spätere Senden an die serverseitige Schicht vor. Die Benutzereingaben werden **transient**, d. h. flüchtig im Arbeitsspeicher zwischengespeichert. Fordert der Benutzer Daten an, wer-den diese ebenfalls zwischengespeichert und müssen nicht jedes Mal neu geladen wer-den. Die clientseitige Schicht übernimmt also die Funktion eines **Cache**. Im Gegensatz zur flüchtigen Speicherung werden in der Datenschicht die Daten **persistent**, d. h. nicht flüchtig abgelegt (z. B. auf Festplatte).
- **Serverseitige Schicht (Executants)**
  Diese Schicht enthält die eigentliche Geschäftslogik in Form von aufrufbaren Prozedu-ren bzw. Methoden (bei der objektorientierten Programmierung). Sie ist vergleichbar mit dem Application Programming Interface (API) von Windows, welches externen Programmen den Zugriff auf die Betriebssystemfunktionen ermöglicht. Alle Daten-bankzugriffe werden über die serverseitige Schicht gesteuert.

Vorteile
- Die Geschäftslogik kann zentral geändert werden, ohne dass dies die Client-Programme beeinflusst.
- Jede Schicht kann physikalisch in einem eigenen Prozess auf verschiedenen Servern bzw. Client-PCs ablaufen. Damit können die Lasten besser verteilt werden (**Skalier-barkeit**).
- Durch die Trennung von Logik- und Datenschicht (**Kapselung**) kann das Datenbank-system relativ einfach ausgewechselt werden (**Flexibilität**). Solange sich die Daten-schicht gegenüber der Logikschicht gleich präsentiert, wird das Gesamtsystem vom Systemwechsel nicht betroffen (zumindest in der Theorie).
- Die Client-PCs müssen nicht besonders leistungsfähig sein, was sich bei vielen Be-nutzern günstig auf die Kosten auswirkt.

Nachteile

- Jede Schicht wird mit einer anderen Technologie realisiert, und die einzelnen Schichten müssen über unterschiedliche Schnittstellen miteinander kommunizieren. Dies verlangt nach hoch qualifizierten Informatikern mit sehr unterschiedlichen Fachgebieten (schwer zu finden und teuer).
- Mit jeder Schicht steigt die Komplexität. Dies erhöht die Fehlerwahrscheinlichkeit und erschwert die Fehlersuche, was sich wiederum in einer längeren Entwicklungsdauer niederschlägt.
- Die physische Trennung von Logik- und Datenschicht erhöht die Netzwerkbelastung. Dies kann sich sehr negativ auf die Verarbeitungszeiten des ganzen Systems auswirken.

4.12.4   n-tier-Architektur (n-schichtig)

Für die Multitier-Architektur (n-tier) gilt grundsätzlich das Gleiche, wie für die 3-tier-Architektur. Der Unterschied besteht darin, dass die logischen Schichten physikalisch noch weiter aufgeteilt werden.

Beispielsweise wird die Präsentationsschicht bei einer Internet-Applikation aufgeteilt in einen Browser, der auf dem Client-PC läuft und die Informationen grafisch darstellt, und in einen Web-Server, der die Informationen im Internet publiziert. Auch die Logikschicht lässt sich physikalisch aufteilen, indem die clientseitige und die serverseitige Schicht auf verschiedenen Servern ausgeführt werden. Im Bereich der Logikschicht sind verschiedene Technologien, wie z. B. CORBA, DCOM, XML etc. entstanden (Middleware).

Kommunikation zwischen den Schichten
Es gilt der Grundsatz, dass nur benachbarte Schichten miteinander Daten austauschen dürfen. Somit ist es beispielsweise untersagt, dass die Präsentationsschicht direkt mit der Datenschicht kommuniziert. Für die Kommunikation zwischen den Schichten werden verschiedene Technologien eingesetzt. Die Grafik gemäß Abb. 4.13 veranschaulicht dies an einem Beispiel.

Vorteile
- siehe 3-tier-Architektur

Nachteile
- siehe 3-tier-Architektur

4.12.5   Die Wahl der Systemarchitektur

Jede Systemarchitektur hat ihre Vor- und Nachteile, wie in den vorherigen Abschnitten beschrieben. Um nun für eine bestimmte Anforderung die beste Architektur auszuwählen, sind folgende Sachverhalte zu ermitteln:

Abb. 4.13 Kommunikation
im n-tier-Modell

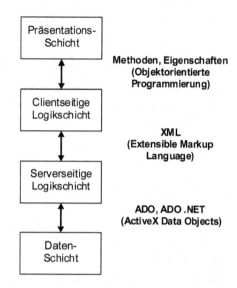

- **Datenmenge**

  Bei sehr großen Datenbanken muss die Datenschicht eventuell auf mehrere Datenbank-server aufgeteilt werden. Dabei kämen verteilte Datenbanken mit serverübergreifenden Transaktionen zum Einsatz.

- **Komplexität der Geschäftslogik**

  Eine komplexe Geschäftslogik oder eine wachsende Anzahl an Geschäftsregeln kann dazu führen, dass die Algorithmen nicht mehr mit den datenbankspezifischen Program-miersprachen umgesetzt werden können, weil der Programmieraufwand zu groß würde. In so einem Fall käme eine Multitier-Architektur mit Verwendung eines Appli-kationsservers zum Einsatz.

- **Wiederverwendbarkeit des Programmkodes**

  Wenn gewisse Teile der Geschäftslogik in verschiedenen Präsentationsschichten (Front-Ends) verwendet werden sollen, kann es sinnvoll sein, diese mit einem Applikations-server zur Verfügung zu stellen. Dabei können Technologien wie z. B. DCOM und CORBA zum Einsatz kommen.

- **Netzwerkbelastung**

  Bei verteilten Systemen kann die Netzwerkbelastung stark ansteigen, weil die ver-schiedenen Schichten über das Netzwerk miteinander kommunizieren. Das Problem kann entschärft werden, wenn die Geschäftslogik als eigener Prozess auf dem Daten-bankserver ausgeführt wird.

- **Reaktionszeiten**

  Am Einfachsten wäre es, wenn alle Benutzer mit einer einzigen, zentralen Datenbank arbeiten könnten, weil dann alle Benutzereingaben immer sofort für andere Benutzer sichtbar sind. Wenn aber viele Benutzer gleichzeitig mit der Applikation arbeiten oder langsame WAN-Verbindungen (Wide Area Network) zwischen dem Standort des Benutzers und dem Standort der Datenbank existieren, kann es notwendig werden, die Datenbank zu dezentralisieren. Dabei werden mehrere Kopien der Original-Datenbank verwendet, die mit dieser periodisch abgeglichen werden (**Datenreplikation**). Der Datenabgleich erfolgt dann meist zu Randzeiten, wenn nur wenige Benutzer online sind. Dadurch sind Benutzereingaben in Datenbank A immer erst mit einer zeitlichen Verzögerung für Benutzer von Datenbank B sichtbar. Mit dieser Maßnahme werden die Reaktionszeiten verbessert, da alle Benutzer immer mit ihren lokalen Datenbanksystemen arbeiten.

4.12.6 Cloud-Computing

Mit der Verbreitung von Cloud-Computing in der Arbeitswelt stellen sich zusätzlich Herausforderungen an den Datenschutz. Beim Cloud-Computing werden die IT-Infrastruktur und die Applikationen einer Firma an ein Rechenzentrum ausgelagert. Dadurch lassen sich Kosten sparen, weil die Firma keine eigenen Server anschaffen und unterhalten muss. Die notwendigen Ressourcen werden einfach beim Rechenzentrum als Dienste gemietet.

Der Zugriff auf die Programme und Daten erfolgt dann beispielsweise über einen Web-Browser oder einen PC mit Remotedesktop-Verbindung. Weil die Daten über das Internet übertragen werden müssen (wer kann sich schon eine Standleitung leisten?), kommen verschlüsselte VPN-Verbindungen zum Einsatz. Damit lässt sich verhindern, dass Unbefugte die Datenströme auslesen und an wichtige Information gelangen können. Damit ist das Problem des Datenschutzes allerdings längst nicht gelöst.

Sobald die Daten an das Rechenzentrum übermittelt und in einer Datenbank abgelegt worden sind, hat die Firma keinerlei Kontrolle mehr darüber, wer auf die Daten zugreifen kann. Der Datenbankserver kann irgendwo in der Welt stehen und je nach Land kann sich eine Regierungsbehörde Zugang verschaffen, ohne dass dies die Firma mitbekommt (siehe NSA in den USA). Auch Hackerangriffe wären möglich, doch ist nicht zu erwarten, dass ein Rechenzentrum einfacher gehackt werden kann als die Infrastruktur einer Produktionsfirma, deren primäres Know-how nicht bei der IT liegt. Bei sensiblen Daten kann dies dazu führen, dass durch Industriespionage plötzlich neue Konkurrenten auftauchen und die Firma mit ähnlich Produkten günstiger konkurrenzieren (der Forschungs- und Entwicklungsaufwand entfällt) oder sogar Patente angemeldet werden.

Diese Unwägbarkeiten halten viele Firmen davon ab, Cloud-Computing einzusetzen. Es gäbe allerdings den technischen Lösungsansatz, alle Firmendaten zu verschlüsseln, bevor sie über das Internet übertragen werden. Besitzt der Angreifer nicht den notwendigen Schlüssel, um die Daten zu dekodieren, dann wäre auch ein direkter Zugang zum Datenbankserver nutzlos. Auch bei dieser Methode steht und fällt der Datenschutz aber mit der Stärke und Sicherheit der Verschlüsselung. Es zahlt sich daher aus, für den Datenschutz spezialisierte IT-Firmen zu beauftragen.

4.13 Praktische Erfahrungen von der Front

In den Abschn. 4.1 bis 4.11 wurden die einzelnen Projektphasen bei der Datenbankent-wicklung beschrieben. Auf dem Papier sieht dies immer problemlos aus – meist erfolgt die Ernüchterung erst beim Versuch, die Theorie in die Praxis umzusetzen. Ich möchte deshalb in diesem Abschnitt meine eigenen praktischen Erfahrungen bei Datenbank-projekten niederschreiben, um einen Eindruck zu vermitteln, mit welchen Problemen sich der Programmierer herumschlagen muss. Diese Liste ist aber absolut unvollständig und völlig verharmlosend – meist ist die Realität noch schlimmer. Die Reihenfolge der nachfolgenden Abschnitte ist willkürlich, unzusammenhängend und chaotisch – wie im wirklichen Leben. Gewisse Probleme können ständig wiederauftauchen, sind kaum in den Griff zu bekommen und sorgen dafür, dass es einem nie langweilig wird (siehe Abschn. 4.13.4).

▶ **Hinweis** Der Sinn dieses Abschnitts besteht darin, Schülern und Studenten der In-formatik einen Einblick in die Praxis zu geben, die an den Schulen leider nur unge-nügend vermittelt werden kann. Dabei ist allerdings zu beachten, dass ich hem-mungslos und völlig unausgewogen meine eigene Sicht der Dinge beschreibe. Ein verständnisloses Kopfschütteln des Lesers nehme ich dabei in Kauf, möchte aber nochmals versichern, dass ich alles, was ich hier beschreibe, selber so erlebt habe. Ob meine Schlussfolgerungen und Empfehlungen aber richtig sind, überlasse ich dem Urteil des Lesers.

4.13.1 Das Projektteam oder der Faktor Mensch

Ob ein Projekt erfolgreich sein wird oder nicht, entscheidet sich vielfach schon bei der Auswahl der Projektteammitglieder. Es ist nun mal eine Tatsache, dass sich gewisse Men-schen sympathisch sind und andere nicht. Zudem kommen die Teammitglieder aus ver-schiedenen Arbeitsbereichen, bringen unterschiedliche Erfahrungen bei EDV-Projekten mit und haben unterschiedliche Erwartungshaltungen. Vielfach ist auch zu beobachten, dass die involvierten Geschäftsbereiche für das Projekt solche Personen zur Verfügung stellen, deren Abwesenheit am Arbeitsplatz nicht übermäßig auffällt, um es einmal höflich zu formulieren.

Eine besondere Rolle kommt dem Projektleiter zu. Er muss es fertigbringen, dass die Teammitglieder auf ein gemeinsames Ziel hinarbeiten. Dies kann auch mal bedeuten, dass unangenehme Personalentscheide zu treffen sind. Beispielsweise dann, wenn Personen, die sich nicht ins Team integrieren können oder wollen, aus dem Projektteam ausge-schlossen werden.

Ein gutes Projektteam sollte folgende Mitglieder haben:

- Ein Projektleiter mit Führungserfahrung und Sozialkompetenz. Diese beiden Eigenschaften sind wichtiger als ein vertieftes, technisches Wissen (dafür gibt es die Spezialisten).
- Gute Fachspezialisten, die etwas von ihrer Arbeit verstehen und auch fähig sind, ihr Wissen ins Projekt einfließen zu lassen.
- Zukünftige Benutzer der Datenbankapplikation, die einen persönlichen Nutzen für ihre tägliche Arbeit haben werden, wenn das Projekt beendet ist. Nur dann werden sie bereit sein, zusätzlich zu ihrer normalen Arbeit, Zeit in das Projekt zu investieren.

Wichtig ist auch, dass im Projektteam wirklich die späteren Benutzer der Applikation dabei sind. Wenn nur der Chef der Benutzer seine Vorstellungen einbringen konnte, die Betroffenen aber nichts zu sagen hatten, wird die Applikation immer mit Akzeptanzproblemen zu kämpfen haben. Dies kann im Extremfall dazu führen, dass die Applikation nicht genutzt wird und somit umsonst entwickelt wurde.

▶ **Merke** Wenn der Benutzer **A** möchte, sein Chef aber **B** bevorzugt, ist im Zweifelsfalle **A** zu realisieren!

4.13.2   Das geniale Konzept oder 2-tier, 3-tier, Untier

Ein neues Projekt bringt immer auch die Möglichkeit, ausgetrampelte Pfade zu verlassen und Neues zu versuchen. Vielfach bleibt es aber bei den Versuchen, dafür ist in der Zwischenzeit der Terminplan erstaunlich weit vom Soll abgewichen.

Neue Technologien bieten nicht nur Chancen, sondern auch Risiken. Solange sich die Probleme der neu eingesetzten Technologie gleich zu Beginn des Projektes manifestieren, kann man noch reagieren und auf bewährte Konzepte umschwenken. Problematisch wird es dann, wenn die Probleme erst im produktiven Einsatz der Applikation oder gegen Projektende auftreten. Beispielsweise dann, wenn die Datenmenge eine gewisse kritische Größe überschreitet und plötzlich Stabilitätsprobleme auftreten oder gar die Datenbasis beschädigt wird.

Solche Probleme können frühzeitig erkannt werden, wenn im Rahmen einer Vorstudie eine Pilotapplikation entwickelt wird. Das Pilotsystem kann Auskunft geben über Geschwindigkeitsprobleme, Inkompatibilitäten oder die Benutzerfreundlichkeit einer Bedienungsoberfläche. Es ist aber nicht die Idee einer Pilotapplikation, dass 80 % der Anforderungen programmiert werden und dann entschieden wird, ob die restlichen 20 % auch noch realisiert werden sollen. Ein Pilot sollte nach ein paar Wochen abgeschlossen sein. Hat man dann immer noch nicht die gewünschten Informationen bekommen, sollte man der technischen Versuchung widerstehen und auf bewährte Konzepte und Technologien zurückgreifen.

▶   **Merke** Bevor man Multi-tier-Applikationen plant, dafür hoch qualifizierte Informatiker anheuert, vorsorglich die Hardware komplett auswechselt und das Aktienkapital aufstockt, um das Ganze finanzieren zu können, sollte man vorgängig überlegen, ob das Problem nicht vielleicht doch mit einer konventionellen Client/Server-Applikation zu lösen ist.

4.13.3   Das Netzwerk – Chaos total oder hört mich jemand?

Ein Firmennetzwerk mit Hunderten von PCs und Dutzenden von Servern ist ein äußerst komplexes Gebilde. Die Idee dahinter wäre ja, dass zwischen den verschiedensten Systemen beliebige Daten ausgetauscht werden können. Doch leider kommt es hin und wieder zu Verständigungsproblemen, deren Ursachen so vielfältig sein können, dass der Vergleich mit der Nadel im Heuhaufen durchaus angebracht ist. Hier eine kleine Auswahl, warum die Kommunikation nicht immer so funktioniert, wie man das gerne haben möchte:

• Unterschiedliche Service Packs (Fehlerkorrekturen für Software) auf PCs und Server
• Veraltete OLEDB-Treiber oder unterschiedliche Versionen
• Unterschiedliche Sprachen und regionale Einstellungen
• Defekte Netzwerkkarten oder falsche/veraltete Treibersoftware
• Falsche Netzwerkprotokolle oder fehlerhaft konfiguriert
• Laufende Backups mit exklusivem Datenzugriff
• Viren, Stromausfälle, Überlastung etc.

▶   Bevor Sie also mit der Programmierung loslegen, sollten Sie sicherstellen, dass die Kommunikation zwischen Entwicklungs-PC und Datenbankserver ordnungsgemäß funktioniert. Dies erspart Ihnen später stundenlanges Suchen nach Programmierfehlern, obwohl Sie gar nichts falsch gemacht haben.

4.13.4   Automatische Softwareverteilung oder russisches Roulette

Bei großen Firmennetzwerken ist die Versuchung groß, neue Software oder Updates automatisch via Netzwerk zu verteilen. Dies hat den Vorteil, dass der PC-Supporter nicht persönlich bei jedem PC vorbeigehen muss, um die Installation durchzuführen (damit sind alle Vorteile erschöpfend aufgezählt). Sobald der Benutzer sich im Netzwerk anmeldet, läuft eine Installationsroutine ab, die die Software automatisch installiert. Bei größeren Updates wird der Benutzer darauf hingewiesen, dass die Installation eine gewisse Zeit dauert, und er es doch bitte unterlassen soll, den Vorgang abzubrechen (Strg-Alt-Entfernen, PC ausschalten und ähnliche Aktionen). Sobald dann die Installation beendet worden ist, wird es so richtig spannend:

- Fährt der PC nach dem Neustart überhaupt noch hoch?
- Funktioniert überhaupt noch irgendetwas?
- Falls nichts mehr funktioniert: Betrifft dies nur meinen PC oder gar alle PCs im Netzwerk?
- Falls es so aussieht, als würde noch alles funktionieren, entspricht dies der Tatsache oder ist das nur Einbildung?

Für Programmentwickler ist vor allem der letzte Punkt wesentlich. So kann es durchaus passieren, dass bei der Installation gewisse Dateien (vorzugsweise mit der Endung.dll) ersetzt worden sind, die dazu führen, dass andere Programme instabil werden. Wenn man dann erst nach einer Woche merkt, dass die Entwicklungsumgebung nicht mehr richtig funktioniert und alle neu erstellten Formulare in einer ACCESS-Datei irreparabel zerstört worden sind, kommt richtig Stimmung auf.

Daher meine Tipps für Programmentwickler im Firmennetzwerk:

1. Ziehen Sie den Stecker aus der Netzwerkkarte des PCs.
2. Formatieren Sie die Festplatte neu und richten Sie Ihren PC von Hand so ein, wie Sie ihn haben möchten.
3. Installieren Sie nichts, was im Entferntesten für eine automatische Softwareverteilung missbraucht werden könnte.
4. Verbinden Sie den PC wieder mit dem Netzwerk.
5. Stellen Sie eine manuelle Netzwerkverbindung zu Ihrem Fileserver her, damit wenigstens ein automatisches Backup Ihrer Dateien stattfindet.
6. Nehmen Sie abends die lokale Festplatte mit nach Hause.
7. Schließen Sie das Büro ab und hängen Sie ein Schild an die Türe: „Zutritt für PC-Supporter und Raumpfleger verboten!".

Wenn Sie diese Maßnahmen gewissenhaft befolgen, sollten Sie in einem relativ stabilen Umfeld programmieren können.

4.13.5   Die wunderbare Welt der EDV oder nichts passt zusammen

Es gibt gute Gründe dafür, warum man nicht nur die Entwicklungswerkzeuge des Datenbankherstellers verwenden möchte (noch bessere Gründe gibt es, warum man nur Programme des Datenbankherstellers verwenden sollte). Beispielsweise könnte man ja auf die Idee kommen, eine ORACLE-Datenbank zusammen mit einer MS-ACCESS-Benutzeroberfläche zu verwenden, weil ohnehin auf allen PCs MS-Office installiert ist. Und für Auswertungen möchte man gerne Crystal-Reports verwenden, weil dies Firmenstandard ist. Theoretisch sollte dies auch funktionieren, weil es inzwischen Standardinterfaces wie ODBC (Open Database Connectivity) gibt, die es Programmen verschiedener Hersteller ermöglichen, mit der Datenbank eines Fremdherstellers zu kommunizieren. Doch auch hier liegt der Teufel im Detail und daher möchte ich anhand eines kleinen Fallbeispiels mögliche Probleme aufzeigen. Es sollen folgende Komponenten verwendet werden:

- Datenbanksystem: ORACLE 12c
- Benutzeroberfläche: MS-ACCESS 2016
- Kommunikation: ORACLE ODBC-Treiber + SQL*Net

Die Applikation soll als Client/Server-Lösung aufgebaut sein, bei der möglichst alle Abfragen vom Datenbankserver ausgeführt werden. Der Client (hier ACCESS 2016) soll nur die Benutzereingaben entgegennehmen, aufarbeiten, an den Datenbankserver weiterleiten und das Ergebnis des Servers anzeigen. Mit diesem Konzept ist eine Lastenverteilung zwischen Client-PC und Datenbank-Server möglich, und zudem wird das Netzwerk weniger belastet.

4.13.5.1 Datentypen, Beziehungen oder Wunschtraum Standardisierung
Nach der Entwicklung des Datenmodells kommt irgendwann der Punkt, wo man dieses Modell umsetzen möchte (Tabellen, Views und Beziehungen erstellen, Zugriffsberechtigungen vergeben, Trigger und Prozeduren programmieren usw.).
Dies kann folgendermaßen geschehen:

A) Die Tabellen und Beziehungen werden direkt auf dem Datenbankserver (ORACLE) erstellt.
B) Die Tabellen und Beziehungen werden mit ACCESS erstellt und anschließend auf den Datenbankserver migriert.

Es sei hier schon verraten, dass man mit Variante B nicht glücklich wird. Obwohl ORACLE und ACCESS auf der relationalen Datenbanktechnologie aufbauen, gibt es doch diverse Unterschiede:

- Datentypen sind unterschiedlich. Ein ORACLE-Datentyp NUMBER (4,0) wird von ACCESS als Integer-Typ interpretiert, weil der Wertebereich von -9999 bis $+9999$ im Integer-Wertebereich (-32768 bis 32767) von ACCESS Platz findet. Versucht man aber, den Wert 10000 via ACCESS ins ORACLE-Feld abzuspeichern, bekommt man eine Fehlermeldung, weil dieser Wert den ORACLE-Wertebereich für NUMBER(4,0) sprengt. Ein ORACLE-Datentyp NUMBER(12,0) wird von MS-ACCESS hingegen als Zeichenkette interpretiert, weil MS-ACCESS nur ganze Zahlen bis 2147483647 verarbeiten kann (ab ACCESS 2016 wurde endlich der Datentyp „bigint" implementiert).
- Aktualisierungsweitergabe von ID-Schlüsselwerten (wenn sich ein ID-Schlüsselwert ändert, werden die entsprechenden Fremdschlüsselwerte angepasst) wird von ORACLE nicht unterstützt.
- ACCESS kennt keine Trigger (Programme, die beim Einfügen, Ändern oder Löschen von Datensätzen in einer Tabelle aktiv werden).

- ACCESS kennt keine Datenbankprozeduren (Stored Procedures) bzw. diese sind nicht brauchbar. Die eigene Programmiersprache VBA ist völlig anders aufgebaut als PL/SQL von ORACLE.
- Die SQL-Dialekte zwischen ACCESS und ORACLE sind teilweise völlig verschieden. Dieses Problem bekommt man nur vernünftig in den Griff, wenn das SQL-Statement im ORACLE-Dialekt verfasst und als Pass-Through-Query an den Datenbankserver geschickt wird. Es gibt aber Spezialisten, die einfach alle ORACLE-Tabellen in die ACCESS-Applikation einbinden und ihre Abfragen munter mit dem Abfrage-Assistenten von ACCESS erstellen (basierend auf den eingebundenen Tabellen). Dies führt dann dazu, dass die Abfragen auf dem Client-PC ausgeführt werden, weil der Datenbankserver nur Bahnhof versteht (vor allem dann, wenn ACCESS-spezifische Funktionen wie Jetzt() verwendet werden). Dass so eine Abfrage gerne um den Faktor 1000 langsamer abläuft, als eine vergleichbare Abfrage auf dem Datenbankserver, wird vorzugsweise Microsoft in die Schuhe geschoben (die können aber auch nichts dafür, dass die Entwickler nicht wissen, was sie tun!).

4.13.5.2 Alles doppelt oder was?

MS-ACCESS ist ein eigenständiges Datenbanksystem, welches die gleichen Komponenten (Maskengenerator, Reportgenerator, Programmiersprache etc.) zur Verfügung stellt, wie die „großen" Datenbanksysteme ORACLE, SQL-Server, DB2 etc. Der wesentliche Unterschied besteht darin, dass MS-ACCESS ein reines Client-Programm ist, welches keinen eigenen Datenbankserver besitzt. Der Zugriff auf andere Datenbankserver ist deshalb nur via ODBC oder ADO (ActiveX Data Objects) möglich. Es erstaunt daher nicht, dass bei einer Client/Server-Applikation, mit ACCESS als Front-End und ORACLE als Datenbanksystem, gewisse Komponenten und Mechanismen doppelt vorhanden sind. Die einzelnen Datenbankobjekte und Programmteile müssen dabei folgendermaßen implementiert werden, damit das Zusammenspiel von Front-End und Server optimal funktioniert:

Server-Seite
- Tabellen mit Zugriffsberechtigungen
- Beziehungen
- Views (Gespeicherte Abfragen auf Tabellen, Sichten)
- Geschäftslogik (Trigger, Stored Procedures)

Client-Seite
- Formulare
- Berichte
- Menüverwaltung (steuert den Zugriff auf Formulare und Berichte)
- Programmlogik (Benutzerführung)

- Daten, Beziehungen und Zugriffsberechtigungen gehören auf den Server, der Rest auf den Client-PC.
- Die Geschäftslogik sollte wann immer möglich auf dem Server laufen ◄

Bei der Geschäftslogik muss abgewogen werden zwischen Datenschutz/Stabilität und Programmieraufwand. Da VBA einen höheren Programmierkomfort und eine größere Funktionalität bietet als PL/SQL, werden Teile der Geschäftslogik gerne auf dem Client-PC implementiert. Wenn aber hohe Anforderungen an die Datenkonsistenz und den Datenschutz gestellt werden, kann es sogar sein, dass der Datenbankzugriff (schreibend) nur über Stored Procedures erfolgt, während der Lesezugriff über Views oder ebenfalls über Stored Procedures abgehandelt wird.

4.13.5.3 Zugriff verweigert oder Administrieren ohne Ende

Sowohl ACCESS als auch ORACLE stellen umfangreiche Möglichkeiten für den Datenschutz zur Verfügung. Es ist aber gar nicht so einfach, alle Löcher zu stopfen und somit zu verhindern, dass ein Benutzer Daten sichten kann, die ihn nichts angehen, oder am Programmcode herumbastelt. Außerdem möchte man nicht jeden Benutzer sowohl unter ORACLE als auch unter ACCESS separat administrieren müssen (Benutzerkonto eröffnen, Rollen zuweisen). Daher sind gewisse Regeln zu beachten:

- Neue Benutzer werden nur auf dem Datenbankserver eröffnet.
- Zugriffsberechtigungen auf Datenbankobjekten (Tabellen, Views, Stored Procedures) werden (fast) immer an eine Rolle vergeben und nicht an jeden einzelnen Benutzer.
- Jedem Benutzer werden Rollen zugewiesen. Danach besitzt er automatisch alle Zugriffsrechte, die den Rollen zugewiesen worden sind.
- Damit die ACCESS-Benutzeroberfläche nicht vom Benutzer manipuliert werden kann (Programmcode, Formulare und Reports ändern) und keine Mehrfach-Administrierung notwendig wird, muss ACCESS richtig konfiguriert werden.

Zum letzten Punkt, hier in einer Weltpremiere, die korrekte, leicht verständliche und total einleuchtende Arbeitsvorschrift für „sichere" ACCESS-Applikationen mit eingebundenen ORACLE-Tabellen (Hacker-Tools wie Discmonitor und Passwort-Cracker vergessen wir mal großzügigerweise):

1. Mit dem Arbeitsgruppen-Administrator (WRKGADM.EXE) eine neue, leere Arbeitsgruppen-Informationsdatei (SYSTEM.MDW) erzeugen.
2. ACCESS starten, keine Datenbank öffnen (Abbrechen) und zum Menü „Extras/ Sicherheit/Benutzer- und Gruppenkonten" wechseln.
3. Einen neuen Benutzer (vorzugsweise mit der gleichen Bezeichnung wie das ORACLE-Konto der Applikation) erzeugen und zum Mitglied der Administratoren-Gruppe ma-

chen. Wenn dieser Benutzer gleich heißt wie das ORACLE-Konto, muss man sich nur bei ACCESS anmelden. ACCESS reicht das Passwort automatisch an den ORACLE-Server weiter (siehe Schritt 7).

4. Benutzer „Administrator" auswählen und aus der Gruppe „Administratoren" entfernen (nur noch Mitglied der Gruppe „Benutzer").

5. Register „Anmeldungskennwort ändern" auswählen und dem Administrator ein Passwort zuweisen (Altes Kennwort: leer lassen). Dieses Passwort wird nie mehr benötigt, aktiviert aber den Datenschutz von ACCESS. Ab jetzt muss man sich bei ACCESS anmelden, wenn man die neu erzeugte Arbeitsgruppen-Informationsdatei benutzt.

6. OK-Schaltfläche anklicken, ACCESS schließen und neu öffnen. Neue, leere Datenbank erzeugen (z. B. Totalsicher.mdb) und anmelden mit dem Namen des ORACLE-Kontos ohne Passwort.

7. Zum Menü „Extras/Sicherheit/Benutzer- und Gruppenkonten" wechseln und dem Benutzer das Passwort des ORACLE-Kontos zuweisen. Dieser Benutzer ist nun der Eigentümer der ACCESS-Datenbank und besitzt alle notwendigen Rechte.

8. ACCESS schließen, neu starten, die neue Datenbank öffnen und sich mit dem ORACLE-Konto und Passwort anmelden. Über das Menü „Datei/Externe Daten/Tabellen verknüpfen …" alle benötigten ORACLE-Tabellen und Views des ORACLE-Kontos einbinden (via Dateityp „ODBC Databases", Dateidatenquelle).

9. ACCESS schließen, neu starten, die neue Datenbank öffnen und sich mit dem ORACLE-Konto und Passwort anmelden. Eine eingebundene Tabelle doppelklicken. Es sollten alle Datensätze der Tabelle angezeigt werden, ohne dass man sich separat bei ORACLE anmelden muss.

10. Nun können die Formulare, Berichte, Makros und Module programmiert werden. Das AutoExec-Makro sollte zudem als erste Aktion eine ACCESS-Abfrage öffnen, die möglichst nur einen Datensatz aus einer ORACLE-Tabelle/View zurückgibt. Damit muss sich der Benutzer gleich nach dem Programmstart bei ORACLE anmelden. Diese Verbindung bleibt dann aktiv, bis das Programm beendet wird. Gleichzeitig kann dieser Mechanismus dazu benutzt werden, die gültige Versionsnummer der Applikation aus einer ORACLE-Tabelle zu lesen. Falls die einprogrammierte Versionsnummer der ACCESS-Applikation nicht mit der gespeicherten Versionsnummer in der ORACLE-Datenbank übereinstimmt, wird die Applikation mit einer Meldung an den Benutzer beendet. Damit lässt sich sicherstellen, dass immer mit der aktuellsten Benutzeroberfläche gearbeitet wird (**Versionskontrolle**).

11. Wenn die Applikation fertig programmiert worden ist, werden die Zugriffsberechtigungen via Menü „Extras/Sicherheit/Benutzer- und Gruppenberechtigungen" an die Gruppe „Benutzer" gemäß Abb. 4.14 vergeben:

▶   **Hinweis** Ab ACCESS 97 besteht die Möglichkeit, die Applikation als MDE-Datei zu speichern. Dadurch wird der VBA-Quellkode entfernt, und die Formulare und Berichte können nicht mehr geändert werden. Berechtigungen können nur noch für Tabellen, Abfragen und Makros vergeben werden. Ab ACCESS 2000 können den

Abb. 4.14 Rechtevergabe
bei ACCESS

Objekttyp	Berechtigungen
Datenbank	nur Öffnen/Ausführen
Tabelle	nur Entwurf lesen, Daten lesen, Daten aktualisie-ren, Daten einfügen, Daten löschen
Abfrage	individuell, betrifft nur ACCESS-Abfragen. ORACLE-Views werden wie Tabellen behandelt
Formular	nur Öffnen/Ausführen
Bericht	nur Öffnen/Ausführen
Makro	nur Öffnen/Ausführen
Modul	keine Rechte

Modulen keine Berechtigungen mehr vergeben werden. Der VBA-Kode wird mit einem Passwort geschützt.

12. Kontrollieren Sie nun den Eigentümer der Datenbank, indem Sie das Menü „Extras/ Sicherheit/Benutzer- und Gruppenberechtigungen" öffnen und das Register „Besitzer ändern" anklicken. Dann den Objekttyp „Datenbank" auswählen. Unter „Objekt" sollte nun „<Aktuelle Datenbank>" stehen, und der Besitzer sollte gleich heißen wie das ORACLE-Konto. Falls der Besitzer „Administrator" heißt, haben Sie etwas falsch gemacht und dürfen nochmals bei Schritt 1 beginnen.

▶ **Hinweis** Der Eigentümer einer Datenbank kann nicht ausgesperrt werden. Er hat immer das Recht, die Datenbank zu administrieren und alle Berechtigungen zu ändern. Da bei der Arbeitsgruppen-Informationsdatei „SYSTEM.MDW" immer der Administrator ohne Passwort voreingestellt ist, kann jeder normale ACCESS-Benutzer die vermeintlich geschützte Datenbank bearbeiten, ohne dass er sich anmelden muss.

13. Die geschützte Applikation „Totalsicher.mdb" kann nun an die Benutzer verteilt werden (ohne die selbst erzeugte Arbeitsgruppen-Informationsdatei „SYSTEM.MDW"). Die Benutzer können die Datei mit ACCESS und der Standard Arbeitsgruppen-Informationsdatei „SYSTEM.MDW" öffnen, ohne dass sie sich bei ACCESS anmelden müssen. Sobald sie aber auf eine ORACLE-Tabelle zugreifen möchten, werden sie nach ihrem ORACLE-Benutzerkonto (muss für jeden Benutzer auf dem ORACLE-Server erstellt werden) und Passwort gefragt. ACCESS verwendet dann diese Informationen für alle weiteren Zugriffe auf den ORACLE-Server, bis ACCESS beendet wird.

▶ **Hinweis zu ACCESS-Projekt 2003 bis 2010** Mit ACCESS bestand bis zur Version 2010 die Möglichkeit, anstelle einer normalen ACCESS-Datenbank ein so genanntes ACCESS-Projekt zu erstellen. Mit einem ACCESS-Projekt wurden alle Tabellen und Views direkt auf einem MS SQL-Server angelegt (ab Version 2000) und nicht mehr via ODBC verknüpft. Außerdem hatte man direkten Zugriff auf die Stored Procedures und die Datenbankdiagramme des Servers. Nur noch die Formulare, Berichte, Makros und VBA-Module wurden im ACCESS-Projekt gespeichert. Die ganze Benutzeradministration fand nur noch auf dem Server statt.

Die Vergangenheitsform rührt daher, weil Microsoft mit der Version 2013 das AC-CESS-Project-Konzept kassiert hat und nur noch für SharePoint zur Verfügung stellt.

Die geballten Flüche der ACCESS-Projekt-Programmierer, die dadurch gezwungen wurden, ihre Applikationen umzuschreiben, möchte ich hier aus Gründen des Jugendschutzes nicht wiedergeben.

4.13.6   Hintertüren oder Narrenmatt des Administrators

Zusammenfassung

Jedes Datenbanksystem hat einen Superuser, der alle möglichen Rechte auf allen Programmen und Datenbanken des Servers besitzt. ◄

Bei ORACLE heißt dieser Benutzer „sys", bei SQL-Server „sa" und bei ACCESS „Administrator". ORACLE kennt noch den Benutzer „system", der als Datenbankadministrator fungiert, aber weniger Rechte besitzt als „sys".

Beim Installieren des Datenbanksystems auf einem Server werden diesen Superusern vordefinierte Passwörter zugewiesen. Interessanterweise wird man aber während der Installation nicht gezwungen, diese Passwörter zu ändern. So tummeln sich dann erstaunlich viele Datenbankserver in der weiten EDV-Welt, die von jedem 08/15-Benutzer geknackt werden können, indem sich dieser einfach als Superuser mit dem Standardpasswort anmeldet. Danach hat er Zugang zu sämtlichen Datenbanken und kann sich mal so richtig austoben (Datenbanken löschen, Passwörter ändern, Datensicherung deaktivieren etc.). Ganz fiese Hacker können dann mit zufälligen UPDATES die Daten unbrauchbar machen, was möglicherweise erst auffällt, wenn es viel zu spät ist (auch ein Restore nützt dann nichts mehr). Dass die Datenbankeigentümer Stunden damit verbracht haben, für jedes einzelne Datenbankobjekt akribisch genau die Zugriffsberechtigungen zu vergeben, ist dann irgendwie nicht mehr so relevant.

Hier nun (in Abb. 4.15), als besonders verantwortungslosen Akt, die Passwörter der Superuser (im Internet sind diese Angaben für jedes beliebige Datenbanksystem frei zugänglich):

Abb. 4.15 Superuser von gängigen Datenbanksystemen

Datenbanksystem	Superuser	Passwort
ORACLE	sys system	change_on_install manager
SQL-Server	sa	keines. Vielfach wird „sa" verwendet. Ab SQL-Server 2005 wird der sa gezwungen, ein Passwort zu verwenden
ACCESS	Administrator	keines. Vielfach ist „Administrator" der Eigentümer einer „geschützten" Datenbank, was den Schutz unbrauchbar macht

Dies soll selbstverständlich keine Aufforderung sein, Datenbankserver zu hacken, zumal dies strafbar ist und in Firmen meist die fristlose Kündigung zur Folge hat. Falls man aber auf so ein Sicherheitsleck stößt, sollte der Datenbank-Administrator informiert werden, auch wenn dieser vermutlich nicht gerade in ein Freudengeschrei ausbrechen wird.

4.13.7 Selbsternannte Experten oder warum es alle besser wissen

Sind Sie in der Lage, ohne fremde Hilfe einen PC einzuschalten und sich am Netzwerk anzumelden, ohne dass Ihr Benutzerkonto nach drei Fehlversuchen (Passwort falsch eingetippt etc.) gesperrt wird? Gratuliere! Dann dürfen Sie sich in Zukunft „Informatikexperte" nennen.

Ich kenne keinen anderen Beruf, bei dem so viele Leute das Gefühl haben, sie könnten/ müssten mitreden oder wüssten Bescheid bzw. alles besser. Dabei umfasst die Informatik ein derart breites Spektrum, dass es gar nicht möglich ist, auf mehreren Gebieten ein vertieftes Expertenwissen zu besitzen. Obwohl ich mich seit über 20 Jahren mit relationalen Datenbanken beschäftige und schon viele Datenbankapplikationen programmiert habe, lerne ich bei jedem neuen Projekt wieder neue Techniken und ärgere mich im Nachhinein darüber, dass mir diese Ideen nicht schon früher gekommen sind. Dabei umfassen Datenbanken nur einen kleinen Teil der Informatik (aber selbstverständlich den Wichtigsten!).

Im Laufe der Jahre habe ich diese selbsternannten Experten in vier Gruppen eingeteilt:

• Papiertiger
• Ignoranten
• Schlagwortfetischisten
• Spezialisten/Experten

▶ **Papiertiger** Das sind Leute, die für jedes Problem sofort die tollsten Konzepte hervorzaubern und einem bis ins Detail erklären können, wie das Problem zu lösen ist. Nimmt man sie aber beim Wort und verlangt, dass sie den Worten nun Taten folgen lassen sollen, dann lösen sie sich entweder augenblicklich in Luft auf oder präsentieren x Gründe, warum sie zurzeit völlig überlastet sind und darum ausgerechnet jetzt nicht zur Verfügung stehen. Speziell unbeliebt sind dabei Projekte, die in Arbeit ausarten oder messbare Ergebnisse hervorbringen könnten.

▶ **Ignoranten** Das sind Leute, die grundsätzlich alles, was nicht auf ihrem Mist gewachsen ist, mit den Prädikaten unbrauchbar, minderwertig, nicht machbar, zu teuer etc. versehen. Vielfach gesellt sich zur Ignoranz noch eine erfrischende Prise Arroganz, so dass die Unterhaltung mit diesen Personen zur reinen Freude wird.

Ignoranten findet man häufig in Informatikabteilungen von Großfirmen. Typischer Fall: Ein Firmenbereich außerhalb der Informatik entwickelt selber ein System (gemäß den Informatikrichtlinien), weil die Informatikabteilung keine eigenen Leute zur Verfügung stellt (Fokus auf Großprojekte, keine Ressourcen, keine Lust, kein Geld etc.). Sobald es dann darum geht, dieses System mit einer Schnittstelle zu einem bestehenden System auszustatten oder wenn die Informatikabteilung das neue System betreuen soll (Backups, Serververwaltung, Programmerweiterungen etc.), sind folgende Sprüche zu hören:

- Das System entspricht nicht dem IT-Standard der Firma.
- Schnittstellen machen nur Probleme.
- Das System passt nicht in die Systemlandschaft.
- Wir verfügen nicht über die notwendigen Ressourcen.
- etc., etc., etc.

Dabei ist es völlig unerheblich, ob das neue System besser ist als alles, was die Informatikabteilung jemals hervorgebracht hat.

▶ **Schlagwortfetischisten** Das sind Leute, die zwar weder eine Ahnung, noch etwas begriffen haben, aber trotzdem so tun, als wüssten sie alles besser. Dabei werfen sie mit Schlagwörtern um sich, deren Bedeutung sie zwar nicht kennen, die aber wichtig klingen. Fragt man dann etwas genauer nach, weichen sie blitzschnell auf unverfänglichere Themen aus, wie z. B. Fußball oder die besten Techniken für das Öffnen einer Bierflasche ohne Öffner.

▶ **Spezialisten/Experten** Es gibt tatsächlich Menschen, die über ein überragendes Spezialwissen verfügen und zu Recht als Experten bezeichnet werden. Vorsichtig sein sollte man aber gegenüber solchen Experten, die sich selber dazu gemacht haben oder im Umgang mit anderen Personen arrogant auftreten – wahre Experten haben es nicht nötig, mangelndes Fachwissen mit Arroganz zu kaschieren.

4.13.8 Reorganisationen oder 0 Grad Kelvin, der totale Stillstand

Sind Sie der CEO einer Großfirma und haben das Gefühl, die Firma läuft von alleine und Sie seien weitgehend überflüssig? Dann kann ich Ihnen einen heißen Tipp geben, wie Sie das ändern können:

▶   **Innovation töten** Den größten Schaden, den man einer Firma zufügen kann,
       besteht darin, die Informatik zu zentralisieren!

Informatiker gehören an die Front in die einzelnen Bereiche, um dort die Benutzer beim „daily business" zu unterstützen (deshalb zählt man die Informatik ja auch zum

Dienstleistungssektor). Stehen bereichsübergreifende IT-Projekte an, dann sind dafür Projektteams zu bilden, für die Informatiker aus verschiedenen Bereichen rekrutiert werden können. Für Großprojekte können Informatiker auch explizit eingestellt werden, doch sollten diese Leute spätestens nach drei Jahren eine andere Tätigkeit ausüben, um auch die IT-Bedürfnisse von anderen Bereichen kennen zu lernen. Damit kann auch verhindert werden, dass sich um wichtige IT-Systeme eigene Königreiche bilden, die versuchen, sich abzukapseln, um beispielsweise Schnittstellenprojekte zu anderen Systemen abzublocken. Dieser Abwehrreflex resultiert aus der Angst heraus, nicht mehr länger unentbehrlich zu sein.

Es gibt selbstverständlich auch Bereiche, wo eine Zentralisierung wünschenswert oder nötig ist. Dazu gehören beispielsweise Gruppen, die die firmenweiten IT-Standards festlegen, oder Bereiche, die für den Unterhalt der IT Infrastruktur zuständig sind. Den PC-Support kann man zwar ebenfalls zentral organisieren, doch die einzelnen PC-Supporter sollten den zu betreuenden Bereichen fest zugeteilt werden. Das Outsourcen des PC-Supportes führt nur dazu, dass die Benutzer verärgert werden und alles stillsteht. Die erhofften Kosteneinsparungen treten dabei nur dann ein, wenn die auftretende Produktivitätsverschlechterung in der Bilanz nicht berücksichtigt wird.

4.13.9   Die Dokumentation oder kein Schwein schaut rein

Bezüglich Dokumentation gelten drei Grundsätze:

1. Die Dokumentation wird sowieso nie gelesen.
2. Die Dokumentation ist sowieso nie à jour.
3. Für die Dokumentation hat man sowieso nie Zeit.

Punkt 1 kann jeder betätigen, der schon einmal im Support gearbeitet hat und Benutzeranfragen beantworten musste. Die meisten der so genannten 1st-Level-Anfragen betreffen Funktionalitäten der Software, die genauso in der Online-Hilfe stehen, wie man sie dann am Telefon beantworten muss. Viele Benutzer sind schlicht zu faul, die Dokumentation zu lesen. Dies ist vermutlich auch der Grund, warum die Benutzerdokumentation vielfach nur noch in elektronischer Form als Online-Hilfe auf der CD zum Programm mitgeliefert wird und Handbücher nachbestellt werden müssen (die werden dann genauso wenig gelesen).

Etwas anders verhält es sich mit der technischen Dokumentation, die für Programmänderungen benötigt wird. Bei Datenbankapplikationen gehört das Datenmodell und die Beschreibung der Tabellenattribute dazu. Stored Procedures sollten mit einem Programmablaufplan (z. B. Flow-Chart (igitt!), Nasi-Schneidermann- oder Michael Jackson-Struktogramm) dokumentiert werden. Für Programme, die mit objektorientierter Programmierung erstellt wurden, kann UML (Unified Modeling Language) (Burkhardt 1999) verwendet werden (8 verschieden Diagramme für jeden denkbaren Fall).

In der Praxis kann man aber schon froh sein, wenn im Programmcode hin und wieder eine Kommentarzeile auftaucht. Hauptsächlich bei Programmen, die firmenintern von eigenen Mitarbeitern entwickelt wurden, fehlt ein Großteil der Dokumentation, weil dafür keine Zeit vorhanden war. Sobald die Applikation nämlich läuft, interessiert sich niemand mehr dafür. Wenn dann der Programmierer die Firma verlässt, ist meistens kein Stellvertreter vorhanden (kostet nur Geld), der sich mit der Programmierung auskennt. Vielfach können diese Programme dann nicht mehr gewartet oder erweitert werden und erreichen damit das Ende ihres Lebenszyklus.

Punkt 2 ist auch leicht einsehbar. Welcher Programmierer hat schon Zeit, jede kleine Änderung in der Dokumentation nachzuführen, wenn schon der nächste Auftraggeber Schlange steht, um seinen Wunsch anzubringen (normalerweise mit Priorität 1 und Dringlichkeit: sofort)? Eine gewisse Abhilfe können da nur Software-Entwicklungssysteme bringen, die den Programmierer dazu zwingen, Kommentare zu hinterlegen (ob diese dann aussagekräftig sind, sei mal dahingestellt).

Bezüglich Datenmodell gibt es immerhin die Möglichkeit, mittels geeigneter Software eine Rückdokumentation der bestehenden Datenbank zu erstellen, sofern die Beziehungen programmiert wurden. Man hat dann zwar wieder das Datenmodell (allerdings nur mit 1-c und 1-mc-Beziehungen), doch die Beschreibung der Tabellenattribute muss man sich weiterhin aus den Fingern saugen.

Punkt 3 wurde bereit bei Punkt 1 abgehandelt. Die Dokumentation kostet primär Zeit und Geld. Es lässt sich damit aber kein Geld verdienen, sondern höchstens einsparen (ein gut dokumentiertes Programm hat einen längeren Lebenszyklus, ein fremder Programmierer kann sich schneller einarbeiten und benötigt folglich weniger Zeit für Programmänderungen). In Zeiten von kurzfristiger Gewinnmaximierung und Shareholder Value erstaunt es aber nicht, dass die Dokumentation als etwas Unproduktives wahrgenommen und vernachlässigt wird.

4.13.10 Die Kostenschätzung oder der Einzug der Esoterik

Eigentlich gehört dieser Abschnitt an den Anfang von Abschn. 4.13. Doch richtig platziert ist es hier – am Schluss! Denn erst am Ende eines Projektes kann man abschätzen, wie viel das ganze Projekt effektiv gekostet hat. Ob und wie groß eigentlich der wirtschaftliche Nutzen ist, kann vielfach nicht einmal dann quantifiziert werden. Das Problem dabei ist, dass man zwar ahnt, dass es effizienter ist, Daten in strukturierter Form in einer Datenbank zu verwalten, anstatt Papier in Ordner zu heften und bei jeder Anfrage manuell auszuwerten. Doch es ist ausgesprochen schwierig, diesen Nutzen in Franken und Rappen (bzw. Euro und Cent) auszuweisen. Daher gibt man sich bei Projektvorschlägen (neudeutsch: Terms of References) vielfach damit zufrieden, dass man wenigstens versucht, die Projektkosten zu schätzen und den wirtschaftlichen Nutzen mit irgendwelchen Superlativen beschreibt oder Zahlen verwendet, bei denen schon von vornherein klar ist, dass sie beim Tarot-Kartenlegen entstanden sind.

Doch wie kann man die zu erwartenden Projektkosten und die Projektdauer am besten schätzen?

Dafür gibt es folgende, bewährte Methoden:

A) Den Daumen anfeuchten und in den Wind halten.
B) Wissenschaftliche Bücher zum Thema „Kostenschätzung" konsultieren.
C) Den Autor dieses Buches fragen.

Methode A ist allen anderen Methoden weit überlegen, sofern derjenige (oder diejenige), der diese Daumenschätzung vornimmt, ein erfahrener Ingenieur ist, der schon ähnliche Projekte realisiert hat. Diese Personen entwickeln im Laufe der Jahre eigene Verfahren, mit denen sie die Kosten schätzen. Das Problem dabei ist nur, dass das Management, welches das Projekt bewilligen muss, nichts von solchen Methoden hält. Daher behilft man sich damit, dass irgendein anerkanntes Verfahren (siehe Methode B) solange frisiert wird, bis es den Wert ausspuckt, den man nach Variante A geschätzt hat.

Bei **Methode B** gibt es eine Vielzahl von Büchern, die sich mit der Kosten- und Aufwandschätzung von EDV-Projekten befassen. Allen gemeinsam ist, dass sie kaum angewandt werden. Um nämlich eine einigermaßen verlässliche Aufwandschätzung vornehmen zu können, sind bei einem größeren Projekt derart viele Informationen nötig, dass es mehrere Wochen dauern kann, bis der Gesamtaufwand endlich bekannt ist. Bei firmeninternen Projekten werden meist nur die Materialkosten zusammengetragen, da die Angestellten ohnehin immer gleichviel kosten, ob sie nun etwas tun oder nicht.

Bei Aufträgen an externe Firmen ist vielfach folgender Ablauf vorprogrammiert:

1. Es wird von mindestens zwei Firmen eine Offerte verlangt.
2. Die notwendigen Informationen, um eine seriöse Offerte zu erstellen, sind nicht vorhanden.
3. Der Auftraggeber ist nicht bereit, für eine Kostenschätzung Geld auszugeben.
4. Die sich bewerbenden Firmen können es sich nicht leisten, für eine seriöse Offerte wochenlang umsonst zu arbeiten, um dann zum Schluss den Auftrag doch nicht zu bekommen.
5. Um den Auftrag an Land zu ziehen, werden Pseudoofferten erstellt, die das Blaue vom Himmel versprechen.
6. Die Firma mit der attraktivsten (billigsten) Pseudoofferte bekommt den Zuschlag.
7. Nach etwa der halben Projektdauer wird klar, dass die Aufwandschätzung hinten und vorne nicht stimmt und der Zeitrahmen massiv überschritten wird.

Soweit der übliche Ablauf. Wie es weitergeht, hängt von der Art der Offerte ab:

A) Es wurde ein fixes Kostendach offeriert. Möglicherweise wurde sogar eine Konventionalstrafe bei Terminüberschreitung vereinbart.

B) Es wurde vereinbart, nach effektivem Aufwand zu verrechnen, wobei ein fixer Stundensatz offeriert wurde.

Bei **Variante A** geht die Firma Konkurs, weil sie es sich nicht leisten kann, monatelang umsonst zu arbeiten, um das Projekt zu den offerierten Kosten fertig zu stellen bzw. sie kann die Konventionalstrafe nicht bezahlen. Das Projekt stirbt somit, das eingesetzte Geld wurde sinnlos verjubelt und die insolvente Firma tritt ein paar Wochen später unter neuem Namen wieder am Markt auf.

Bei **Variante B** gibt es zwei Möglichkeiten:

1. Der Auftraggeber schießt weiteres Geld ein, um das Projekt doch noch fertig zu stellen.
2. Das Projekt wird beerdigt – das eingesetzte Geld wurde somit sinnlos verpulvert.

Bei beiden Möglichkeiten wandert die ausführende Firma auf die schwarze Liste, bekommt nie wieder Aufträge, geht folglich Konkurs, tritt ein paar Wochen später unter neuem Namen wieder am Markt auf und das Spiel beginnt von vorne.

Ob Gelder sinnlos verlocht wurden, ist natürlich immer eine Frage des Standpunktes. Aus Sicht der insolventen Firma wurde das Geld keineswegs sinnlos verjubelt, da die Angestellten während mehreren Monaten ein Einkommen hatten.

Mit Spannung wenden wir uns nun der **Methode C** zu. Diese wurde im Laufe der Jahre, aufgrund eigener Erfahrungen, aus den Methoden A und B hergeleitet. Sie eignet sich nur für die Aufwandschätzung bei reinen Datenbankprojekten, sofern folgende Kriterien erfüllt sind:

- Es ist bereits ein Datenmodell vorhanden oder es wird noch erstellt.
- Das Datenmodell umfasst mindestens 20 Tabellen.
- Es handelt sich um eine 2-tier Client/Server-Applikation.

Die Aufwandschätzung umfasst folgende Leistungen:

- Aufbau der Datenbank inklusive Datenschutz.
- Programmierung der Geschäftslogik auf dem Datenbankserver.
- Programmierung der Eingabeformulare sowie der Menüstruktur (Benutzeroberfläche).

Berichte, Dokumentation, Online-Hilfe und sonstige Extravaganzen sind darin nicht enthalten. Es gelten die Formeln, wie in Abb. 4.16 dargestellt.

Einfach ausgedrückt, wird die zu erwartende Anzahl an Tabellen mit einem Erfahrungswert multipliziert und so der Aufwand geschätzt. Der Erfahrungswert liegt bei ca. einer Woche Aufwand pro Tabelle (e = 1), basierend auf einer 40 Stunden Woche. Er ist ferner abhängig von der Komplexität des Projektes und der Programmiererfahrung der Mitarbeiter. Die Formel für die Aufwandschätzung gilt für größere Datenbankapplikationen ab ca. 20 Tabellen. Bei der Verfügbarkeit der Mitarbeiter ist zu beachten, dass Ferien und

Abb. 4.16 Aufwand- und
Kostenschätzung von
Datenbankprojekten

Aufwand:

$$A = n * e$$

Gesamtkosten:

$$G = A * s * k$$

Projektdauer:

$$D = A * s / (m * v)$$

Legende:

A: Aufwand [Mitarbeiter*Wochen]
G: Gesamtkosten [Euro]
D: Projektdauer [Wochen]
n: Anzahl Tabellen in der fertigen Applikation [Anzahl]
e: Erfahrungswert [Mitarbeiter*Wochen/Anzahl]
s: Wochenstunden [Stunden/(Mitarbeiter*Wochen)]
k: Kostensatz [Euro/Stunde]
m: Anzahl Mitarbeiter [Mitarbeiter]
v: Verfügbarkeit [Stunden/(Mitarbeiter*Wochen)]

Grundlasten (Sitzungen, Administration etc.) berücksichtigt werden müssen. Bei einer 40 Stundenwoche sind die Mitarbeiter somit höchstens 30 Stunden pro Woche verfügbar ($s = 40$; $v = 30$).

4.13.11   Das Anforderungsprofil oder fertig lustig

Um im Informatik-Geschäft als Programmierer erfolgreich zu sein und Freude am Beruf zu haben, sollten Sie über folgende Eigenschaften verfügen:

• Begeisterungsfähigkeit
• Bereitschaft zur Weiterbildung
• Autodidaktische Fähigkeiten
• Analytische Fähigkeiten
• Beharrlichkeit
• Teamfähigkeit
• Talent

Begeisterungsfähig sollten Sie sein, weil die Informatik ständig neue Technologien hervorbringt, die mehr oder weniger gut geeignet sind, bestimmte Probleme zu lösen. Sie sollten daher experimentierfreudig sein und lustvoll mit Neuerungen umgehen können.

Falls Ihre einzige Motivation aber darin besteht, später gut zu verdienen, dann suchen Sie sich besser ein anderes Betätigungsfeld – auf Dauer ist Geld zu wenig motivierend, um den ganzen Unbill aus Abschn. 4.13 zu ertragen!

Die **Bereitschaft zur Weiterbildung** ist angesichts der rasanten Entwicklung in der Informatik-Branche ein absolutes Muss. Falls Sie zu denen gehören, die ein einmal erlerntes Wissen möglichst lebenslänglich anwenden möchten, sind Sie in der Informatik definitiv fehl am Platz – eine Karriere als Buchhalter scheint da wesentlich besser geeignet!

Sie sollten fähig sein, sich das notwendige Wissen selber beizubringen (**autodidaktische Fähigkeiten**), da Kurse zwar einen Überblick und Lösungsansätze, aber kein Detailwissen vermitteln können.

Die **analytischen Fähigkeiten** benötigen Sie für die Fehlersuche und um eine Aufgabenstellung in überschaubare Teilprojekte zu zerlegen. Wie isst man einen Elefanten? In kleinen Stücken! Genauso müssen Informatik-Großprojekte zuerst in kleinere Einheiten zerlegt und dann schrittweise realisiert werden. Bei Datenbankprojekten übernimmt die Datenmodellierung diese Aufgabe.

Beharrlichkeit ist die Grundvoraussetzung, um ein Projekt überhaupt zu Ende bringen zu können. Sie werden diverse Probleme zu lösen haben, die manchmal dazu führen, das Ziel aus den Augen zu verlieren. Vielfach treten Probleme auf, die einen zwingen, den eingeschlagenen Weg zu ändern und Alternativlösungen zu suchen. Dies ist nicht gerade motivationsfördernd, gehört aber zum Geschäft.

Meistens werden Informatikprojekte nicht von Einzelpersonen, sondern von Teams realisiert. Daher ist **Teamfähigkeit** verlangt, was bedeutet, mit anderen Personen zusammenarbeiten zu können. Dies ist nicht unbedingt einfach, zumal man dabei nicht immer die eigenen Vorstellungen umsetzen kann. Viele Projekte scheitern deshalb daran, dass die Teammitglieder nicht zusammenarbeiten können oder wollen.

Fehlendes **Talent** als Programmierer kann man zwar durch zusätzliche Kraftanstrengungen, wie nächtelanges Büffeln und 60 Stundenwochen, teilweise kompensieren, doch ob beim Beruf dann noch so richtig Freude aufkommt, scheint zumindest fraglich zu sein.

Falls Sie sich nun fragen, wozu Sie eigentlich ein Studium absolvieren, wenn das erlernte Wissen sowieso veraltet ist, wenn Sie endlich Ihr Zertifikat, Diplom oder was auch immer in Händen halten, dann kann ich Ihnen folgende Antwort geben:

• Das Studium sollte Ihnen die grundlegenden Programmierkonzepte und -techniken vermitteln, die unabhängig von der technologischen Entwicklung nach wie vor gültig sind und bleiben

Beispiele Variablen werden mit einem Datentyp deklariert, der etwas über den Inhalt aussagt (nicht einfach nur Objekt oder Variant); was man öffnet, macht man auch wieder zu, sobald es nicht mehr benötigt wird (z. B. Dateien mit exklusivem Schreibzugriff) etc.

Das Studium sollte Ihnen beibringen, wie man lernt, d. h. sich das notwendige Wissen selber beibringt, und woher man das Wissen beziehen kann.

Es lässt sich dabei nicht vermeiden, dass Sie Programmiersprachen und Programme kennen lernen, die wenig später wieder überholt sein werden, doch dieser Umstand wird Sie Ihr Leben lang verfolgen – gewöhnen Sie sich lieber schon jetzt daran!

4.14 Schlussbemerkung

Es gibt immer noch Leute, die der Meinung sind, eine gute Applikation zeichne sich durch ein „geiles" Design, animierten Schnickschnack und den Einsatz der neuesten Technologie aus. Dabei geht vergessen, dass der Begriff „EDV" klar und deutlich definiert, um was es wirklich geht, nämlich um die „elektronische Datenverarbeitung". Auch wenn der Begriff „EDV" inzwischen durch IT (Information Technology) abgelöst wurde, hat sich am Wesen der Informatik nichts geändert. Als kleiner Denkanstoß soll folgende Grafik dienen:

Diese Pyramide zeigt den Aufbau einer beliebigen Applikation. Das Fundament bilden die Daten, drauf aufgebaut sind die Programme, die auf diese Daten zugreifen.

Nun kann man sich folgende Szenarien vorstellen:

A) Ein Teil der Programme fällt aus.
B) Ein Teil der Daten wird beschädigt.

Beim **Szenario A** stehen dem Benutzer bestimmte Funktionen nicht mehr zur Verfügung. Er kann aber mit den unbeschädigten Programmen weiterhin arbeiten. Das Problem lässt sich meistens relativ einfach beheben.

Bei **Szenario B** hingegen liefern die Programme entweder keine oder falsche Informationen. Vom Ausfall eines Teils der Datenbasis kann die ganze Applikation betroffen sein. Die Behebung ist vielfach mit Datenverlusten (Backups einspielen) oder einem großen Aufwand (manuelle Korrekturen) verbunden.

▶   Dieses einfache Beispiel soll aufzeigen, dass der Schwerpunkt einer Applikation bei den Daten (Datenintegrität) liegen muss. Ohne qualitativ gute Daten nützen die besten Programme nichts. Eine Auswertung von fehlerhaften Daten wird nicht besser, wenn man OLAP-Cubes anstelle von Ad-hoc-Abfragen benutzt!

4.15   Fragen und Aufgaben zu Kap. 4 (ohne 4.13)

4.1. Was versteht man unter der referenziellen Integrität?

4.2. Wie können gewisse Attribute einer Tabelle für andere Benutzer gesperrt werden?

4.3. Welche Aufgaben hat die Indizierung von Attributen?

4.4. Für was sind Synonyme zu gebrauchen?

4.5. Wie hoch ist der Programmieraufwand, um ein ideales Datenbanksystem zu verwirklichen?

4.6. Was sind Transaktionen?

4.7. Welche Möglichkeiten gibt es, um Daten abzufragen?

4.8. Wann sind CASE-Methoden besonders empfehlenswert?

4.9. Wann ist der Einsatz einer n-tier-Architektur sinnvoll?

4.10. Was versteht man unter Datenreplikation?

Literatur

Burkhardt, R., UML – Unified Modeling Language. 2. Auflage, Addison-Wesley Longmann, Bonn, 1999

Vetter M., Aufbau betrieblicher Informationssysteme mittels konzeptioneller Datenmodellierung. 7. Auflage, Teubner, Stuttgart, 1991

Zehnder C.A., Informatik-Projektentwicklung. 2. Auflage, Teubner, Stuttgart, 1991

Zehnder C.A., Informationssysteme und Datenbanken. 6. Auflage, Teubner, Stuttgart, 1998

Der Datenbankbetrieb

5

Zusammenfassung

In diesem Kapitel wird beschrieben, welche Arbeiten für den Betrieb einer Datenbank wichtig sind und welche Aufgaben der Datenbank-Administrator (DBA) hat.

Bei großen Datenbanken müssen diese Aufgaben aber auf mehrere Personen übertragen werden, weil das anfallende Arbeitsvolumen nicht mehr nur von einem DBA bewältigt werden kann.

5.1 Laufende Arbeiten

Um einen störungsfreien Datenbankbetrieb zu gewährleisten, müssen verschiedene Arbeiten durchgeführt und das Datenbanksystem laufend überwacht werden.

Wichtig sind folgende Tätigkeiten:

- Datensicherung
- Speicherverwaltung
- Systemüberwachung/Optimierung
- Zugriffskontrolle
- Benutzerverwaltung

5.1.1 Datensicherung

Zusammenfassung

Die Informationen einer Datenbank sind kostbar und müssen vor Verlust geschützt werden. ◀

© Springer Fachmedien Wiesbaden GmbH, ein Teil von Springer Nature 2021   137
R. Steiner, *Grundkurs Relationale Datenbanken*,
https://doi.org/10.1007/978-3-658-32834-4_5

Unter Umständen hat der Verlust von Daten (z. B. Kundendaten) zur Folge, dass die Firma ihre Geschäftstätigkeit einstellen muss. In der Industrie kann es passieren, dass die Produktionsanlagen abgestellt werden müssen, weil die Stücklisten oder die Produktionsaufträge beschädigt worden sind. Daher ist die Datensicherung elementar wichtig.

Zu den Ereignissen, die einen Datenverlust verursachen können, gehören z. B. Feuer, Stromausfälle, Fehlmanipulationen der Benutzer, Hardwarefehler, Softwarefehler, Sabotage etc.

Je nach Datenbankgröße kann die Datensicherung (**Backup**) mehrere Stunden dauern und muss in der Nacht erfolgen, wenn das Datenbanksystem weniger ausgelastet ist. Dabei ist es durchaus möglich, dass die Daten nicht mehr auf einem einzigen Sicherungsband Platz haben, was bedingt, dass während der Datensicherung die Bänder ausgetauscht werden müssen (z. B. mit Tape-Robotern).

Beim Zurückspeichern (**Restore**) der Daten ist zu bedenken, dass alle neuen Daten, die seit der Datensicherung in der Datenbank erfasst wurden, verloren gehen. Außerdem sollte regelmäßig geprüft werden (bei einer Testdatenbank), ob das Zurückspeichern auch wirklich funktioniert. Als Gründe für eine fehlerhafte Datensicherung kommen defekte Bänder und Speichergeräte sowie Softwarefehler in Frage. Zwar gibt es die Möglichkeit, die Datensicherung von der Sicherungssoftware überprüfen zu lassen (**Verify**), doch dies benötigt wiederum Zeit, die möglicherweise fehlt.

5.1.2   Speicherverwaltung

Zusammenfassung

Datenbanken neigen dazu, unendlich zu wachsen. Dies kann nur verhindert werden, indem man nicht mehr benötigte Daten löscht oder archiviert. ◄

Bei der Archivierung werden Daten auf ein Speichermedium geschrieben, welches die Daten normalerweise mindestens 10 Jahre aufbewahren kann (z. B. CD-ROM, WORM). Die 10 Jahre Aufbewahrungsfrist werden meist aus juristischen Gründen (z. B. Haftungspflicht) vorgeschrieben. Nach der Archivierung werden die Daten dann aus der Datenbank gelöscht und damit wieder Speicherplatz freigegeben. Die Kunst der Archivierung besteht darin, sicherzustellen, dass die Daten während diesen 10 Jahren tatsächlich wieder gelesen werden können. Angesichts der rasanten technologischen Entwicklung (gibt es die CD-ROM in 10 Jahren noch?) ist dies keine triviale Angelegenheit. Eventuell müssen archivierte Daten vorzeitig umkopiert werden, weil die ursprüngliche Speichertechnologie nicht mehr zur Verfügung steht (Beispiel: Lochkartenleser). Außerdem müssen die Daten in einem Speicherformat geschrieben werden, welches langfristig lesbar bleibt.

▶   Mittels Archivierung und Datenlöschung kann das Wachstum der Datenbanken meist nur verlangsamt werden. Vielfach können Daten nicht gelöscht werden, weil sie noch benötigt werden (z. B. für Auswertungen, Berichte).

Daher muss immer mehr Festplattenspeicher zur Verfügung gestellt werden. Wird das Datenvolumen zu groß, kann es auch notwendig werden, die Serverhardware aufzurüsten oder die Datenbank auf mehrere Datenbankserver zu verteilen, damit die Antwortzeiten noch im akzeptablen Bereich bleiben.

5.1.3   Systemüberwachung/Optimierung

Die Antwortzeiten eines Datenbanksystems hängen von verschiedenen Parametern ab (z. B. Datenvolumen, Transaktionen pro Zeiteinheit, Auswertungen, Anzahl angemeldeter Benutzer etc.). Diese Parameter müssen überwacht werden, um möglichst kurze Antwortzeiten des Systems zu erreichen. Dafür gibt es diverse Hilfsprogramme, z. B. um die Abarbeitung einer Abfrage zu analysieren. Durch geschickte Programmierung der Abfrage lassen sich die Verarbeitungszeiten oft beträchtlich reduzieren. Daneben gibt es Hunderte von Einstellungsmöglichkeiten auf der Datenbankebene, die sich auf Geschwindigkeit auswirken können. Diese Optimierungen (**Tuning**) setzen fundierte Kenntnisse des verwendeten Datenbanksystems voraus. Es gibt Informatiker, die sich hauptsächlich aufs Optimieren spezialisiert haben und meist beim Datenbankhersteller angestellt sind.

▶   Mit der Systemüberwachung kann auch frühzeitig erkannt werden, wann die Kapazitätsgrenzen der Speichermedien erreicht werden oder der Arbeitsspeicher des Servers aufgerüstet werden muss.

5.1.4   Zugriffskontrolle

Zusammenfassung

Meistens beinhalten Datenbanken Informationen, die nicht für jeden Benutzer bestimmt sind. Daher werden auf den Datenbankobjekten (Tabellen, Views, Prozeduren) Berechtigungen vergeben, die den Datenzugriff einschränken. ◀

Damit sich ein Benutzer überhaupt bei einem Datenbankserver anmelden kann, benötigt er ein Benutzerkonto. Diese Kontobezeichnungen sind aber vielfach bekannt bzw. können vom Namen des Benutzers abgeleitet werden (z. B. erste 5 Buchstaben des Nachnamens + erste 2 Buchstaben des Vornamens + 1 Ziffer/Buchstabe für die Unterscheidung gleicher Namen). Wenn aber das Benutzerkonto bekannt ist, kann nur noch das Passwort verhindern, dass sich irgendein Benutzer unter falschem Namen anmeldet und Zugriff auf Daten bekommt, die ihn nichts angehen.

Jedes Datenbanksystem bietet die Möglichkeit, Benutzeraktionen aufzuzeichnen (**Audit**). Es wird dann ein so genanntes Logfile erstellt, welches ausgewertet werden kann. So kann beispielsweise erkannt werden, ob jemand versucht hat, sich mit ungültigen Passwörtern anzumelden (**Hacking**). Das regelmäßige Überprüfen dieser Logfiles ermöglicht es, Datenschutzverletzungen frühzeitig zu erkennen oder zu verhindern.

5.1.5   Benutzerverwaltung

In einer Firma gibt es Umstrukturierungen, Personalfluktuationen usw., die sich auf die EDV-Systeme auswirken. Wenn ein Mitarbeiter Zugang zu einer Datenbank benötigt, muss auf dem entsprechenden Datenbankserver ein Benutzerkonto vorhanden sein. Außerdem müssen diesem Konto die richtigen Datenbankrollen zugewiesen werden, damit der Benutzer die notwendigen Zugriffsberechtigungen erhält. Diese Tätigkeiten werden vom Datenbankadministrator (DBA) durchgeführt, der außerdem auch neue Datenbanken einrichtet, bestehende Datenbanken erweitert (zusätzlicher Speicherplatz) und nicht mehr benötigte Datenbanken löscht. Der DBA legt meist auch Datenbankrollen an, wobei diesen Rollen dann vom Datenbankeigentümer die Zugriffsrechte der Datenbankobjekte zugewiesen werden.

5.2   Aufgaben des DBA

Die Aufgaben des DBA während der Aufbauphase einer Datenbank (siehe Kap. 4) unterscheiden sich grundlegend von der Betriebsphase. Bei den konzeptionellen Arbeiten werden Intuition, Flexibilität und Kommunikationsfähigkeiten gefordert. Beim Datenbankbetrieb hingegen steht die Erhaltung der Datenintegrität im Vordergrund. Dort wird vom DBA Koordinationsfähigkeit, Verständnis für die Geschäftsabläufe und Überblick über den Datenbankbetrieb verlangt. Bei Datenbankänderungen muss gewährleistet werden, dass das Konzept eingehalten wird und dass bestehende Konsistenzbedingungen nicht übergangen werden. Im Gegensatz zu einem Datenbanktechniker, welcher die Datenbanksoftware gut kennt, ist der DBA eine Person, welche die Applikationssoftware und die Geschäftsabläufe sehr gut versteht.

Es ist insbesondere bei mittleren und großen Datenbankapplikationen üblich, dass es mehrere DBAs gibt, welche verschiedene Aufgaben übernehmen. Es wäre natürlich ideal, wenn der DBA für die Datenbankbetreuung auch bei der Datenbankentwicklung mitgewirkt hätte. In der Praxis ist dies jedoch nur selten der Fall (Kündigungen, Versetzungen, neue Projekte etc.).

5.2.1   Systembetreuung und -überwachung

Wenn die Datenbank den produktiven Betrieb aufgenommen hat, ergeben sich für den DBA folgende Tätigkeiten:

- Nachführen der Datenbank-Dokumentation mit Datenkatalog und Verwendungsnachweis für die Daten. Diese Aufgaben werden von moderneren Systemen systematisch unterstützt, indem der Datenkatalog (data dictionary) durch das Datenbanksystem oder ein zusätzliches Hilfssystem automatisch nachgeführt wird.
- Überwachen von Betriebsstatistiken, welche das Zugriffszeitverhalten und den Platzbedarf betreffen. Mit Hilfe solcher Statistiken können frühzeitig Systemüberlastungen oder Speicherverknappungen erkannt werden. Auch diese Funktionen werden von Dienstprogrammen unterstützt, welche sich auf Informationen abstützen, die laufend im Datenkatalog gesammelt werden. Für eine wirksame Überwachung sensibler Daten sind genaue Angaben über erfolgte oder versuchte Datenzugriffe notwendig. In diesem Zusammenhang ergeben insbesondere auch Protokolle über erfolglose Zugriffe (z. B. mit falschen Passwörtern) wertvolle Hinweise auf allfällige Datenmissbräuche.
- Zugänglichmachen der Datenbank für neue Benutzer. Das kann durch die Definition geeigneter externer Schemata geschehen, womit der Bereich der zugänglichen Daten klar geregelt wird. Dem Benutzer sind aber auch die notwendigen Hilfsmittel (Applikationsprogramme oder Abfragesprachen) zur Verfügung zu stellen.
- Verwaltung und Zuteilung von Zugriffsbefugnissen (Rollen), Passwörtern und ähnlichen Datenintegritätsmaßnahmen.
- Verwaltung und Zuteilung betrieblicher Ordnungsbegriffe (Nummerierungssysteme) wie Abteilungsnummern, Artikelnummern usw. Diese letztere Aufgabe betrifft den DBA natürlich nicht im Einzelfall, sondern nur bezüglich der Systematik solcher Ordnungsbegriffe. Schlechte Nummerierungssysteme, wo etwa die gleiche Nummer nach gewisser Zeit einer anderen Entität neu zugeteilt werden kann, können die Funktionsfähigkeit von Datenbanken wesentlich beeinträchtigen.

5.2.2   Systemänderungen

Auch nach abgeschlossener Systeminstallation werden an den Datenbank-Administrator hohe Anforderungen bezüglich Systemüberblick, Kenntnis der Anwendungen und Verständnis für die Auswirkung datenorganisatorischer Maßnahmen gefordert. Ein Datenbanksystem, das zehn und mehr Jahre im Einsatz steht, muss anpassungsfähig bleiben, weil äußere Bedürfnisse und technische Rahmenbedingungen sich ändern können. Systemänderungen erfordern von allen Ausführenden, vor allem aber vom dafür verantwortlichen DBA, Präzision und Sorgfalt. Zur Erhaltung einer sauberen Systemarchitektur müssen eigene Wünsche und Ideen oft zurückgestellt werden.

Ein paar der wichtigsten Aufgaben in diesem Zusammenhang sind:

- Nachführung der Systembeschreibung, immer angefangen bei der konzeptionellen Ebene (konzeptionelles Schema).

- Planung und Koordination der notwendigen Hardware: Datenbanken haben die Tendenz, mit der Zeit zu wachsen, was zusätzliche Speichermedien bedingt.
- Koordination des Softwareunterhalts: Haben Änderungen des Betriebssystems Auswirkungen auf die Datenbanksoftware? Sind Datenbank-Updates mit den laufenden Applikationen noch verträglich?
- Erweiterung des konzeptionellen Schemas: Nicht alle neuen Anwendungen lassen sich bloß mit neuen Anwenderprogrammen realisieren. In gewissen Fällen muss das konzeptionelle Schema erweitert (in besonders unangenehmen Fällen sogar abgeändert) werden. Obwohl verschiedene moderne Datenbanksysteme solche Schemamodifikationen mehr oder weniger stark unterstützen, dürfen wir uns hier keinen Illusionen hingeben. Während bei Kleinsystemen (Pilotstudien, Prototypen) solche Änderungen im Sinne der Entwicklungsarbeiten liegen können, ist jede Änderung von Groß-Systemen eine kritische Angelegenheit, weil ja nicht nur das System, sondern auch alle betroffenen Daten mitgeändert werden müssen.
- Projektleitung bei Systemänderungen: Der DBA hat größere Änderungsaufgaben nicht immer selber auszuführen, er kann dafür Mitarbeiter erhalten. Seine besondere Aufgabe bleibt aber die Koordination, damit die Datenbank nicht als Ganzes durch Modifikationen gefährdet wird.

▶   Der Betrieb großer Datensysteme ist auf Dauer ausgerichtet. Aber so wie sich die Welt und mit ihr die Anwendung entwickelt, so muss auch der stabilste Teil von Datenverarbeitungssystemen, nämlich die Datenbank, eine gewisse Entwicklungsfähigkeit aufweisen. Diese beruht auf sauberen, logischen Entwurfskonzepten.

Einführung in SQL

6

Zusammenfassung

In diesem Kapitel werden die Grundlagen der Datenbanksprache „SQL" (Structured Query Language) vermittelt.

Diese Sprache wird von den meisten Datenbanksystemen (z. B. ORACLE, IBM DB2, Microsoft ACCESS und SQL-Server, mySQL usw.) unterstützt. Deswegen wird sie vielfach als Standard Query Language bezeichnet. Sie ermöglicht dem Benutzer die Kommunikation mit dem eigentlichen Datenbanksystem und das Abfragen, Manipulieren und Schützen (Datenschutz) von Daten. SQL wurde vom American National Standard Institut (ANSI) als Standardsprache für relationale Datenbanken erklärt. Allerdings haben viele Datenbankhersteller den Sprachumfang für ihre eigenen Systeme erweitert, wodurch die Kompatibilität mit anderen Datenbanksystemen nicht 100 %ig gewährleistet ist. Darum wird in diesem Kapitel schwerpunktmäßig das ANSI-SQL 92 behandelt, auf welchem grundsätzlich alle anderen Sprachimplementationen aufgebaut sein sollten. Im Gegensatz zu konventionellen Programmiersprachen wie C, Cobol oder Pascal muss man bei SQL nicht angeben, wie die Daten zu verarbeiten sind (prozedurenorientiert), sondern mit welchen Daten man arbeiten möchte (datenorientiert). SQL wird deshalb auch als Sprache der 4. Generation bezeichnet, während Pascal der 3. Generation angehört.

Gewisse Funktionen (Tabellendefinition, Indizierung, Datenschutz) von SQL wurden bereits im Kap. 4 besprochen. Das Schwergewicht in diesem Kapitel liegt bei der Datenabfrage. Alle Beispiele beziehen sich auf die Tabellen des Beispiels „Kursverwaltung" (Kap. 3), welche sich im Anhang A befinden. Ausdrücke, welche bei den SQL-

© Springer Fachmedien Wiesbaden GmbH, ein Teil von Springer Nature 2021   143
R. Steiner, *Grundkurs Relationale Datenbanken*,
https://doi.org/10.1007/978-3-658-32834-4_6

Anweisungen in eckigen Klammern stehen, sind optional, d. h. sie können auch weggelassen werden. Bei Ausdrücken, welche in geschweiften Klammern stehen und durch einen senkrechten Strich „|" verbunden sind, kann nur einer dieser Ausdrücke auf einmal verwendet werden.

Wie im Abschn. 2.3 beschrieben, besteht SQL aus den Elementen Datendefinition, Datenmanipulation, Datenabfrage und Datenschutz. Abb. 6.1 zeigt eine Übersicht über die in diesem Abschnitt beschriebenen SQL-Anweisungen.

6.1   Datendefinition

Zusammenfassung

Das Fundament eines Datenbanksystems wird durch die Datenbasis gebildet. Diese wiederum besteht aus verschiedenen Tabellen mit unterschiedlichen Attributen. Es muss jederzeit möglich sein, neue Tabellen zu erstellen und bestehende Tabellen mit neuen Attributen zu erweitern bzw. bestehende Attribute zu verändern, auch wenn schon Datensätze abgespeichert wurden. Dies ist Aufgabe des Datendefinitionsteils von SQL. ◄

6.1.1   Tabellen erstellen

Eine neue Tabelle wird mit dem Befehl „CREATE TABLE" erstellt, welcher folgendermaßen aufgebaut ist:

Abb. 6.1 Übersicht der verwendeten SQL-Anweisungen

SQL-Element	SQL-Anweisung	Beschreibung
Datendefinition	CREATE TABLE	Tabelle erzeugen
	ALTER TABLE	Tabelle ändern, Beziehungen verwalten
	DROP TABLE	Tabelle löschen
	CREATE INDEX	Index erstellen
	DROP INDEX	Index löschen
	CREATE VIEW	Datensicht erstellen
Datenmanipulation	INSERT INTO	Datensätze einfügen
	UPDATE	Datensätze nachführen
	DELETE	Datensätze löschen
Datenabfrage	SELECT	Datensätze abfragen
Datenschutz	CREATE ROLE	Rollen erzeugen
	DROP ROLE	Rollen löschen
	SET ROLE	Rollen aktivieren
	GRANT	Berechtigungen vergeben
	REVOKE	Berechtigungen entziehen
Transaktionen	COMMIT	Änderungen verbuchen
	ROLLBACK	Änderungen verwerfen

```
CREATE TABLE Tabellenname (
Attributname_1 Datentyp [NOT NULL],
Attributname_2 Datentyp [NOT NULL],
Attributname_n Datentyp [NOT NULL] );
```

Erstellen einer neuen Tabelle

```
CREATE TABLE Personen (
PNr NUMERIC(6) NOT NULL,
Name VARCHAR(20) NOT NULL,
Vorname CHAR(15) NOT NULL,
GebDat DATE,
Groesse NUMERIC(3,2))          ◀
```

Dieses Beispiel entspricht der Syntax von ANSI SQL 92. „NOT NULL" gibt an, dass ein Attribut keine Nullwerte als Attributwert haben darf, während dies bei „NULL" erlaubt ist. Es sind folgende Datentypen zulässig:

NUMERIC(m, n):	Numerische Felder, wobei m die max. Anzahl aller Ziffern und n die Anzahl der Ziffern nach dem Dezimalpunkt angibt.
CHAR(n):	Alphanumerische Felder mit einer fixen Feldlänge von n Zeichen (vielfach begrenzt auf 255 Zeichen). Wenn nicht alle n Zeichen benötigt werden, dann werden die restlichen Stellen mit Leerschlägen gefüllt.
VARCHAR(n):	Alphanumerische Felder mit einer variablen Feldlänge bis zu n Zeichen (Standarddatentyp für Zeichenketten).
DATE:	Felder für das Datum und die Zeit, wobei das Datumsformat je nach Datenbank anders aussieht.

Später kamen dann noch Datentypen für Unicode dazu, z. B. NVARCHAR(n). Unicode wird z. B. für asiatische Zeichensätze benötigt, wo es mehr als 256 Schriftzeichen gibt.

Grundsätzlich hat jedes Datenbanksystem seine eigenen Datentypen, wobei die ANSI SQL 92 Datentypen aber meistens unterstützt werden. So gibt es bei ORACLE z. B. noch Datentypen wie INTEGER (ganze Zahlen) und LONG bzw. CLOB (variable Zeichenketten bis 2 GB bzw. 4 GB).

▶ **Achtung** Ein Datentyp INTEGER auf System A muss nicht das Gleiche bedeuten wie auf System B.

So werden unter ORACLE 4 Bytes Speicherplatz reserviert, während unter ACCESS nur 2 Bytes reserviert werden. Folglich sind bei ORACLE ganze Zahlen bis 2147483647 zulässig, bei ACCESS hingegen nur Zahlen bis 32767. Der Datentyp INTEGER bei ORACLE entspricht dem Datentyp LONG INTEGER bei ACCESS. Man sollte daher immer zuerst die Dokumentation des Datenbankverwaltungssystems konsultieren, bevor man Datentypen benutzt. Dies gilt speziell beim Datentyp DATE, weil jedes Datenbanksystem ein eigenes Standardformat für Datumswerte besitzt.

Bei MS-ACCESS gibt es noch die Datentypen „Memo", „Text", „Ja/Nein" und „OLE-Objekt". Dabei entspricht „Memo" dem Typ „LONG" bzw. Zeichenketten mit mehr als 255 Zeichen, „Text" dem Typ „CHAR(255)" und „Ja/Nein" dem Typ „NUMBER(1)", wobei bei MS-ACCESS ein „Ja" der Zahl -1 und ein „Nein" der Zahl 0 entspricht (Ja = alle Bits gesetzt, Nein = alle Bits gelöscht). In Attributen vom Typ „OLE-Objekt" können Objekte (Programmaufrufe und Daten) gespeichert werden. Durch Doppelklick auf ein solches Feld wird dann das Programm gestartet, mit dem die Daten generiert wurden (sofern das entsprechende Programm vorhanden ist). Außerdem gibt es noch den Typ „Zähler". Ein Attribut mit diesem Typ erhöht automatisch seinen Attributwert um 1, wenn ein neuer Datensatz in die Tabelle eingefügt wird. Ein Zählerattribut kann aber nicht direkt auf einen bestimmten Wert gesetzt werden.

▶   In der Nomenklatur von Datenbanksystemen wird nicht von Attributen, sondern von Feldern (engl. Field) oder Spalten (engl. Column) gesprochen.

Je nach Datenbanksystem gibt es noch die Möglichkeit, Standardwerte oder Zähler bei den Attributen zu definieren.

Tabelle mit einem Autowert-Feld erstellen

```
CREATE TABLE Test (
ID int NOT NULL IDENTITY(100, 1),
X nvarchar(50) NOT NULL DEFAULT (N'-'));   ◀
```

Dies ist ein Beispiel für SQL-Server. Mit IDENTITY wird ein Zähler angelegt, der bei 100 beginnt und bei jedem neuen Datensatz in Einerschritten hochzählt. Bei ORACLE kann man dies nachbilden, indem man eine Sequenz anlegt und mit einem PRE-INSERT-Trigger die Nummer generieren lässt. Ab Version 12 gibt es auch dort einen IDENTITY-Befehl.

Das Schlüsselwort „DEFAULT" definiert, welcher Attributwert in das Feld eingefügt wird, wenn bei einem neuen Datensatz kein Feldwert angegeben wird.

In der Tabelle „Test" gäbe es einen Einfügefehler, wenn bei einer INSERT-Anweisung (siehe Abschn. 6.2.1) beim Feld „X" kein Wert angegeben würde, weil das Feld mit NOT NULL angelegt wurde und somit zwingend Werte eingegeben werden müssen. In solchen Fällen wird der Standardwerte verwendet, der bei der DEFAULT-Anweisung angegeben wurde, hier also ein Minuszeichen.

6.1.2   Tabellen ändern

Für den Fall, dass eine bestehende Tabelle noch mit weiteren Attributen ergänzt werden soll oder bestehende Attribute geändert werden müssen, kann dies mit dem Befehl „ALTER TABLE" erreicht werden:

Neue Attribute einfügen

```
ALTER TABLE Tabellenname ADD
(Neuer_Attributname Datentyp [NOT NULL], ... );
```

Tabelle mit zusätzlichem Feld erweitern

```
ALTER TABLE Personen ADD
(Lohnstufe NUMBER(1) NOT NULL);  ◄
```

Sofern eine Tabelle mit einem zusätzlichen „NOT NULL"-Attribut erweitert werden soll, in der sich schon Daten befinden, wird SQL eine Fehlermeldung ausgeben. Es würden sonst nämlich allen Datensätzen auf einen Schlag Nullwerte aufgezwungen. Dies können wir verhindern, indem „NOT NULL" weggelassen wird. Anschließend müssen alle bestehenden Datensätze mit dem entsprechenden Attributwert versehen werden, und schließlich kann die Tabelle mit dem Befehl „ALTER TABLE ... MODIFY" geändert werden.

Bestehende Attribute ändern

```
ALTER TABLE Tabellenname MODIFY
(Bestehendes_Attribut neuer_Datentyp [NOT NULL], ... );
```

Feldattribute ändern

```
ALTER TABLE Personen MODIFY
(Lohnstufe NUMERIC(2) NULL);  ◄
```

Hier gilt es zu beachten, dass die Spaltenbreite (abhängig vom Datentyp) nur dann reduziert werden darf, wenn alle Attributwerte von bereits existierenden Datensätzen noch dargestellt werden können. Ein Attribut „Name" mit dem Wert „Müller" muss mindestens sechs Zeichen breit sein (CHAR(6)), weil der Name „Müller" aus sechs Zeichen besteht. Andernfalls wird der Name entsprechend gekürzt.

▶ **Achtung**   Nicht alle Datenbanksysteme unterstützen MODIFY.

Beim SQL-Server Version 6.5 konnten bestehende Attribute nicht nachträglich geändert werden. Dort muss zuerst eine neue Tabelle erstellt werden. Anschließend sind alle Datensätze aus der alten Tabelle in die neue Tabelle zu kopieren, wobei gleichzeitig der Datentyp konvertiert werden muss. Dieses Verfahren wird zwar auch bei SQL-Server ab Version 7 angewendet, doch der Benutzer merkt nichts davon, da es im Hintergrund als Transaktion abläuft.

6.1.3   Tabellenattribute indizieren

Die Indizierung von Tabellenattributen wird in folgenden Situationen eingesetzt (siehe auch Abschn. 4.6.2):

a) Ein Attribut oder eine Attributkombination darf nur eindeutige Werte annehmen können.
b) Das Suchen nach Attributwerten soll beschleunigt werden.

Situation **a)** kommt meistens bei Identschlüsselattributen (diese müssen definitionsgemäß eindeutig sein) vor, oder aber bei Fremdschlüsselattributen, um ein 1-c-Beziehung zu definieren (siehe auch Anhang C). In bestimmten Fällen kann es auch für Nichtschlüssel-Attribute sinnvoll sein, einen eindeutigen Index zu erstellen. Für Identschlüsselattribute gibt es mit dem SQL-Befehl „ALTER TABLE" eine Alternative zur Indizierung (siehe Abschn. 6.1.4).

Situation **b)** kommt meist bei Fremdschlüsselattributen vor, um Abfragen zu beschleunigen. Doch auch bei Attributen, die für Sortierungen oder beim Suchen verwendet werden, bringt die Indizierung Geschwindigkeitsverbesserungen.

Der SQL-Befehl für das Erstellen eines Index sieht so aus:

```
CREATE [UNIQUE] INDEX Indexname ON
Tabellenname (Attribut1, Attribut2, ... );
```

Das Schlüsselwort „UNIQUE" bezeichnet einen eindeutigen Index.

Eindeutiger Index auf Identifikationsschlüsselfeldern erstellen

Die Tabelle „Kursbesuche" soll folgenden Aufbau haben:
Kursbesuche (<u>PNr</u>, <u>KNr</u>, Datum)
    Der Identifikationsschlüssel wird aus den Attributen „PNr" (Personalnummer) und „KNr" (Kursnummer) gebildet. Auf dem ID-Schlüssel ist nun ein Index zu erstellen. ◄

Dieser Tabellenindex kann folgendermaßen eingerichtet werden:

```
CREATE UNIQUE INDEX ID_Kursbesuche ON
Kursbesuche (PNr, KNr);
```

Vor jedem Einfügen eines neuen Datensatzes bzw. Nachführen eines bestehenden Datensatzes überprüft das Datenbankverwaltungssystem automatisch, ob die Attributwertkombination „PNr, KNr" noch eindeutig ist. Falls dies nicht der Fall ist, wird die laufende Transaktion mit einer Fehlermeldung abgebrochen. Der Namen des Index darf nicht mit dem Tabellennamen identisch sein.

Wenn nun oft Abfragen getätigt werden, welche nach dem Datum in der Tabelle „Kursbesuche" fragen, ist es angebracht, das Attribut „Datum" so zu indizieren:

```
CREATE INDEX ID_Kursdatum ON
Kursbesuche (Datum);
```

Es wurde nun ein Index mit Namen „ID_Kursdatum" auf das Attribut „Datum" eingerichtet, welcher mehrere gleiche Datumswerte akzeptiert. Dies ist deshalb so, weil das Schlüsselwort „UNIQUE" nicht verwendet wurde. Die Indizierung führt dazu, dass sich das Datenbanksystem „merkt", an welchen physikalischen Stellen auf dem Datenträger (Festplatte, Disc) sich Datensätze mit dem Attribut „Datum" der Tabelle „Kursbesuche" befinden. Dazu werden alle Datumswerte sortiert und zusammen mit den Speicheradressen in einer eigenen Datei abgelegt. Wenn nun nach einem bestimmtem Datum gefragt wird, muss nur diese Datei durchsucht werden. Sobald der Wert gefunden wird, weiß das System auch, wo sich die entsprechenden Datensätze befinden.

Weil die Indizierung einen gewissen Verwaltungsaufwand mit sich bringt, lohnt sie sich nur für Tabellen mit mindestens 12 Datensätzen (Richtwert).

Um einen Index wieder zu entfernen, wird folgender SQL-Befehl verwendet:

```
DROP INDEX Indexname ON Tabellenname;
```

6.1.4 Beziehungen verwalten

Alle wichtigen Datenbanksysteme unterstützen Beziehungen zwischen den Tabellen und sorgen automatisch dafür, dass die referenzielle Integrität gewährleistet ist. Dafür wurde der Befehl ALTER TABLE erweitert.

```
a)  ALTER TABLE Mastertabelle ADD CONSTRAINT
    Id-Schlüsselname PRIMARY KEY(Id-Schlüssel);

b)  ALTER TABLE Detailtabelle ADD CONSTRAINT
    Beziehungsname FOREIGN KEY(Fremdschlüssel)
    REFERENCES Mastertabelle(Id-Schlüssel);
```

Mit dem SQL-Befehl **a)** wird für die Tabelle „Tabellenname" ein Identifikationsschlüssel mit Name „Id-Schlüsselname" erstellt, welcher sich auf das Attribut „Id-Schlüssel" bezieht. Damit wird sichergestellt, dass dieses Attribut nur eindeutige Attributwerte annehmen kann. Dies hat den gleichen Effekt, wie wenn ein UNIQUE Index erstellt worden wäre. Je nach Datenbanksystem wird beim Erstellen eines „PRIMARY KEY" auch gleich ein UNIQUE Index erstellt, womit das separate Indizieren entfällt.

Mit dem SQL-Befehl **b)** wird eine Beziehung zwischen der Detailtabelle und der Mastertabelle erstellt, wobei dann überprüft wird, ob die Attributwerte des Attributes „Fremdschlüssel" zu den Attributwerten des Attributes (Id-Schlüssel) passen. Ob es sich um eine 1-mc oder 1-c-Beziehung handelt, wird durch den Index auf dem Attribut „Fremdschlüssel" bestimmt. Wird ein UNIQUE Index gesetzt, so handelt es sich um eine 1-c-Beziehung, bei einem normalen Index ist es eine 1-mc-Beziehung (siehe auch Abschn. 3.1.4 und Anhang C).

Beziehung zwischen Personen und Autos erstellen

Gegeben sei folgende Datenbasis:

Personen (<u>PNr</u>, …)
Autos (<u>ANr</u>, …, PNr)

Nun soll zwischen Personen und Autos eine Beziehung erstellt werden. ◀

Die Beziehung „Fahrzeughalter" kann wie folgt erstellt werden:

    1. ALTER TABLE Autos ADD CONSTRAINT ID_Autos
       PRIMARY KEY(ANr);

    2. ALTER TABLE Personen ADD CONSTRAINT
       ID_Personen PRIMARY KEY(PNr);

    3. ALTER TABLE Autos ADD CONSTRAINT Fahrzeughal-
       ter FOREIGN KEY(PNr) REFERENCES Personen (PNr);

Die Reihenfolge (zuerst alle Primärschlüssel setzen, dann Beziehungen aufbauen) muss eingehalten werden.

Das Löschen einer Beziehung geschieht mit folgendem SQL-Befehl:

```
ALTER TABLE Detailtabelle
DROP CONSTRAINT Beziehungsname;
```

Der Primärschlüssel kann mit diesem SQL-Befehl entfernt werden:

```
ALTER TABLE Mastertabelle
DROP CONSTRAINT Id-Schlüsselname;
```

▶   **Achtung**   Ein Primärschlüssel kann nur entfernt werden, wenn keine Beziehungen mehr darauf verweisen.

6.1.5   Tabellen löschen

Für das Löschen von Tabellen kommt der folgende SQL-Befehl zum Einsatz:

```
DROP TABLE Tabellenname;
```

Vor dem Löschen von Tabellen sollten folgende Sachverhalte bedacht werden:

- Alle Datensätze und Indizes werden ohne Rückfrage ebenfalls gelöscht
- Mastertabellen mit bestehenden Beziehungen zu Detailtabellen können erst gelöscht werden, wenn die Beziehung entfernt worden ist
- Beziehungen werden ohne Rückfrage gelöscht, wenn eine Detailtabelle gelöscht wird

6.1.6   Datensichten (VIEWS) erstellen

Datensichten sind gespeicherte Abfragen, die sich nach außen (gegenüber Programmen, welche auf die Datenbank zugreifen) wie Tabellen präsentieren. Erstellt werden sie mit dem Befehl „CREATE VIEW":

```
CREATE VIEW Sichtname [(Feldliste)]
AS Abfrage;
```

Ein ausführliches Beispiel wird in Abschn. 6.4.2 abgehandelt.

Über Datensichten können auch Daten in den zugrunde liegenden Tabellen verändert werden, wenn dies die Berechtigungen zulassen und die Sicht keine Einschränkungen wie z. B. berechnete Spalten aufweist. Mit „WITH CHECK OPTION" lässt sich sogar einstellen, dass nur Datensätze eingefügt oder aktualisiert werden können, wenn sie die Filterbedingungen der Abfrage erfüllen und somit nach dem Einfügen oder nach der Aktualisierung in der Datensicht weiterhin sichtbar sind.

Wenn Programme über Datensichten anstelle von Tabellen auf die Tabellendaten zugreifen, hat dies den Vorteil, dass sich die Abfrage hinter der Sicht ändern kann, ohne dass die Programme davon betroffen sind. Beispielsweise könnte man bei einer Tabelle nachträglich ein Feld „Gelöscht" einfügen, um Datensätze zu markieren, welche nicht mehr verwendet werden sollen, aber wegen der referenziellen Integrität nicht aus der Tabelle gelöscht werden können. In der Datensicht kann dann die Filterbedingung „WHERE Gelöscht = 0" eingefügt werden. Alle Datensätze mit „Gelöscht = 1" würden dann nicht mehr angezeigt. Bei einem direkten Zugriff auf die Tabelle müssten alle Programme geändert werden, damit nur noch gültige Datensätze verwendet würden. Beim Datenzugriff über eine Sicht muss nur die Abfrage geändert werden.

Mit Datensichten können Geschäftsregeln abgedeckt werden (z. B. Berechnungs-
formeln in Feldern). Solche Sichten können dann für verschiedene Auswertungen und
Berichte verwendet werden. Weil in unterschiedlichen Berichten immer die gleichen Sichten zu Anwendung kommen, wird damit sichergestellt, dass die Ergebnisse auch stimmen.
Ohne Datensichten dazu müsste ein Programmierer für jeden neuen Bericht die Abfragen
neu erstellen, wobei Geschäftsregeln vergessen gehen können, was in abweichenden Ergebnissen resultiert.

Ein weiterer Vorteil von Datensichten (Pseudotabellen) betrifft die Ausführungsgeschwindigkeit (engl. Performance). So können Datensichten ähnlich wie Tabellen indiziert werden (siehe Abschn. 6.1.3), was die Antwortzeiten reduzieren kann. Zudem ist es
möglich, Datensätze mit „ORDER BY" vorzusortieren.

6.2   Datenmanipulation

Zusammenfassung

Bis jetzt können wir zwar Tabellen erstellen, aber noch keine Datensätze abspeichern,
nachführen oder löschen. Für diese Operationen benötigen wir neue SQL-Schlüssel-
wörter. ◄

6.2.1   Datensätze (Tupel) einfügen

Das Einfügen eines neuen Datensatzes in eine Tabelle erfolgt mit dem Befehl „INSERT":

```
INSERT INTO Tabellenname [ ( Attribut1, Attribut2 ... ) ]
VALUES ( Attributwert1, Attributwert2, ... );
```

Mit der Attributliste wird angegeben, in welche Attribute eines neuen Datensatzes
Attributwerte eingegeben werden sollen. Die Reihenfolge der Attributwerte muss mit der
Reihenfolge der Attributnamen übereinstimmen. Falls keine Attributliste angegeben wird,
muss die Reihenfolge der Attributwerte der Reihenfolge der Attribute bei der Tabellendefinition entsprechen. Alle „NOT NULL"-Attribute müssen Attributwerte annehmen.

Neuen Datensatz in Tabelle einfügen

```
INSERT INTO Kursleiter (KLNr, Status, Vorname, Name, Kurserfahrung)
VALUES (1, 'I', 'Hugo', 'Meier', 3);
```

In die Tabelle „Kursleiter" wird somit ein interner Kursleiter mit Namen „Meier
Hugo" und 3 Jahren Kurserfahrung aufgenommen, welcher die Identnummer 1 erhält.

Der Firmenname und die Personennummer müssen nicht angegeben werden, weil die Attribute „Firma" und „PNr" Nullwerte zulassen. ◄

Die INSERT-Anweisung kann zusätzlich mit einer Abfrage kombiniert werden:

```
INSERT INTO Tabellenname [( Attributliste )]
Abfrage;
```

Internen Kursleiter anlegen

```
INSERT INTO Kursleiter (KLNr, PNr, Name, Vorname, Status)
SELECT 5, PNr, Name, Vorname, 'I'
FROM Personen
WHERE PNr=345678;
```

Mit dieser Anweisung wird in der Tabelle „Kursleiter" ein neuer, interner Kursleiter gespeichert, welcher die Identnummer 5 bekommt und bereits in der Tabelle „Personen" die Personennummer „345678" besitzt. Die Attribute bei der Abfrage können andere Bezeichnungen haben als die Attribute beim INSERT. Lediglich die Datentypen müssen zueinander kompatibel sein. Der Aufbau einer Abfrage wird im Abschn. 6.3 noch detailliert behandelt. ◄

6.2.2   Datensätze (Tupel) nachführen

Das Nachführen (Update) bestehender Datensätze erfolgt mit der Anweisung „UPDATE":

```
UPDATE Tabellenname
SET Attribut1 = Ausdruck1, Attribut2 = Ausdruck2, ...
[ WHERE Bedingung für Update ];
```

Es müssen der Tabellenname und die zu ändernden Attribute angegeben werden. Mit „Ausdruck" ist ein Attributwert oder eine Berechnung gemeint. Mit dem Bedingungsteil (WHERE) kann angegeben werden, welche Datensätze in der Tabelle geändert werden sollen. Falls keine Bedingung angegeben wird, werden alle Datensätze der Tabelle nachgeführt.

Datensatz ändern

```
UPDATE Personen
SET Lohnstufe = Lohnstufe + 1
WHERE FNr = 4;
```

Mit dieser Anweisung werden die Lohnstufen aller Personen der Funktionsgruppe 4 um eine Stufe erhöht. ◄

Wie bei der „INSERT"-Anweisung kann auch die „UPDATE"-Anweisung mit einer Abfrage kombiniert werden:

```
UPDATE Tabellenname
SET ( Attribut1, Attribut2, ... ) = ( Abfrage )
[ WHERE Bedingung für Update ];
```

Feldwert durch Unterabfrage ändern

```
UPDATE Kursbesuche
SET KlNr = (SELECT KlNr
            FROM Kursleiter
            WHERE Name = 'Krieg'
            AND Vorname = 'Stefan')
WHERE KNr = 412;                    ◄
```

Mit dieser Anweisung werden alle Datensätze der Tabelle „Kursbesuche" mit der Kursnummer 412 dahingehend geändert, dass als Instruktor nun der Krieg Stefan auftritt.

6.2.3   Datensätze (Tupel) löschen

Das Löschen von Datensätzen geschieht mit dem Befehl „DELETE":

```
DELETE FROM Tabellenname
[ WHERE Bedingung für Delete ];
```

Datensätze mit WHERE-Bedingung löschen

```
DELETE FROM Kursbesuche
WHERE PNr = 100001;
```

Mit diesem Befehl werden alle Datensätze aus der Tabelle „Kursbesuche" gelöscht, welche die Personalnummer 100001 enthalten. Wenn der Bedingungsteil (WHERE) weggelassen wird, werden alle Datensätze der Tabelle gelöscht. ◄

6.3   Datenabfrage (Query)

Es wurde bereits zu Beginn dieses Abschnitts erwähnt, dass SQL keine prozedurale, sondern eine datenorientierte Programmiersprache ist. Der SQL-Benutzer muss nicht wissen, wie man im Einzelnen auf die gespeicherten Daten zugreift, sondern er muss lediglich angeben, mit welchen Daten er arbeiten möchte und welche Bedingungen diese Daten erfüllen müssen. Eingeleitet wird eine Datenabfrage immer mit dem Schlüsselwort „SELECT". Die weiteren Schlüsselwörter zeigt folgende Abbildung:

```
SELECT [DISTINCT] {* | Attributliste | mathematische
                    Ausdrücke} Bezeichner
FROM Tabelle1 Bezeichner1, Tabelle2 Bezeichner2, ...
[WHERE Bedingungen]
[GROUP BY Attributliste] [HAVING Bedingungen]
[ORDER BY Attributliste] [ASC | DESC];
```

Mit „SELECT" kann angegeben werden, welche Attribute angezeigt werden sollen und wie diese allenfalls in Berechnungen und Funktionen einzusetzen sind. Falls „DISTINCT" verwendet wird, werden mehrfach auftretende, identische Datensätze nur einmal angezeigt.

Mit „FROM" wird angegeben, aus welchen Tabellen Datensätze abgefragt bzw. zu neuen Datensätzen kombiniert werden.

Mit „WHERE" wird angegeben, welche Bedingungen ein Datensatz erfüllen muss, damit er weiterverarbeitet wird.

Mit „GROUP BY" können Datensätze zu Gruppen zusammengefasst und mit speziellen Gruppenfunktionen weiterverarbeitet werden. „HAVING" gibt an, welche Bedingungen eine Gruppe aus Datensätzen erfüllen muss, damit sie weiterverwendet wird.

Mit „ORDER BY" können die resultierenden Datensätze vor der Ausgabe nach bestimmten Attributen auf- bzw. absteigend („ASC" oder „DESC") sortiert werden.

6.3.1 Einfache Abfragen

Die einfachste Datenabfrage mit SQL sieht so aus:

```
SELECT *
FROM Tabellenname;
```

Damit werden alle Datensätze einer Tabelle mit den entsprechenden Attributnamen aufgelistet.

Alle Datensätze von „Kursthemen" ausgeben

```
SELECT *
FROM Kursthemen;
```

Ausgabe:

```
TNr · Themengebiet
----- --------------------------------------
  1   Sicherheit und Umweltschutz
  2   Führung und Zusammenarbeit
  3   PC-Kurse
  4   Arbeitstechnik
  5   Projekte
  6   Schulung
```
◀

Die Attributbezeichnung (Spaltenname) entspricht genau dem Text, welcher bei der Tabellendefinition mit „CREATE TABLE" verwendet wurde. Wir können nun angeben, welche Attribute wie angezeigt werden sollen und sogar Berechnungen mit diesen Attributen durchführen.

Feldwerte in Abfrage berechnen

```
SELECT PNr, Name, Vorname,
(Lohnstufe-1)*10000+60000 Salaer
FROM Personen;                          ◄
```

Das Resultat dieser Abfrage sieht wie in Abb. 6.2 aus.

An diesem Beispiel ist ersichtlich, dass man jedem Attribut für die Ausgabe einen eigenen Namen geben kann (Salaer statt dem Formelausdruck). Hätten wir auf das Wort „Salaer" im SELECT-Teil verzichtet, so wäre die ganze Formel als Spaltenname angezeigt worden.

Es gibt für Berechnungen diverse Funktionen. Einige der wichtigsten Funktionen werden in nachfolgendem Beispiel eingesetzt.

Aggregatfunktionen COUNT, MIN und MAX

```
SELECT  COUNT(*) Anzahl, MIN(Datum)
           Erster, MAX(Datum) Letzter
FROM Kursbesuche;
```

Ausgabe:

```
Anzahl          Erster          Letzter
---------------  ---------------  ---------------
            14   07-AUG-08   25-AUG-08         ◄
```

Die Funktionen COUNT, MIN und MAX sind so genannte Gruppenfunktionen (Aggregatfunktionen), welche in diesem Beispiel auf alle Datensätze der Tabelle „Kurs-

Abb. 6.2 Liste mit berechnetem Salär aus Lohnstufe

Ausgabe:

PNr	Name	Vorname	Salaer
100001	Steffen	Felix	100000
132442	Osswald	Kurt	70000
232452	Müller	Hugo	60000
233456	Müller	Franz	120000
334643	Meier	Hans	100000
344556	Scherrer	Daniel	90000
345678	Metzger	Paul	60000
345727	Steiner	René	100000
567231	Schmid	Beat	90000
625342	Gerber	Roland	90000
845622	Huber	Walter	130000

besuche" angewendet wurden. Die Funktion „COUNT" zählt alle Datensätze (wenn ein *
angegeben wird) oder alle Attributwerte ohne Nullwerte (wenn ein Attribut angegeben
wird) und gibt die entsprechende Zahl aus. In diesem Beispiel hat die Tabelle „Kursbesuche" 14 Datensätze (siehe Anhang A). Die Funktionen MIN und MAX ermitteln den
Minimum- bzw. Maximum-Wert aus einer Wertefolge. Wie in diesem Beispiel ersichtlich,
lassen sich diese Funktionen auch auf Attribute vom Datumstyp anwenden.

Es gibt Fälle, in denen gleiche Werte mehrmals vorkommen. Beispielsweise kommen
in der Tabelle „Kursbesuche" beim Attribut „KNr" gewisse Kursnummern mehrmals vor.
Wenn wir nun wissen möchten, wie viele verschiedene Kurse unterrichtet wurden, muss
die Anweisung DISTINCT verwendet werden.

Zählen von unterschiedlichen Feldwerten

```
SELECT COUNT(DISTINCT KNr) Verschiedene_Kurse
FROM Kursbesuche;
```

Ausgabe:

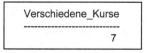

```
Verschiedene_Kurse
----------------------------
                 7
```

Mit „DISTINCT KNr" werden nur Kursnummern ausgegeben, wenn sie das erste Mal
vorkommen. Folglich kann die Funktion „COUNT" auch nur diese Werte zählen. DIS-
TINCT lässt sich aber auch auf ganze Datensätze anwenden und listet dann nur Datensätze
auf, welche sich in mindestens einem Attributwert unterscheiden.

6.3.2 Abfragen mit Bedingungen

Meistens möchte man nicht alle Datensätze einer Tabelle anzeigen lassen, sondern Auswahl treffen. Dies ist mit dem Schlüsselwort „WHERE" möglich.

Datensätze filtern mit WHERE

```
SELECT PNr, Name, Vorname
FROM Personen
WHERE FNr = 1;
```

Ausgabe:

```
PNr          Name            Vorname
-------------  ---------------  ---------------
   132442    Osswald         Kurt
   232452    Müller          Hugo
   345678    Metzger         Paul
```

Hier werden nur diejenigen Personen aufgelistet, welche die Funktionsnummer 1 besitzen.

Mit den Schlüsselwörtern AND (logisches UND), OR (logisches ODER) und NOT (Negation) können weitere Bedingungen konstruiert werden.

WHERE-Bedingungen mit logischen Operatoren

```
SELECT PNr, Name, Vorname
FROM Personen
WHERE Lohnstufe >= 5
AND (FNr = 2 OR FNr = 3)
AND NOT (Name = 'Steffen');
```

Ausgabe:

```
PNr       Name            Vorname
--------- --------------- -------------
334643 Meier          Hans
```
◄

In diesem Beispiel sollten alle Personen der Funktionsgruppe 2 oder 3 mit Ausnahme von Herrn Steffen aufgelistet werden, welche mindestens die Lohnstufe 5 besitzen. Jeder einzelne Datensatz muss alle Bedingungen erfüllen, um weiterverarbeitet bzw. angezeigt zu werden. Statt „NOT(…)" hätten wir auch Name<>'Steffen' schreiben können. Die runden Klammern um den OR-Teil sind notwendig, weil das AND stärker bindet als das OR. Ohne diese Klammern würden Personen aufgelistet, welche eine Lohnstufe größer oder gleich 5 und die Funktionsnummer 2 besitzen oder der Funktionsgruppe 3 angehören und nicht Steffen heißen. Dies hätte dann diese Ausgabe zur Folge gehabt:

Ausgabe:

```
PNr         Name              Vorname
----------- ----------------- --------------
334643   Meier            Hans
567231   Schmid           Beat
625342   Gerber           Roland
```

Es sind folgende logische Operatoren zulässig:

=:	Test auf Gleichheit
>:	Größer als …
<:	Kleiner als …
>=:	Größer oder Gleich
<=:	Kleiner oder Gleich
<>:	Ungleich (entspricht NOT (… = …))

Nebst diesen Operatoren sind im WHERE-Teil auch bestimmte Funktionen wie ABS, welche den Absolut-Wert einer Zahl bilden, sowie Berechnungen erlaubt.

Gruppenfunktionen sind aber nicht zulässig, weil sie sich nur auf Datensatzgruppen beziehen können.

6.3.3   Datensätze sortieren

Um die Lesbarkeit einer Tabelle zu erhöhen, ist es häufig sinnvoll, die einzelnen Datensätze nach bestimmten Kriterien zu sortieren. Auch SQL bietet diese Möglichkeit mit dem Schlüsselwort „ORDER BY":

Datensätze aufsteigend sortieren mit ORDER BY

```
SELECT *
FROM Funktionen
ORDER BY Funktion;
```

Ausgabe:

```
FNr   Funktion
-----  -----------------------
 4     Bereichsleiter
 3     Chemiker
 5     Informatiker
 2     Meister
 1     Vorarbeiter
```

◄

Bei diesem Beispiel wurden die Funktionsbezeichnungen alphabetisch, aufsteigend geordnet. Wir können nun die Funktionsliste auch nach Nummern absteigend sortieren. Dafür müssen wir beim Schlüsselwort „ORDER BY" noch die Sortierfolge angeben.

Datensätze absteigend sortieren mit ORDER BY

```
SELECT *
FROM Funktionen
ORDER BY FNr DESC;
```

Ausgabe:

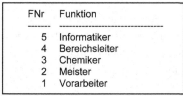

```
FNr   Funktion
-----  --------------------------------
 5     Informatiker
 4     Bereichsleiter
 3     Chemiker
 2     Meister
 1     Vorarbeiter
```

◄

Das Schlüsselwort „DESC" (descending) bewirkt, dass absteigend sortiert wird. Das Gegenstück (aufsteigend sortieren) zu DESC bildet das Schlüsselwort ASC (ascending), welches ohne Angabe bei „ORDER BY" voreingestellt ist. Es ist aber auch möglich, nach der „ORDER BY"-Anweisung mehrere Attribute anzugeben. In diesem Falle werden die

Datensätze zuerst nach dem letzten Attribut der Liste sortiert. Danach werden alle Datensätze nach dem zweitletzten Attribut in der „ORDER BY"-Liste sortiert usw. Das folgende Beispiel zeigt so einen Fall.

Datensätze nach mehreren Feldern sortieren

```
SELECT PNr, KNr, Datum
FROM Kursbesuche
ORDER BY PNr ASC, KNr ASC, Datum DESC;
```

Ausgabe:

```
    PNr      KNr    Datum
------------ ------- ----------------
    100001   245    23-JUN-08
    100001   255    21-JUL-08
    100001   412    07-AUG-06
    100001   454    12-JAN-07
    132442   454    17-SEP-07
    232452   454    17-SEP-07
    334643   412    07-AUG-06
    344556   412    10-JUN-07
    345678   123    25-AUG-08
    345678   123    03-FEB-07
    345678   454    17-SEP-07
    345678   776    15-APR-08
    625342   255    21-JUL-08
    845622   345    11-NOV-07
```

Die Tabelle „Kursbesuche" wurde zuerst nach dem Kursdatum absteigend sortiert. Anschließend wurde die ganze Tabelle aufsteigend nach der Kursnummer und zum Schluss aufsteigend nach der Personennummer sortiert. Die Datensätze der Person Nr. 345678 liegen nun nach der Personennummer, der Kursnummer und dem Kursdatum sortiert vor und entsprechen der Reihenfolge der Sortierattribute im „ORDER BY"-Teil.

6.3.4 Datensätze gruppieren

Es wurde bereits gesagt, dass es Funktionen gibt, welche sich auf Datensatzgruppen beziehen. Dazu gehören die Funktionen COUNT, MIN, MAX sowie SUM und AVG. SUM bildet die Summe der Attributwerte, während AVG den Mittelwert berechnet. Weil sich diese Funktionen auf Datensatzgruppen beziehen, geben sie pro gebildeter Gruppe genau einen Wert zurück. Eingeleitet wird die Gruppierung durch das Schlüsselwort „GROUP BY".

Datensätze gruppieren mit GROUP BY

```
SELECT FNr, COUNT(FNr) Anzahl,
AVG((Lohnstufe-1)*10000+60000) DSalaer
FROM Personen
GROUP BY FNr
ORDER BY FNr DESC;
```

Ausgabe:

```
 FNr    Anzahl    DSalaer
-----   --------  -----------
    5       1      100000
    4       2      125000
    3       3      93333.3
    2       2       95000
    1       3      63333.3      ◀
```

Bei diesem Beispiel werden die Datensätze der Tabelle „Personen" bezüglich der Funktionsnummer gruppiert. Die Funktion „COUNT(FNr)" gibt an, aus wie vielen Datensätzen jede Gruppe besteht, während die Funktion „AVG" den Mittelwert über alle berechneten Salärdaten pro Gruppe bildet. Mit „ORDER BY" werden die Gruppendaten bezüglich der Funktionsnummer absteigend sortiert.

In Verbindung mit dem Schlüsselwort „GROUP BY" gibt es noch das Schlüsselwort „HAVING", welches das Definieren von Gruppenbedingungen ermöglicht. Im Gegensatz zu „WHERE" werden die mit „HAVING" angegebenen Bedingungen nicht auf einzelne Datensätze, sondern auf Datensatzgruppen angewendet.

Datensatzgruppen filtern mit HAVING

```
SELECT PNr, COUNT(KNr) Anzahl
FROM Kursbesuche
WHERE Datum >= '01-SEP-07'
GROUP BY PNr
HAVING COUNT(KNr) >1;
```

Ausgabe:

```
  PNr        Anzahl
----------  ----------
 100001         2
 345678         3      ◀
```

Bei diesem Beispiel werden alle Personen angezeigt, welche seit dem 1. September 2007 mehr als einen Kurs besucht haben. Mit der WHERE-Bedingung werden alle Datensätze mit einem Kursdatum vor dem 1. September 2007 verworfen. Danach werden die verbleibenden Datensätze nach der Personalnummer gruppiert. Schließlich werden alle Datensatzgruppen, welche die HAVING-Bedingung nicht erfüllen, ebenfalls verworfen.

▶ **Achtung** Nach „HAVING" dürfen nur Gruppenfunktionen (Aggregatfunktionen) stehen, da sich „HAVING" auf Datensatzgruppen und nicht auf einzelne Datensätze bezieht.

6.3.5   Verschachtelte Abfragen (Subqueries)

Häufig tritt der Fall auf, dass Abfragen auf dem Ergebnis vorgängiger Abfragen aufbauen. Wenn wir beispielsweise wissen möchten, welche Kurse Herr Steffen schon besucht hat, dann war dies bisher nicht möglich, weil die Kursbezeichnung nur in der Tabelle „Kurse", nicht aber in der Tabelle „Kursbesuche" zu finden ist. Außerdem erhalten wir die Kursnummern von Herrn Steffen nur, wenn uns seine Personennummer bekannt ist. Folglich muss mit einer ersten Abfrage ermittelt werden, welche Personennummer Herr Steffen hat. Mit dieser Personennummer können in einer zweiten Abfrage alle Kursnummern ermittelt werden, welche zu Herrn Steffen gehören. Die letzte Abfrage baut dann auf der zweiten Abfrage auf, indem aus der Tabelle „Kurse" alle Kursbezeichnungen aufgelistet werden, deren Kursnummern aus der zweiten Abfrage resultieren, wie Abb. 6.3 zeigt. Dies führt dann zur Ausgabe gemäß Abb. 6.4.

Verschachtelte Abfragen werden immer von unten nach oben bzw. von innen nach außen abgearbeitet. Zuerst wird die Personennummer von Felix Steffen bestimmt. Diese Abfrage liefert genau einen Wert zurück. Darum darf bei nächst höheren Abfrage im Bedingungsteil ein Gleichheitszeichen stehen. Das Attribut im „WHERE"-Teil könnte auch einen anderen Namen als das Attribut im „SELECT"-Teil der untergeordneten Abfrage haben. Die Datentypen der beiden Attribute müssen hingegen miteinander verträglich sein. Mit der ermittelten Personennummer liefert die mittlere Abfrage alle entsprechenden Kursnummern aus der Tabelle „Kursbesuche". Weil dies mehrere Werte sein können, muss statt dem Gleichheitszeichen das Schlüsselwort „IN" im Bedingungsteil der obersten Abfrage verwendet werden. Mit „IN" wird für jeden Datensatz der Tabelle „Kurse" abgeklärt, ob dessen Kursnummer in der zurückgelieferten Kursnummernliste zu finden ist. Wenn dies der Fall ist, wird der Datensatz weiterverarbeitet bzw. angezeigt.

Abb. 6.3 Verschachtelte Abfragen mit IN und Gleichheitszeichen

```
SELECT KNr, Kursbezeichnung
FROM Kurse
WHERE KNr IN (SELECT KNr
              FROM Kursbesuche
              WHERE PNr = (SELECT PNr
                           FROM Personen
                           WHERE Name = 'Steffen'
                           AND Vorname = 'Felix' ))
ORDER BY Kursbezeichnung;
```

Abb. 6.4 Besuchte Kurse von Felix Steffen

Ausgabe:

KNr	Kursbezeichnung
255	Datenbanken
454	Elektrostatische Aufladung
245	Kostenschätzung
412	Tabellenkalkulation

„ORDER BY" kann bei den Unterabfragen nicht eingesetzt werden. Hingegen sind „GROUP BY" und „HAVING" erlaubt. Folgendes Beispiel zeigt, dass es auch möglich ist, verschachtelte Abfragen mit nur einer Tabelle zu realisieren.

Verschachtelte Abfragen mit der gleichen Tabelle

```
SELECT FNr, Name, Vorname, Lohnstufe
FROM Personen
WHERE  (FNr, Lohnstufe) IN
          (SELECT FNr, MAX(Lohnstufe)
          FROM Personen
          GROUP BY FNr)
       ORDER BY FNr DESC, Name ASC;
```

Ausgabe:

FNr	Name	Vorname	Lohnstufe
5	Steiner	René	5
4	Huber	Walter	8
3	Steffen	Felix	5
2	Meier	Hans	5
1	Osswald	Kurt	2

Mit dieser Abfrage werden die Spitzenverdiener jeder Funktionsgruppe aufgelistet, sofern die Attributwertkombination „FNr/Lohnstufe" in der Werteliste der Unterabfrage vorkommt. Die Unterabfrage liefert die höchste Lohnstufe jeder Funktionsgruppe. Es können also nicht nur einzelne Attribute, sondern auch Attributwertkombinationen miteinander verglichen werden. Weil es in einer Funktionsgruppe aber auch Personen geben kann, welche gleich viel verdienen, muss das Schlüsselwort „IN" anstelle von „=" verwendet werden. Die „ORDER BY"-Anweisung bewirkt, dass die Datensätze zuerst absteigend nach der Funktionsnummer aufgelistet werden. Falls in einer Funktionsgruppe mehrere Personen vorkommen, werden diese noch aufsteigend nach dem Namen geordnet.

6.3.6   Tabellen verknüpfen (Joining)

Bisher konnten wir nur die Attribute einer einzigen Tabelle anzeigen. Meistens möchte man aber in einer Liste Attribute von verschiedenen Tabellen darstellen. Dies ist durch das Verknüpfen von Tabellen möglich.

Kartesisches Produkt von Entitätsmengen bilden

Die folgende Abfrage verknüpft die Tabellen „Personen" und „Funktionen":

```
SELECT *
FROM Funktionen, Personen;
```

Dies führt zu folgender Ausgabe:

Ausgabe:

FNr	Funktion	PNr	Name	Vorname	FNr	Lohnstufe
1	Vorarbeiter	100001	Steffen	Felix	3	5
2	Meister	100001	Steffen	Felix	3	5
3	Chemiker	100001	Steffen	Felix	3	5
4	Bereichsleiter	100001	Steffen	Felix	3	5
5	Informatiker	100001	Steffen	Felix	3	5
1	Vorarbeiter	232452	Müller	Hugo	1	1
2	Meister	232452	Müller	Hugo	1	1
3	Chemiker	232452	Müller	Hugo	1	1
4	Bereichsleiter	232452	Müller	Hugo	1	1
5	Informatiker	232452	Müller	Hugo	1	1
1	Vorarbeiter	334643	Meier	Hans	2	5
...	...	...	...	...	...	...

◀

Das Verknüpfen von Tabellen geschieht einfach dadurch, dass alle Tabellennamen bei der „FROM"-Anweisung angegeben werden. Wir sehen anhand dieser Liste, dass die Verknüpfung von Tabellen dazu führt, dass jeder Datensatz einer Tabelle A mit jedem Datensatz einer Tabelle B kombiniert und daraus ein neuer Datensatz mit allen beteiligten Attributen gebildet wird (**Kartesisches Produkt**).

Bei diesem Beispiel werden 11 Datensätze aus der Tabelle „Personen" mit 5 Datensätzen aus der Tabelle „Funktionen" kombiniert, woraus sich $11 * 5 = 55$ neue Datensätze ergeben. Uns interessieren nun aber nur diejenigen Kombinationen, bei welchen die Funktionsnummer aus der Tabelle „Personen" mit der Funktionsnummer aus der Tabelle „Funktionen" übereinstimmt. Dann erhalten wir nämlich alle Personen mit deren Funktion. Folglich müssen wir die SQL-Anweisung abändern, wie dies das nachfolgende Beispiel zeigt.

Kartesisches Produkt von Entitätsmengen mit Einschränkungen

```
SELECT PNr, Name, Vorname, Funktion
FROM Personen, Funktionen
WHERE Personen.FNr = Funktionen.FNr;
```

Ausgabe:

PNr	Name	Vorname	Funktion
132442	Osswald	Kurt	Vorarbeiter
232452	Müller	Hugo	Vorarbeiter
345678	Metzger	Paul	Vorarbeiter
334643	Meier	Hans	Meister
344556	Scherrer	Daniel	Meister
100001	Steffen	Felix	Chemiker
567231	Schmid	Beat	Chemiker
625342	Gerber	Roland	Chemiker
233456	Müller	Franz	Bereichsleiter
845622	Huber	Walter	Bereichsleiter
345727	Steiner	René	Informatiker

◀

Es ist hier zu beachten, dass sowohl in der Tabelle „Personen" als auch in der Tabelle „Funktionen" das Attribut „FNr" vorkommt. In der Tabelle „Funktionen" ist FNr ein ID-Schlüssel, während es in der Tabelle „Personen" ein Fremdschlüsselattribut darstellt. Damit nun SQL weiß, welches Attribut aus welcher Tabelle gemeint ist, muss dem Attributnamen der entsprechende Tabellenname, gefolgt von einem Punkt, vorangestellt werden.

Mit der Technik der Tabellenverknüpfung können nun auch anspruchsvolle Abfragen getätigt werden. Beispielsweise sollen alle Personen aufgelistet werden, welche gemäß Kurskontrolle noch mehr als drei Kurse zu besuchen haben, wie dies Abb. 6.5 zeigt.

Daraus resultiert dann die Ausgabe in Abb. 6.6.

Im „GROUP BY"-Teil müssen wir alle Attributnamen hinschreiben, welche im SELECT-Teil nicht in eine Gruppenfunktion eingebettet werden, wobei das Hauptgruppenattribut unmittelbar auf die „GROUP BY"-Anweisung folgen muss. Bei diesem Beispiel wurden so genannte Referenznamen verwendet. Attribute mit unklarer Herkunft müssen ja mit vorangestelltem Tabellenname für SQL identifiziert werden. Bei langen Tabellennamen beeinträchtigt dies jedoch die Übersichtlichkeit, und es ist eine zusätzliche Tipparbeit notwendig. Wir können nun aber im FROM-Teil nach jedem Tabellennamen einen kurzen Bezeichner (z. B. A, B, C etc.) hinschreiben und uns später auf diesen neuen Namen beziehen. Im letzten SQL-Beispiel wurde für die Tabelle „Personen" der Bezeichner „B" vergeben. Somit konnten wir im WHERE-Teil statt Personen.FNr einfach B.FNr hinschreiben. Dies ist auch im SELECT, GROUP BY, HAVING und ORDER BY-Teil erlaubt.

Abb. 6.5 Anzahl der noch zu besuchenden Kurse pro Person ermitteln

```
SELECT PNr, Name, Vorname, COUNT(KNr) Anzahl
FROM Kurskontrolle A, Personen B
WHERE   (PNr, KNr) NOT IN
            (SELECT PNr, KNr
             FROM Kursbesuche)
AND A.FNr = B.FNr
GROUP BY PNr, Name, Vorname
HAVING COUNT(KNr)>3
ORDER BY PNr;
```

Abb. 6.6 Liste aller Personen, die noch mehr als 3 Kurse zu besuchen haben

Ausgabe:

PNr	Name	Vorname	Anzahl
100001	Steffen	Felix	6
233456	Müller	Franz	6
334643	Meier	Hans	5
344556	Scherrer	Daniel	5
567231	Schmid	Beat	10
625342	Gerber	Roland	9
845622	Huber	Walter	5

6.4   Anwendungsfälle aus der Praxis

Zusammenfassung

In diesem Abschnitt werden Anwendungsfälle und Lösungsansätze beschrieben, mit denen Softwareentwickler immer mal wieder konfrontiert werden. ◄

6.4.1   Verknüpfungen mit INNER JOIN und OUTER JOIN

In Abschn. 6.3.6 wurde aufgezeigt, wie Beziehungen zwischen zwei Tabellen in Abfragen mit WHERE-Bedingungen abgebildet werden können. Es gibt aber bessere Möglichkeiten. Als Beispiel soll eine Abfrage dienen, in der die Tabellen „Personen" und „Funktionen" verknüpft werden.

Beziehungen mit und ohne WHERE-Bedingungen abbilden

```
SELECT PNr, Name, Vorname, Funktion
FROM Personen, Funktionen
WHERE Personen.FNr = Funktionen.FNr
AND Funktionen <> N'Chemiker';          ◄
```

Diese Abfrage gibt alle Personen mit ihren Funktionen aus, aber ohne die Chemiker. Die Abfrage lässt sich auch so definieren:

```
SELECT PNr, Name, Vorname, Funktion
FROM Personen INNER JOIN Funktionen
ON Personen.FNr = Funktionen.FNr
WHERE Funktionen <> N'Chemiker';
```

Mit dieser Methode braucht es keine WHERE-Bedingungen mehr, um Beziehungen abzubilden. Dies hat den Vorteil, dass in der WHERE-Bedingung nur noch echte Filterkriterien stehen, was die Lesbarkeit von SQL-Anweisungen verbessert. Zudem kann die Ausführungsgeschwindigkeit von Abfragen gesteigert werden, wenn dem Abfrageoptimierer mit INNER JOIN mitgeteilt wird, welche Tabellen- oder Sichtfelder miteinander verknüpft werden müssen.

Mit **LEFT OUTER JOIN** können Tabellen so miteinander verknüpft werden, dass alle Datensätze einer Tabelle angezeigt werden, auch wenn die Verknüpfungsbedingungen nicht zutreffen. Dies illustriert Abb. 6.7.

Die Abfrage aus Abb. 6.7 führt zur Ausgabe gemäß Abb. 6.8.

Man sieht in Abb. 6.8, dass bei „6", „Schulung" zwei Nullwerte (NULL) in den Spalten „KNr" und „Kursbezeichnung" angezeigt werden. Dies ist der Fall, weil es keine Kurse gibt, die dem Themengebiet „Schulung" zugewiesen wurden. Mit INNER JOIN würde dieser Datensatz nicht ausgegeben werden. Mit LEFT OUTER JOIN hingegen werden alle Datensätze der Tabelle zurückgegeben, welche auf der linken Seite des Operators steht („Kursthemen"). Für Datensätze, welche mit der Tabelle auf der rechten Seite des

Abb. 6.7 Alle Kursthemen
mit oder ohne Kurse ermitteln

SELECT Kursthemen.TNr, Kursthemen.
Themengebiet, Kurse.KNr, Kurse.
Kursbezeichnung
FROM Kursthemen **LEFT OUTER JOIN** Kurse
ON Kursthemen.TNr = Kurse.TNr
ORDER BY Kursthemen.Themengebiet,
       Kurse.Kursbezeichnung;

Abb. 6.8 Alle Kursthemen
mit Kursdaten, auch ohne
vorhandene Kurse

Ausgabe:

TNr	Themengebiet	KNr	Kursbezeichnung
4	Arbeitstechnik	234	Präsentationstechnik
4	Arbeitstechnik	776	Wartung von Anlagen
2	Führung und Zus.	562	Führen einer Gruppe
2	Führung und Zus.	345	Schwierige Gespräche
3	PC-Kurse	255	Datenbanken
3	PC-Kurse	412	Tabellenkalkulation
3	PC-Kurse	341	Textverarbeitung
5	Projekte	245	Kostenschätzung
5	Projekte	455	Terminplanung
6	Schulung	**NULL**	**NULL**
1	Sicherheit und Um.	283	Abfallentsorgung
1	Sicherheit und Um.	123	Arbeitshygiene
1	Sicherheit und Um.	454	Elektrostatische Auflad.

Operators nicht verknüpft werden können, werden Nullwerte zurückgegeben. Würde LEFT OUTER JOIN in diesem Beispiel durch RIGHT OUTER JOIN ersetzt, dann würde sich die Situation umdrehen und es würden alle Datensätze der Tabelle auf der rechten Seite des Operators („Kurse") zurückgegeben.

Mit LEFT OUTER JOIN kann auf einfache Weise ermittelt werden, welche Datensätze es in einer Tabelle gibt, welche **nicht** mit den Datensätzen einer anderen Tabelle verknüpft werden können.

Fehlende Tabellenverknüpfungen ermitteln

```
SELECT Kursthemen.*
FROM Kursthemen LEFT OUTER JOIN
Kurse ON Kursthemen.TNr = Kurse.TNr
WHERE (Kurse.TNr IS NULL);          ◀
```

Diese Abfrage würde 6, „Schulung" zurückgeben. In der WHERE-Bedingung muss mindestens ein Beziehungsfeld stehen, welches auf Nullwerte überprüft wird.

6.4.2   Datensichten (VIEWS)

Mit Datensichten (Pseudotabellen) besteht die Möglichkeit (siehe auch Abschn. 6.1.6), Abfragen zu speichern und wie Tabellen in andere Abfragen einzubinden. Damit lassen sich Geschäftsregeln abbilden, wie dies Abb. 6.9 zeigt.

Abb. 6.9 Datensicht mit
berechnetem Feld
„Grundgehalt" erstellen

CREATE VIEW V_Personal_1 AS
SELECT Personen.PNr, Personen.Name,
Personen.Vorname, Funktionen.Funktion,
Personen.Lohnstufe, (Personen.Lohnstufe - 1) * 10000 +
70000 AS Grundgehalt
FROM Personen INNER JOIN Funktionen ON Perso-
nen.FNr = Funktionen.FNr;

Ausgabe:

PNr	Name	Vorname	Funktion	Lohnstufe	Grundgehalt
100001	Steffen	Felix	Chemiker	5	110000
132442	Osswald	Kurt	Vorarbeiter	2	80000
232452	Müller	Hugo	Vorarbeiter	1	70000
233456	Müller	Franz	Bereichsleiter	7	130000
334643	Meier	Hans	Meister	5	110000
344556	Scherrer	Daniel	Meister	4	100000
345678	Metzger	Paul	Vorarbeiter	1	70000
345727	Steiner	René	Informatiker	5	110000
567231	Schmid	Beat	Chemiker	4	100000
625342	Gerber	Roland	Chemiker	4	100000
845622	Huber	Walter	Bereichsleiter	8	140000

Abb. 6.10 Ausgabe der Datensicht mit Grundgehalt

In diesem Beispiel (Abb. 6.9) aus der Kursverwaltung wird eine Datensicht „V_Personal_1" erstellt, in der das Grundgehalt aus der Lohnstufe berechnet wird (analog zum
Beispiel in Abschn. 6.3.1). Das berechnete Feld bekommt den durch „AS" eingeleiteten
Aliasnamen „Grundgehalt". Das Ergebnis einer Abfrage mit „SELECT * FROM V_Personal_1;" sieht dann wie in Abb. 6.10 aus.

Sieht man sich die Spaltendefinitionen der Sicht in Abb. 6.11 an, erkennt man, dass
SQL-Server den Datentyp der Spalte „Grundgehalt" auf „int" festgelegt hat.

Dieser Datentyp steht für ganzzahlige Nummern. Aus der Berechnungsformel „(Lohnstufe − 1) * 10000 + 70000" geht nicht hervor, dass auch Gleitkommazahlen resultieren
könnten. Wäre dies der Fall, hätte man die Formel so schreiben müssen: „CONVERT(float,
(Lohnstufe − 1)) * 10000.0 + 70000.0". Damit wird SQL-Server angewiesen, mit Gleitkommazahlen zu rechnen und es würde der Datentyp „float" verwendet. Die CONVERT-
Funktion kann Datentypen umwandeln (wie CAST) und muss verwendet werden, um den
Datentyp „float" zu erzwingen. Wenn Felder mit ganzzahlige Datentypen (Lohnstufe,
Datentyp tinyint) mit Gleitkommazahlen (10000.0 und 70000.0) multipliziert werden,
neigt SQL-Server dazu, die Werte zu runden.

Die Einschränkung „NULL" kommt zustande, weil SQL-Server bei berechneten Feldern nicht eindeutig ermitteln kann, ob immer Werte geliefert werden. Es könnten auch
Nullwerte resultieren, obwohl dies im konkreten Fall nicht möglich ist (das Feld „Lohnstufe" kann keine Nullwerte enthalten). Daher wird die Einschränkung „NOT NULL"
nicht verwendet.

Abb. 6.11 Felddefinitionen
der Datensicht „V_Personal_1"

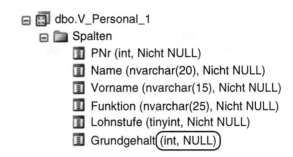

dbo.V_Personal_1
  Spalten
    PNr (int, Nicht NULL)
    Name (nvarchar(20), Nicht NULL)
    Vorname (nvarchar(15), Nicht NULL)
    Funktion (nvarchar(25), Nicht NULL)
    Lohnstufe (tinyint, Nicht NULL)
    Grundgehalt (int, NULL)

Mit Datensichten können auch formatierte Texte erzeugt werden, die dann in z. B. in Etikettendruckprogrammen verwendet werden können, ohne dass solche Programme die Werte formatieren müssen.

Datensicht mit formatierten Feldern und Datentypkonvertierungen

```
CREATE VIEW V_Personal_2 (PersNr, VName,
Grundgehalt, Grundgehalt_Formatiert) AS
SELECT PNr, Name + N' ' + Vorname,
CONVERT(decimal(9, 2), (Lohnstufe - 1) * 10000 +
70000), LEFT(FORMAT((Lohnstufe - 1) * 10000 + 70000,
'n', 'de-DE'), 12) FROM Personen;                    ◄
```

In diesem Beispiel werden Name und Vorname mit einem Leerzeichen getrennt zu einem Feld zusammengefasst. Das Pluszeichen verknüpft die Zeichenketten. Bei ORACLE müsste man dafür zwei senkrechte Striche „||" (ASCII 124) verwenden. Der Feldname ergibt sich diesmal nicht aus dem Aliasnamen, sondern durch die Feldliste nach „CREATE VIEW". Die Reihenfolge der Ausdrücke in der SELECT-Anweisung muss mit der Feldliste übereinstimmen. Mit der FORMAT-Funktion werden Zahlenwerte in formatierte Zeichenketten überführt („n" = Dezimalzahlen mit Tausendertrennzeichen), wobei Ländereinstellungen (hier „de-DE" für Sprache Deutsch mit Land Deutschland) berücksichtigt werden können. Die LEFT-Funktion definiert, wie viele Zeichen von der Zeichenkette verwendet werden sollen, was direkte Auswirkungen auf den Datentyp der Sicht hat:

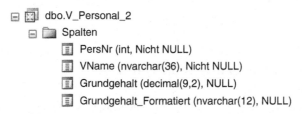

dbo.V_Personal_2
  Spalten
    PersNr (int, Nicht NULL)
    VName (nvarchar(36), Nicht NULL)
    Grundgehalt (decimal(9,2), NULL)
    Grundgehalt_Formatiert (nvarchar(12), NULL)

Ohne die LEFT-Funktion wäre dem Feld „Grundgehalt_Formatiert" der Datentyp „nvarchar(4000)" zugewiesen worden. 4000 Zeichen bilden das Maximum bei Unicode-Zeichenketten. Der Datentyp „nvarchar(36)" beim Feld „VName" ergibt sich aus dem Datentyp „nvarchar(20)" für das Feld „Name" und dem Datentyp „nvarchar(15)" für das Feld „Vorname". Weil noch ein Leerzeichen verwendet wurde, resultiert daraus dann „nvarchar(36)".

▶   **Achtung**   Beim Verknüpfen von Zeichenketten muss darauf geachtet werden, dass nicht versehentlich NULL-Werte verknüpft werden. Dies kann passieren, wenn eines der zu verknüpfenden Felder keinen Wert enthält (Felder, die mit NULL deklariert wurden).

Zeichenkettenverknüpfungen mit NULL

SELECT N'Meier' + NULL AS X;   ◀

SQL-Server erlaubt SELECT-Anweisungen ohne FROM-Teil. Bei ORACLE müsste man noch „FROM DUAL" schreiben, wobei DUAL für eine Pseudotabelle mit genau einem Datensatz steht.

Dieser Ausdruck liefert NULL zurück. Verhindern lässt sich dies, wenn man den Ausdruck so schreibt:

SELECT N'Meier' + ISNULL(NULL, N'') AS X;

Dieser Ausdruck liefert „Meier" zurück. Die Funktion ISNULL von SQL-Server überprüft das Argument (hier NULL, sonst ein Feldname) auf Nullwerte. Wird ein Nullwert gefunden, dann wird dieser durch den Ausdruck nach dem Komma ersetzt, hier also ein Unicode-Nullstring (leere Zeichenkette). Unicode-Zeichenketten erkennt man am vorangestellten großen N (nur SQL-Server). Bei ORACLE gibt es die Funktion NVL, welche den gleichen Zweck erfüllt. Bei ACCESS heißt die Funktion NZ.

Der Datentyp „decimal(9,2)" der Datensicht „V_Personal_2" wurde durch die CONVERT-Funktion festgelegt. Zahlenwerte werden damit auf zwei Nachkommastellen gerundet und die Zahl kann maximal 9 Ziffern umfassen (inklusive Nachkommastellen).

Das Ergebnis einer Abfrage mit „SELECT * FROM V_Personal_2"; sähe dann aus, wie dies Abb. 6.12 zeigt.

Beim Feld „Grundgehalt_Formatiert" werden Tausender- und Dezimaltrennzeichen verwendet. Dies entspricht der Zahlenformatierung für Deutschland. In der Schweiz werden als Tausendertrennzeichen ein Hochkomma und als Dezimaltrennzeichen ein Punkt verwendet. Dafür müsste „de-DE" bei der FORMAT-Funktion durch „de-CH" ersetzt werden.

6.4.3   Abgeleitete Tabellen aus Unterabfragen

Im FROM-Teil einer SELECT-Anweisung können nicht nur Tabellen oder Datensichten verwendet werden, sondern auch Abfragen.

Abgeleitete Tabellenabfrage

SELECT COUNT(X. Kursort) AS Anzahl
FROM (SELECT DISTINCT Kursort
        FROM Kurse) AS X;   ◀

Ausgabe:

PersNr	VName	Grundgehalt	Grundgehalt_Formatiert
100001	Steffen Felix	110000.00	110.000,00
132442	Osswald Kurt	80000.00	80.000,00
232452	Müller Hugo	70000.00	70.000,00
233456	Müller Franz	130000.00	130.000,00
334643	Meier Hans	110000.00	110.000,00
344556	Scherrer Daniel	100000.00	100.000,00
345678	Metzger Paul	70000.00	70.000,00
345727	Steiner René	110000.00	110.000,00
567231	Schmid Beat	100000.00	100.000,00
625342	Gerber Roland	100000.00	100.000,00
845622	Huber Walter	140000.00	140.000,00

Abb. 6.12 Ausgabe der Datensicht „V_Personal_2"

Mit dieser Abfrage lässt sich herausfinden, wie viele unterschiedliche Kursort es gibt. Die Unterabfrage verhält sich dabei wie eine Tabelle oder Sicht mit dem Objektnamen X und könnte mit anderen Objekten im FROM-Teil verknüpft werden. Somit muss man diese Unterabfrage nicht zuerst als Datensicht speichern, um sie dann in einer Abfrage verwenden zu können.

Diese Aufgabenstellung könnte man auch einfacher lösen, wie folgendes Beispiel zeigt:

Aggregatfunktion COUNT mit DISTINCT

```
SELECT COUNT(DISTINCT Kursort) AS Anzahl
FROM Kurse;                              ◀
```

Mit dem Konstrukt „**SELECT COUNT(*) FROM (Abfrage)**"; lässt sich aber ermitteln, wie viele Datensätze eine beliebige Abfrage zurückliefern wird, ohne dass man die Originalabfrage verändern muss. Ohne die Möglichkeit der abgeleiteten Tabellenabfragen müsste der SELECT-Teil der Abfrage zuerst durch SELECT COUNT(*) ersetzt werden, was in einem Programm deutlich mehr Programmieraufwand verursacht als mit der eben beschriebenen Methode.

Eine weitere Anwendung sind Prozentrechnungen.

Prozentwerte aus der Anzahl an Datensätzen berechnen

Es soll ermittelt werden, wie viele Prozente aller Kurse jedes Kursthema umfasst. Das Ergebnis soll auf eine Nachkommastelle gerundet dargestellt werden (z. B. 16.7). ◀

Dazu müssen zuerst die Kurse pro Kursthema gezählt werden, was mit der Abfrage in Abb. 6.13 erreicht werden kann.

Daraus resultiert dann die Ausgabe Abb. 6.14.

Die „LEFT OUTER JOIN"-Verknüpfung zwischen „Kursthemen" und „Kursen" bewirkt, dass auch Kursthemen ohne zugewiesene Kurse ausgegeben werden und die COUNT-Funktion dafür eine 0 zurückgibt. Gruppiert werden muss nach der Themengebietsnummer (TNr), um die Anzahl Kurse pro Kursthema zu erhalten. Weil bei der Verwendung von GROUP BY nur Felder im SELECT-Teil verwendet werden können, die entweder in der „GROUP BY"-Anweisung aufgelistet oder über eine Aggregatfunktion berechnet werden, muss die MIN-Funktion verwendet werden, um das Themengebiet anzuzeigen. Weil zu jeder TNr genau ein Themengebiet gehört, hat die MIN-Funktion keinen Einfluss auf das Ergebnis. Man könnte das Themengebiet auch einfach in der „GROUP BY"-Anweisung auflisten und auf die MIN-Funktion verzichten, was aber nicht korrekt wäre, da nur nach der TNr gruppiert werden muss. Das Themengebiet ist funktional abhängig ist von TNr (z. B. folgt aus TNr=5 das Themengebiet „Projekte"). Somit macht es keinen Sinn, auch noch nach Themengebiete zu gruppieren. Gruppierungen kosten Rechenzeit und sollten deshalb auf ein Minimum beschränkt werden.

Um die Prozentwerte berechnen zu können, muss die totale Anzahl an Kursen bekannt sein. Diese Information lässt sich so ermitteln:

```
SELECT COUNT(*) As Total
FROM Kurse;
```

Nun muss man diese Abfragen nur noch mit der Abfrage in Abb. 6.13 kombinieren und kann dann die Prozentwerte berechnen, wie dies aus Abb. 6.15 ersichtlich ist.

Daraus ergibt sich dann die Ausgabe gemäß Abb. 6.16.

Die Abfrage Abb. 6.15 mit der Ausgabe Abb. 6.16 erzeugt einige Verwirrung, eignet sich aber wunderbar, um die Problematik von berechneten Feldern zu erklären.

Die abgeleitete Tabelle X aus der Unterabfrage wird mit CROSS JOIN verknüpft, was bedeutet, dass es eben keine Beziehung zwischen dieser Abfrage und den anderen Tabellen gibt. Folglich fehlt auch die Anweisung ON. CROSS JOIN ist vergleichbar mit der Abfrage im ersten Beispiel aus Abschn. 6.3.6.

Man sieht bei der Ausgabe

zwei Spalten „IntProzent" und „DezProzent", welche die gleiche Prozentberechnung durchführen, aber auf völlig unterschiedliche Ergebnisse kommen. Schuld sind ganzzahlige Divisionen, welche als Ergebnis wiederum ganzzahlige Werte liefern. Die Berechnung von Prozentwerte entspricht folgender Formel:

$$\text{Prozent} = \text{Anzahl} / \text{Total} * 100$$

Abb. 6.13 Anzahl Kurse pro
Kursthema ermitteln

```
SELECT Kursthemen.TNr,
MIN(Kursthemen.Themengebiet) AS Themengebiet,
COUNT(Kurse.KNr) AS Anzahl
FROM Kursthemen LEFT OUTER JOIN Kurse
      ON Kursthemen.TNr = Kurse.TNr
GROUP BY Kursthemen.TNr
ORDER BY Kursthemen.TNr;
```

Ausgabe:

TNr	Themengebiet	Anzahl
1	Sicherheit und Umweltschutz	3
2	Führung und Zusammenarbeit	2
3	PC-Kurse	3
4	Arbeitstechnik	2
5	Projekte	2
6	Schulung	0

Abb. 6.14 Anzahl Kurse pro Kursthema, sortiert nach Themengebietsnummer

Abb. 6.15 Prozentuale Anteile an Kursen pro Kursthema berechnen

```
SELECT Kursthemen.TNr,
MIN(Kursthemen.Themengebiet) AS Themengebiet,
COUNT(Kurse.KNr) AS Anzahl, COUNT(Kurse.KNr) /
MIN(X.Total)  * 100  AS IntProzent,
CAST(ROUND(CAST(COUNT(Kurse.KNr) AS float) /
CAST(MIN(X.Total) AS float) * 100.0, 1) AS decimal(4,1))
AS DezProzent
FROM Kursthemen LEFT OUTER JOIN Kurse
     ON Kursthemen.TNr = Kurse.TNr CROSS JOIN
     (SELECT COUNT(*) AS Total
      FROM Kurse) AS X
GROUP BY Kursthemen.TNr
ORDER BY Kursthemen.TNr;
```

Ausgabe:

TNr	Themengebiet	Anzahl	IntProzent	DezProzent
1	Sicherheit und Umweltschutz	3	0	25.0
2	Führung und Zusammenarbeit	2	0	16.7
3	PC-Kurse	3	0	25.0
4	Arbeitstechnik	2	0	16.7
5	Projekte	2	0	16.7
6	Schulung	0	0	0.0

Abb. 6.16 Prozentuale Anteile an Kursen mit unterschiedlichen Resultaten

Die Anzahl der Datensätze pro Gruppe ergibt sich aus COUNT(Kurse.KNr). Das Ergebnis ist immer ganzzahlig (Datentyp int). Die Tabellenabfrage X gibt das Total aller Datensätze in der Tabelle „Kurse" zurück. Auch dieser Wert ist ganzzahlig. Dividiert man nun zwei ganzzahlige Werte, so geht SQL-Server hin und macht das Ergebnis ganzzahlig, indem die Nachkommastellen einfach abgeschnitten werden. Dies ist der Grund, weshalb die Spalte „IntProzent" immer 0 anzeigt. Da nützt es auch nichts mehr, dass der Ausdruck anschließend mit 100 multipliziert wird, weil 100 * 0 = 0 ergibt.

Bei jedem Berechnungsausdruck wird versucht, einen passenden Datentyp zuzuweisen. Dummerweise passt der Datentyp int aber nicht zum gewünschten Ergebnis. Also muss dem Programm mitgeteilt werden, dass andere Datentypen verwendet werden müssen. Dafür gibt es die CAST-Funktion. Diese ist ähnlich wie die CONVERT-Funktion, nur bietet sie keine Formatierungsmöglichkeiten. Um ein korrektes Zwischenergebnis zu erhalten, müssen die Integer-Werte der COUNT-Funktionen erst in einen Gleitkommawert umgewandelt werden. Hier bietet sich float an, der die größtmögliche Genauigkeit bietet und somit Rundungsfehler minimiert. Der folgende Ausdruck gibt somit einen Gleitkommawert (z. B. 16.6666666666667) zurück:

```
CAST(COUNT(Kurse.KNr) AS float) /
CAST(MIN(X.Total) AS float) * 100.0
```

Dieser Wert muss nun noch auf eine Nachkommastelle gerundet werden, wofür die ROUND-Funktion verwendet wird. Das Ergebnis hätte dann den Datentyp float, weil der zu rundende Ausdruck auch diesen Datentyp aufweist. Für einen Prozentwert, der nie über 100 % gehen kann und genau eine Nachkommastelle besitzt, ist es aber ausreichend, den Datentyp decimal(4,1) zu verwenden. Dies passiert mit der äußersten CAST-Funktion. Würde man aus der Abfrage eine Datensicht erstellen, dann sähe die Felddefinition so aus:

> ⊟ ▦ dbo.Kursthemen_Prozente
> > ⊟ 📁 Spalten
> > > 🗈 TNr (int, Nicht NULL)
> > > 🗈 Themengebiet (nvarchar(40), NULL)
> > > 🗈 Anzahl (int, NULL)
> > > 🗈 IntProzent (int, NULL)
> > > 🗈 DezProzent (decimal(4,1), NULL)

6.4.4   Zähler und Ranglisten

Es gibt z. B. bei Datenübernahmen aus anderen Systemen immer mal wieder die Anforderung, neue Primärschlüsselwerte fürs Zielsystem erstellen zu müssen. Der Klassiker besteht darin, eine Hilfstabelle mit einem Autowert-Feld anzulegen und die Datensätze reinzukopieren. Das Feld mit dem Autowert erhöht dann für jeden Datensatz den Zähler. Dies funktioniert bei ACCESS und SQL-Server. Bei ORACLE müsste man mit Sequenzen und Triggern arbeiten. Es gibt aber bessere Möglichkeiten, wie folgendes Beispiel aufzeigt.

Ranglisten aus Wettkampfdaten erstellen

Aus einer Tabelle mit Wettkampfdaten sollen Ranglisten erstellt werden. Es sind für jede Disziplin die besten drei Teilnehmer für den Podest-Platz zu küren. ◄

Die Tabelle aus Abb. 6.17 soll dies illustrieren.

Die Tabelle enthält Zeiten von verschiedenen Disziplinen (Marathon und Skiabfahrten). Jeder Teilnehmer bekam eine Startnummer und die Laufzeiten wurden je nach Disziplin auf hundertstel Sekunden genau gemessen.

Würde die Tabelle nur Daten aus einer Disziplin enthalten oder soll nur eine Disziplin ausgewertet werden, so ließe sich das Problem mit SQL-Server oder ACCESS einfach lösen:

```
SELECT TOP 3 Startnummer, Zeit
FROM Wettkämpfe
WHERE (Disziplin = N'Marathon')
ORDER BY Zeit;
```

Diese Abfrage sortiert die Datensätze der Disziplin „Marathon" aufsteigend nach der Zeit und gibt die ersten drei Datensätze zurück (TOP 3).

Die Methode mit der TOP-Anweisung funktioniert aber nicht pro Disziplin, sondern nur für die gesamte Ausgabe aller Datensätze und zudem fehlen die Ranglistennummern 1–3.

Bei ORACLE würde man mit der TOP-Anweisung ohnehin scheitern, weil PL/ SQL die TOP-Anweisung bis und mit Version 12c gar nicht unterstützt.

Abb. 6.17 Tabelle mit Wettkampfdaten

Wettkämpfe

Disziplin	Startnummer	Zeit
Marathon	148	02:10:06.00
Marathon	199	02:20:39.00
Marathon	231	02:06:33.00
Marathon	417	02:34:43.00
Marathon	472	02:06:35.00
Marathon	674	02:13:37.00
Marathon	679	02:38:14.00
Marathon	705	02:31:12.00
Marathon	819	02:27:41.00
Marathon	979	02:17:08.00
Skiabfahrt	16	00:02:11.27
Skiabfahrt	18	00:02:10.85
Skiabfahrt	20	00:02:13.12
Skiabfahrt	35	00:02:10.49
Skiabfahrt	49	00:02:13.59
Skiabfahrt	51	00:02:10.04
Skiabfahrt	54	00:02:11.12
Skiabfahrt	57	00:02:10.74
Skiabfahrt	73	00:02:17.22
Skiabfahrt	78	00:02:11.01

Es braucht also eine Funktion, welche fortlaufende Zahlen generiert und dies auch für Gruppen von Datensätzen. So eine Funktion gibt es für SQL-Server und ORACLE. Sie heißt ROW_NUMBER und kann folgendermaßen eingesetzt werden:

```
SELECT * FROM (
SELECT Disziplin,
ROW_NUMBER() OVER (PARTITION BY Disziplin
ORDER BY Zeit) AS Rang, Startnummer, Zeit
FROM Wettkämpfe) AS X
WHERE X.Rang <= 3;
```

Daraus ergibt sich dann die Ausgabe gemäß Abb. 6.18.

Die Funktion ROW_NUMBER() erzeugt fortlaufende Zahlen, beginnend mit 1. Werden andere Anfangszahlen oder Schrittweiten benötigt, ist folgender Ausdruck zu verwenden:

```
(ROW_NUMBER() [...] - 1) * Schrittweite + Anfangswert
```

In den eckigen Klammern steht die Definition von OVER, welche im Minimum die zu verwendende Sortierung angibt (ORDER BY). Der Ausdruck PARTITION BY definiert die Gruppierung und kann auch entfallen, wenn einfach alle Datensätze durchnummeriert werden sollen. Im Beispiel oben wird nach der Disziplin gruppiert, was bedeutet, dass die ROW_NUMBER-Funktion bei jeder neuen Gruppe wieder mit dem Anfangswert 1 startet. Weil nur die ersten drei Datensätze pro Gruppe benötigt werden, muss nach dem Rang gefiltert werden. Dies ist aber nur in der übergeordneten Abfrage möglich, weil die ROM_ NUMBER-Funktion nicht im WHERE-Teil verwendet werden kann. Die eigentliche Abfrage mit der Ranglistenbildung wird somit als abgeleitete Tabellenabfrage im FROM-Teil eingebettet, wie in Abschn. 6.4.3 erklärt.

▶   **Achtung** Die Funktion „ROW_NUMBER" liefert keine korrekte Rangliste, wenn es mehrere Wettkampfteilnehmer mit den exakt gleichen Zeiten gäbe. Dafür müsste die Funktion „RANK" verwendet werde, welche ansonsten gleich aufgebaut ist wie „ROW_NUMBER". Die Funktion „ROW_NUMBER" nummeriert die Datensätze

Abb. 6.18 Ranglisten pro Disziplin, aufsteigend sortiert nach der Zeit

Ausgabe:

Disziplin	Rang	Startnummer	Zeit
Marathon	1	231	02:06:33.00
Marathon	2	472	02:06:35.00
Marathon	3	148	02:10:06.00
Skiabfahrt	1	51	00:02:10.04
Skiabfahrt	2	35	00:02:10.49
Skiabfahrt	3	57	00:02:10.74

in der Reihenfolge des Auftretens. Die Funktion „RANK" fasst gleiche Datensätze (bezüglich ORDER BY) zusammen und vergibt an die gleichen Datensätze die gleichen Ranglistennummern.

Wenn es nur um die Erzeugung von eindeutigen Werten für ein neues Primärschlüsselfeld „ID" der Tabelle „Wettkämpfe" geht, kann folgende Abfrage verwendet werden:

```
SELECT ROW_NUMBER()
OVER (ORDER BY Zeit) AS ID, X.*
FROM (SELECT * FROM  Wettkämpfe) AS X;
```

Generell empfehle ich, die ROW_NUMBER-Funktion nicht zusammen mit GROUP BY in der gleichen und möglichst im SELECT-Teil der **äußersten** Unterabfrage zu verwenden. Das Problem mit der fehlenden TOP-Anweisung bei ORACLE lässt sich allgemein so lösen:

```
SELECT [Feldliste]
FROM (SELECT [Feldliste], ROW_NUMBER() OVER
(ORDER BY [zu sortierende Felder] [ASC | DESC]) AS x
FROM [Datenquelle])
WHERE  x <= [erste x Datensätze];
```

Die eckigen Klammern sind durch die gewünschten Angaben zu ersetzen. Ab ORACLE 12c gibt es folgende Möglichkeit:

```
SELECT [Feldliste]
FROM [Datenquelle]
ORDER BY [zu sortierende Felder] [ASC | DESC]
FETCH FIRST [erste x Datensätze] ROWS ONLY;
```

Es wäre ja auch unzumutbar gewesen, sich an andere SQL-Dialekte anzulehnen (siehe Abschn. 4.13.5):

6.4.5 Kreuztabellenabfragen (Pivot-Tabellen)

Eine Tabelle besitzt eine definierte Anzahl an Feldern, kann aber beliebig viele Datensätze aufnehmen – sie wächst somit nach unten. Bei einer Kreuztabelle sind auch die Felder variabel. Eine Kreuztabellenabfrage kann somit abhängig von den Daten unterschiedlich viele Felder ausgeben. Solche Abfragen sind dazu geeignet, komplexe Zusammenhänge übersichtlicher darzustellen.

Darstellung von Datensichten als Kreuztabellen

Aus den Kursbesuchen (siehe letztes Beispiel in Abschn. 6.3.3) soll eine Liste für **alle** Mitarbeiter erstellt werden, aus der hervorgeht, welche **durchgeführten** Kurse **zuletzt** besucht worden sind.

Dafür wird eine Datensicht angelegt, welche alle Kursbesuche auflistet. Personen, die noch keinen Kurs besucht haben, müssen aber auch ausgegeben werden. ◄

Folgende Datensicht erfüllt diese Anforderungen:

```
CREATE VIEW V_Kursbesuche
AS SELECT P.PNr, P.Name, P.Vorname, K.KNr,
K.Kursbezeichnung, KB.Datum
FROM Kurse AS K INNER JOIN Kursbesuche AS KB ON
K.KNr = KB.KNr RIGHT OUTER JOIN Personen AS P
ON KB.PNr = P.PNr;
```

Um die Abfrage kompakter zu gestalten, wurden Aliasnamen für die Tabellen verwendet. Mit „Kurse INNER JOIN Kursbesuche" wird erreicht, dass nur besuchte Kurse ausgegeben werden. Mit „Kursbesuche RIGHT OUTER JOIN Personen" wird erreicht, dass alle Personen ausgegeben werden, auch wenn sie in der Tabelle „Kursbesuche" nicht vorkommen, weil sie noch keinen Kurs besucht haben.

Diese Datensicht gibt aber auch Kurse aus, welche von der gleichen Person mehrmals besucht worden sind:

Ausgabe (Auszug):

PNr	Name	Vorname	KNr	Kursbezeichnung	Datum
345678	Metzger	Paul	123	Arbeitshygiene	2008-08-25
345678	Metzger	Paul	123	Arbeitshygiene	2007-02-03

Weil nur der letzte Kursbesuch interessiert, muss nun noch gruppiert werden:

```
SELECT PNr, MIN(Name) AS Name, MIN(Vorname) AS
Vorname, KNr, MIN(Kursbezeichnung) AS
Kursbezeichnung, FORMAT(MAX(Datum), 'd', 'de-DE')
AS ZuletztBesucht
FROM V_Kursbesuche
GROUP BY PNr, KNr
ORDER BY Name, Vorname, Kursbezeichnung;
```

Daraus resultiert dann die Ausgabe gemäß Abb. 6.19.

Die Liste in Abb. 6.19 erfüllt nun alle Vorgaben und sogar das Datum wurde für Deutschland formatiert. Trotzdem wollen sich nicht wirklich Glücksgefühle einstellen. Die Liste ist unübersichtlich. Möchte man beispielsweise wissen, wer den Kurs „Tabellenkalkulation" noch nicht besucht ha, muss man alle Datensätze aller Personen nach diesem Kurs durchsuchen. Übersichtlich geht anders. Hier kann nun eine Kreuztabelle bzw. Pivot-Tabelle helfen, wie dies Abb. 6.20 zeigt:

Ausgabe:

PNr	Name	Vorname	KNr	Kursbezeichnung	ZuletztBesucht
625342	Gerber	Roland	255	Datenbanken	21.07.2008
845622	Huber	Walter	345	Schw. Gespr. führen	11.11.2007
334643	Meier	Hans	412	Tabellenkalkulation	07.08.2006
345678	Metzger	Paul	123	Arbeitshygiene	25.08.2008
345678	Metzger	Paul	454	Elektrost. Aufladung	17.09.2007
345678	Metzger	Paul	776	Wartung von Anlagen	15.04.2008
233456	Müller	Franz			
232452	Müller	Hugo	454	Elektrost. Aufladung	17.09.2007
132442	Osswald	Kurt	454	Elektrost. Aufladung	17.09.2007
344556	Scherrer	Daniel	412	Tabellenkalkulation	10.06.2007
567231	Schmid	Beat			
100001	Steffen	Felix	255	Datenbanken	21.07.2008
100001	Steffen	Felix	454	Elektrost. Aufladung	12.01.2007
100001	Steffen	Felix	245	Kostenschätzung	23.06.2008
100001	Steffen	Felix	412	Tabellenkalkulation	07.08.2006
345727	Steiner	René			

Abb. 6.19 Liste mit den zuletzt besuchten Kursen aller Personen

Ausgabe:

PNr	Name	Vorname	123	245	255	345	412	454	776
625342	Gerber	Roland			21.07.2008				
845622	Huber	Walter				11.11.2007			
334643	Meier	Hans					07.08.2006		
345678	Metzger	Paul	25.08.2008					17.09.2007	15.04.2008
233456	Müller	Franz							
232452	Müller	Hugo						17.09.2007	
132442	Osswald	Kurt						17.09.2007	
344556	Scherrer	Daniel					10.06.2007		
567231	Schmid	Beat							
100001	Steffen	Felix		23.06.2008	21.07.2008		07.08.2006	12.01.2007	
345727	Steiner	René							

Abb. 6.20 Pivot-Tabelle mit den zuletzt besuchten Kursen pro Person

In dieser Darstellung ist auf einen Blick ersichtlich, dass die Personen 233456, 567231 und 345727 noch nie einen Kurs besucht haben, weil in den Schnittpunkten zwischen Kursnummern und Personen kein einziges Kursbesuchsdatum steht. Anstelle der Kursnummer könnte man auch die Kursbezeichnung als Spaltenüberschrift verwenden, was aber mehr Platz benötigen würde, dafür aber noch leichter zu lesen wäre.

Um so eine Liste zu bekommen, muss die zur Ausgabe Abb. 6.19 gehörende Abfrage in eine Pivot-Abfrage umgewandelt werden:

```
SELECT Pvt.PNr, Pvt.Name, Pvt.Vorname, Pvt.[123],
Pvt.[245], Pvt.[255], Pvt.[345], Pvt.[412], Pvt.[454],
Pvt.[776]
FROM (SELECT PNr, Name, Vorname, KNr,
        FORMAT(Datum, 'd', 'de-DE') AS ZuletztBesucht
        FROM V_Kursbesuche) AS KB
PIVOT(MAX(KB.ZuletztBesucht) FOR KB.KNr IN( [123],
[245], [255], [345], [412], [454], [776] )) AS Pvt
ORDER BY Pvt.Name, Pvt.Vorname;
```

Leider gilt auch hier: Übersichtlich geht anders! Die ganze Abfrage basiert auf der abgeleiteten Tabellenabfrage KB. Diese gibt die Kursbesuche zurück und formatiert dabei noch das Kursbesuchsdatum. Mit dem Operator PIVOT geht SQL-Server nun hin und gruppiert die Datensätze, was man an der Aggregatfunktion MAX ablesen kann. Die Ergebnisse dieser Aggregatfunktion werden in den Schnittpunkten von Zeilen (Personen) und Spalten (Kursnummern) ausgegeben. Gruppiert wird nach allen Feldern, die im PIVOT-Ausdruck (inklusive FOR) nicht vorkommen (also PNr, Name und Vorname). Der PIVOT-Operator liefert eine abgeleitete Tabelle (hier Pvt) zurück. Das Schlüsselwort FOR im PIVOT-Ausdruck definiert, welche Kursbesuchsnummern (KNr) für die Spaltenanzeige ausgewertet werden. Speziell daran ist, dass die Kursnummern in Felder mit dem Datentyp der Aggregatfunktion umgewandelt werden, was man an den eckigen Klammern ablesen kann. Auf diese Felder kann man sich dann in der SELECT-Anweisung beziehen.

Die Verwendung einer Formatierungsfunktion wie FORMAT in der abgeleiteten Abfrage kann zu falschen Ergebnissen führen, weil die Aggregatfunktion (hier MAX) dann auf den Datentyp nvarchar anstelle von datetime angewendet wird. Die MAX-Funktion ermittelt den Maximalwert dann aus einer Zeichenkette anstelle eines Zeitwertes. Um dies zu umgehen, muss man die FORMAT-Funktion auf jedes einzelne Feld anwenden, welches von der FOR-Anweisung zurückgegeben wird.

Der Nachteil dieser Methode ist offensichtlich: Man muss die zurückgegebenen Feldnamen (Kursbesuchsnummern) im Voraus kennen, um überhaupt eine Pivot-Abfrage erstellen zu können. Also müsste man zuerst mal so eine Abfrage ausführen:

```
SELECT DISTINCT KNr, Kursbezeichnung
FROM (SELECT KNr, MIN(Kursbezeichnung) AS
        Kursbezeichnung FROM V_Kursbesuche
        WHERE KNr IS NOT NULL)
GROUP BY PNr, KNr) AS X
```

Damit bekommt man alle möglichen Kursnummern und Kursbezeichnungen. Anstelle der Kursnummer könnte man auch die Kursbezeichnung als Aliasnamen verwenden:

```
SELECT PNR, Name, Vorname,
    [123] AS [Arbeitshygiene], ...
```

Bei ACCESS gibt es mit dem Operator TRANSFORM die Möglichkeit, eine Pivot-Abfrage zu erstellen, welche die Spaltennamen dynamisch aus der Abfrage ermittelt:

```
TRANSFORM Max(KB.Datum) AS ZuletztBesucht
SELECT KB.PNr, KB.Name, KB.Vorname
FROM [V_Kursbesuche] AS KB
GROUP BY KB.PNr, KB.Name, KB.Vorname
ORDER BY KB.Name, KB.Vorname, KB.KNr
PIVOT KB.KNr;
```

Bei SQL-Server müsste man eine T-SQL-Prozedur programmieren, welche zuerst die Spaltennamen ermittelt und dann das SQL der Pivot-Abfrage dynamisch zusammensetzt und ausführt. Als Alternative zur Prozedur könnte man auch eine Tabellenwertabfrage verwenden, müsste dann aber auf Aliasnamen der Spalten verzichten und die Anzahl der Spalten limitieren.

Nicht jedes Datenbanksystem unterstützt den PIVOT-Operator, weshalb zum Abschluss dieses Abschnitts eine alternative Methode vorgestellt werden soll, welche mit kleineren Anpassungen immer funktionieren sollte, wie dies Abb. 6.21 zeigt:

Diese SQL-Abfrage liefert die genau gleiche Pivot-Liste wie Abb. 6.20 zurück, kommt aber (fast) mit Standard-SQL-Anweisungen aus (CASE ist nicht Standard).

Im Gegensatz zur Pivot-Abfrage wird in der abgeleiteten Tabellenabfrage KB bereits gruppiert und das letzte Kursbesuchsdatum ermittelt. Dieses kann dann auch gleich formatiert ausgegeben werden. Das Ergebnis von KB wird anschließend nochmals nach der Personalnummer gruppiert. Folglich benötigen alle anderen Felder eine Aggregatfunktion MIN (oder MAX oder sonst eine Funktion, die den Feldwert nicht verändert) in der SELECT-Anweisung. Die Gruppierung führt dazu, dass pro Person nur ein Datensatz zurück-

Abb. 6.21 Universelle Pivot-Tabellenabfrage ohne PIVOT

```
SELECT KB.PNr, MIN(KB.Name) AS Name,
MIN(KB.Vorname) AS Vorname,
MIN(CASE [KNr] WHEN 123 THEN ZuletztBesucht ELSE
NULL END) AS [123],
MIN(CASE [KNr] WHEN 245 THEN ZuletztBesucht ELSE
NULL END) AS [245],
MIN(CASE [KNr] WHEN 255 THEN ZuletztBesucht ELSE
NULL END) AS [255],
MIN(CASE [KNr] WHEN 345 THEN ZuletztBesucht ELSE
NULL END) AS [345],
MIN(CASE [KNr] WHEN 412 THEN ZuletztBesucht ELSE
NULL END) AS [412],
MIN(CASE [KNr] WHEN 454 THEN ZuletztBesucht ELSE
NULL END) AS [454],
MIN(CASE [KNr] WHEN 776 THEN ZuletztBesucht ELSE
NULL END) AS [776]
FROM (SELECT PNr, MIN(Name) AS Name,
       MIN(Vorname) AS Vorname, KNr,
       MIN(Kursbezeichnung) AS Kursbezeichnung,
       FORMAT(MAX(Datum), 'd', 'de-DE') AS
       ZuletztBesucht
       FROM V_Kursbesuche
       GROUP BY PNr, KNr) AS KB
GROUP BY KB.PNr
ORDER BY MIN(KB.Name), MIN (KB.Vorname);
```

gegeben wird. Der CASE-Ausdruck gibt für einen passenden Wert für KNr den Feldwert von ZuletztBesucht zurück. Passt der Wert nicht, wird ein Nullwert zurückgegeben. Je nach Datenbanksystem kann es andere Ausdrücke anstelle von CASE geben, welche aber die gleiche Funktion erfüllen. Bei ACCESS kann CASE durch die Funktion „IIF" ersetzt werden, wobei es dann zu verschachtelte IIF-Funktionen kommen kann.

6.4.6　Übungsaufgaben

Das folgende Praxisbeispiel wurde von mir in ähnlicher Art und Weise umgesetzt, für die Aufgabenstellung aber etwas vereinfacht. Es geht um den Druck von Gefahrgutetiketten.

Die Vereinten Nationen wollen die Einstufung und Kennzeichnung von Chemikalien weltweit vereinheitlichen. Dafür wurde das *Globally Harmonized System of Classification, Labelling and Packaging of Chemicals*, kurz GHS entwickelt, welches seit dem 1. Dezember 2012 in Europa alle Hersteller von Reinstoffen verpflichtet, ihre Chemikalien nach diesem System zu kennzeichnen. Seit dem 1. Juni 2015 gilt die Kennzeichnung auch für Gemische und ist seitdem auf vielen Gütern des täglichen Gebrauchs (z. B. Reinigungsmittel, Farben und Lacke, Pflanzenschutzmitteln usw.) zu finden. Die Kennzeichnung von GHS besteht aus den Gefahrenpiktogrammen gemäß Abb. 6.22.

Daneben gibt es noch H- und P-Sätze, welche vor Gefahren warnen bzw. Hinweise für den sicheren Umgang mit Chemikalien geben. Diese sollen hier aber nicht verwendet werden.

Die Symbole haben eine eindeutige Bezeichnung (GHS01-09). Der Etikettendruck funktioniert meist so, dass jedes Etikett als Datensatz in eine Tabelle mit vielen Feldern abgespeichert wird. Das Etikettendruckprogramm liest dann die Datensätze und druckt pro Datensatz ein Etikett. Bei Bildern werden die Namen der Bilder in den Feldern abgelegt. Das Etikettendruckprogramm ergänzt diesen Namen dann mit den Pfadangaben des Dateisystems, auf dem sich die Bilddateien befinden. Diese werden dann geladen und gedruckt. Somit müssen nur die Namen der Bilddateien angegeben werden.

Das folgende Datenmodell zeigt die beteiligten Tabellen:

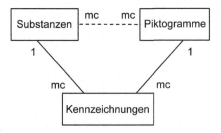

Jede Substanz kann theoretisch 9 Piktogramme besitzen, wovon aber maximal 5 Piktogramme auf dem Etikett gedruckt werden müssen. Die Auswahl der Piktogramme erfolgt

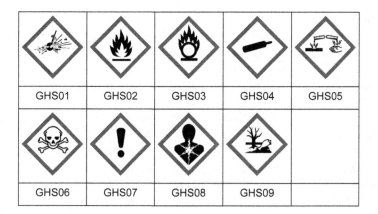

Abb. 6.22 Gefahrenpiktogramme des GHS-Systems

über eine Priorisierung. Chemikalien ohne Gefahrenpotenzial haben keine Piktogramme, müssen aber trotzdem gedruckt werden können. In der Tabelle „Kennzeichnungen" werden diese Zuordnungen und Prioritäten abgelegt.

Es gibt eine Datensicht „V_GHS_Kennzeichnungen", welche eine Liste gemäß Abb. 6.23 liefert.

Die Liste in Abb. 6.23 enthält alle Attribute (Felder) des Entitätenblockdiagramms und eine repräsentative Auswahl der Datensätze für den Etikettendruck. ArtNr steht für die Artikelnummer. Die CAS-Nummer entspricht einer Identifikationsnummer für Chemikalien, wobei meist nur Reinstoffe (keine Gemische) eine CAS-Nummer besitzen). Die UN-Nummer gibt es für Chemikalien, welche als Gefahrgut eingestuft sind. Das Feld „PrioWert" enthält die Priorisierung der GHS-Piktogramme. Es ist ein berechneter Wert pro Substanz, welcher für die Auswahl und die Reihenfolge der Piktogramme beim Druck verwendet werden kann. Beispielsweise besitzt CHLORDIOXID 8 Piktogramme, wovon aber nur die 5 Piktogramme mit der höchsten Priorität auf das Etikett gedruckt werden müssen (in aufsteigender Reihenfolge). Das Feld „PrioWert" ist etwas konstruiert. Ein GHS-Einstufungsprogramm würde nur die tatsächlich zu druckenden Piktogramme (also maximal 5) zurückliefern und die Regeln für die Kennzeichnungen sind wesentlich komplexer als hier beschrieben. Als Übungsbeispiel ist diese Liste aber durchaus geeignet und die Problematik beim Etikettendruck entspricht zu 100 % der Praxis.

Alle Lösungen der nachfolgenden Aufgaben finden sich in Kap. 8.

Aufgabe 6.1
Ordnen Sie alle Felder den Tabellen des Entitätenblockdiagramms in Abschn. 6.4.6 zu und dokumentieren sie die Tabellen in der Kurzschreibweise.

Aufgabe 6.2
Erstellen Sie eine SQL-Anweisung, welche die Datensicht „V_GHS_Kennzeichnungen" erzeugt. Beachten Sie, dass immer alle Substanzen ausgegeben werden müssen, auch wenn keine GHS-Piktogramme vorhanden sind (siehe Artikel 5553).

Ausgabe:

ArtNr	Substanzname	CASNr	UNNr	Symbol	Bezeichnung	PrioWert
1139	TERPENTIN, ÖL	8006-64-2	1299	GHS02	Flamme	223
1139	TERPENTIN, ÖL	8006-64-2	1299	GHS07	Ausrufezeichen	335
1139	TERPENTIN, ÖL	8006-64-2	1299	GHS08	Gesundheitsgefahr	534
1139	TERPENTIN, ÖL	8006-64-2	1299	GHS09	Umwelt	667
1254	AMMONIAK	1336-21-6	2672	GHS05	Ätzwirkung	122
1254	AMMONIAK	1336-21-6	2672	GHS07	Ausrufezeichen	332
1254	AMMONIAK	1336-21-6	2672	GHS09	Umwelt	355
2234	ACRYLAMID	79-06-1	2074	GHS06	Totenkopf	134
2234	ACRYLAMID	79-06-1	2074	GHS08	Gesundheitsgefahr	455
4428	CHLORDIOXID	10049-04-4	NULL	GHS01	Explodierende Bombe	512
4428	CHLORDIOXID	10049-04-4	NULL	GHS03	Flamme über Kreis	201
4428	CHLORDIOXID	10049-04-4	NULL	GHS04	Gasflasche	114
4428	CHLORDIOXID	10049-04-4	NULL	GHS05	Ätzwirkung	306
4428	CHLORDIOXID	10049-04-4	NULL	GHS06	Totenkopf	255
4428	CHLORDIOXID	10049-04-4	NULL	GHS07	Ausrufezeichen	634
4428	CHLORDIOXID	10049-04-4	NULL	GHS08	Gesundheitsgefahr	467
4428	CHLORDIOXID	10049-04-4	NULL	GHS09	Umwelt	402
5553	CALCIUMCARBONAT	471-34-1	NULL	NULL	NULL	NULL
6552	SALPETERSÄURE	7697-37-2	2031	GHS03	Flamme über Kreis	155
6552	SALPETERSÄURE	7697-37-2	2031	GHS05	Ätzwirkung	218
8336	CELLULOSENITRAT	9004-70-0	NULL	GHS01	Explodierende Bombe	177

Abb. 6.23 Liste von Chemikalien mit GHS-Piktogrammen

Aus der Ausgabe der Datensicht „V_GHS_Kennzeichnungen" soll folgende Liste entstehen:

Ausgabe:

ArtNr	Substanzname	CASNr	UNNr	Pikto1	Pikto2	Pikto3	Pikto4	Pikto5
1139	TERPENTIN, ÖL	8006-64-2	1299	GHS02	GHS07	GHS08	GHS09	NULL
1254	AMMONIAK	1336-21-6	2672	GHS05	GHS07	GHS09	NULL	NULL
2234	ACRYLAMID	79-06-1	2074	GHS06	GHS08	NULL	NULL	NULL
4428	CHLORDIOXID	10049-04-4	NULL	GHS04	GHS03	GHS06	GHS05	GHS09
5553	CALCIUMCARBONAT	471-34-1	NULL	NULL	NULL	NULL	NULL	NULL
6552	SALPETERSÄURE	7697-37-2	2031	GHS03	GHS05	NULL	NULL	NULL
8336	CELLULOSENITRAT	9004-70-0	NULL	GHS01	NULL	NULL	NULL	NULL

In Form dieser Pivot-Tabelle kann das Etikettendruckprogramm später Etiketten drucken, weil jedes Etikett genau einem Datensatz entspricht.

Als Erstes soll die Geschäftsregel umgesetzt werden, wonach maximal 5 Piktogramme pro Substanz gedruckt werden dürfen.

Aufgabe 6.3

Erstellen Sie eine SQL-Anweisung, welche eine Datensicht „V_GHS_Prioritäten" erzeugt. Diese Datensicht soll eine Rangliste aus der Tabelle „Kennzeichnungen" mit folgenden Feldern ausgeben:

V_GHS_Prioritäten (ArtNr, Symbol, PrioWert, Rang)

Dem kleinsten PrioWert pro Artikelnummer soll der Rang 1 zugewiesen werden, dem zweitkleinste PrioWert den Rang 2 usw. Die Prioritäten sind also aufsteigend zu ordnen. Das Feld „Rang" soll zudem den Datentyp „smallint" bekommen.

Nun wird eine Datensicht benötigt, welche alle Substanzen mit ihren GHS-Piktogrammen auflistet, aber maximal 5 Piktogramme zurückgibt (ein Datensatz pro Piktogramm). Hier ein Beispiel:

Ausgabe:

ArtNr	Substanzname	CASNr	UNNr	Symbol	Rang
1254	AMMONIAK	1336-21-6	2672	GHS05	1
1254	AMMONIAK	1336-21-6	2672	GHS07	2
1254	AMMONIAK	1336-21-6	2672	GHS09	3
5553	CALCIUMCARBONAT	471-34-1	NULL	NULL	NULL

Bei Substanzen ohne Piktogramme ist nur ein Datensatz mit den Substanzdaten auszugeben. Die Felder „Symbol" und „Rang" bleiben leer.

Aufgabe 6.4

Erstellen Sie eine Datensicht „V_GHS_Piktogramme". Diese Datensicht soll die Substanznamen und Piktogramme ausgeben, wie in der Ausgabe von Aufgabe 6.3 dargestellt, und die Datensicht „V_GHS_Prioritäten" einbinden.

▶   Verwenden Sie die Datensicht „V_GHS_Prioritäten" in einer abgeleiteten Tabellenabfrage. Andernfalls wird die Ausgabe mit größter Wahrscheinlichkeit falsch sein, weil Substanzen ohne Piktogramme nicht angezeigt werden.

Aufgabe 6.5

Erstellen Sie aus der Datensicht „V_GHS_Piktogramme" eine Pivot-Tabellensicht „V_GHS_Piktogramme_PIVOT". Diese Datensicht soll eine Liste gemäß der Ausgabe in Aufgabe 6.2 ausgeben. Verwenden Sie für diese Aufgabe den PIVOT-Operator.

Aufgabe 6.6

Lösen Sie Aufgabe 6.5 mit einem CASE-Ausdruck anstelle eines PIVOT-Operators.

6.5   Datenschutz

Zusammenfassung

Der Datenschutz eines Datenbanksystems wird realisiert, indem Zugriffsberechtigungen auf den Datenbankobjekten (Tabellen, Sichten (Views) und gespeicherte Prozeduren/Funktionen) definiert werden. ◄

Diese Zugriffsberechtigungen werden dann an Benutzer oder Rollen vergeben. Grundsätzlich muss für jeden Benutzer ein Benutzerkonto auf dem Datenbankserver eingerichtet werden, damit er sich anmelden und seine Aktionen verfolgt werden können. Datenbankrollen haben den Vorteil, dass die Zugriffsberechtigungen auf den Datenbankobjekten nicht jedem neuen Benutzer von neuem zugewiesen werden müssen. Stattdessen wird der neue Benutzer einer Rolle zugewiesen, die diese Rechte bereits besitzt. Der administrative Aufwand wird somit beträchtlich reduziert. Grundsätzlich kann jeder Benutzer Mitglied bei beliebig vielen Rollen sein. Jede Rolle kann zudem beliebig viele Mitglieder haben.

In diesem Abschnitt werden die wichtigsten SQL-Befehle für den Datenschutz behandelt. Es ist allerdings zu sagen, dass der Datenschutzteil von SQL am wenigsten standardisiert ist. Jedes Datenbanksystem hat eigene Befehle und Werkzeuge dafür.

Eine neue Rolle wird mit dem Befehl „CREATE ROLE" erstellt:

```
CREATE ROLE Rollenname;
```

Diesen Befehl gibt es bei SQL-Server und ACCESS aber nicht. Dort muss die Prozedur „sp_addrole" bzw. „CREATE GROUP" verwendet werden. Es ist je nach Datenbanksystem auch möglich, bestehende Netzwerkrollen (z. B. in einem Windows NT-Netzwerk) zu verwenden. Dadurch entfällt das separate Anmelden beim Datenbankserver. Der Benutzer muss sich nur noch im Netzwerk anmelden.

Beim SQL-Server gibt es zudem noch Applikationsrollen. Diese werden von einem Programm aus mit dem Rollennamen und einem Passwort aufgerufen. Danach besitzt der angemeldete Benutzer für die Dauer seiner Sitzung (Session) nur noch die Rechte, die der Applikationsrolle zugewiesen wurden. Damit lässt sich sicherstellen, dass gewisse Opera-

tionen nur programmgesteuert durchgeführt werden können, weil nur die Applikationsrolle die notwendigen Zugriffsberechtigungen besitzt.

Bei ORACLE gibt es eine ähnliche Möglichkeit:

```
SET ROLE Rollenname1, Rollenname2, ...;
```

Mit diesem Befehl wird festgelegt, welche Rollen während der Benutzersitzung oder
bis zum nächsten Aufruf von „SET ROLE" aktiviert sind.

Um eine Rolle zu löschen, kommt der Befehl „DROP ROLE" zur Anwendung:

```
DROP ROLE Rollenname;
```

Bei SQL-Server lautet die entsprechende Prozedur „sp_droprole", während bei AC-
CESS „DROP GROUP" verwendet wird.

Die Zugriffsberechtigungen auf den Datenbankobjekten werden mit dem Befehl
„GRANT" erteilt:

```
GRANT Privilegien
ON Datenbankobjekt [(Attribut1, Attribut2, ...)]
TO {Datenbankrolle|Benutzerkonto}, {...};
```

Die möglichen Privilegien sind in Abb. 6.24 dargestellt.

Wenn keine Attribute angegeben werden, gelten die Privilegien für alle Attribute des
Datenbankobjektes. Einzelne Attribute können nur bei „SELECT" und „UPDATE" angegeben werden – alle anderen Privilegien betreffen das ganze Datenbankobjekt. Der
Empfänger dieser Zugriffsberechtigungen ist entweder eine Datenbankrolle (Normalfall)
oder ein Benutzerkonto.

Vergabe von Zugriffsrechten

```
GRANT SELECT, UPDATE
ON Personen (Name, Vorname, PLZ, Ort)
TO Sekretariate;
```

Abb. 6.24 Übersicht der
Objektprivilegien

Privileg	Beschreibung	Attributliste
SELECT	Leserecht für Tabelle/View	ja
INSERT	Datensätze in Tabelle/View einfügen	nein
UPDATE	Attributwerte dürfen geändert werden	ja
DELETE	Datensätze dürfen gelöscht werden	nein
EXECUTE	Prozeduren dürfen ausgeführt werden	nein

Dieser Befehl erteilt allen Benutzern, die der Rolle „Sekretariate" zugewiesen wurden, das Recht, die Attribute „Name", „Vorname", „PLZ" und „Ort" in der Tabelle „Personal" zu lesen und die Attributwerte zu ändern. Das Einfügen oder Löschen von Datensätzen in diese Tabelle ist aber nicht erlaubt. ◄

Falls man den Sekretariaten noch die Möglichkeit geben möchte, nach der Personalnummer zu suchen, ohne diese aber verändern zu können, müsste so ein SQL-Befehl verwendet werden:

```
GRANT SELECT
ON Personen (PersNr)
TO Sekretariate;
```

► **Achtung**   Der GRANT-Befehl entfernt keine zuvor erteilten Rechte – er fügt nur neue Rechte dazu!

Als Alternative zur Vergabe von Attributrechten könnte mit dem Befehl „CREATE VIEW" eine Pseudotabelle (View) erstellt werden und dieser dann die Rechte zugewiesen werden:

```
CREATE VIEW V_Personen AS
SELECT Name, Vorname, PLZ, Ort
FROM Personen;

GRANT SELECT ON V_Personen TO Sekretariate;

GRANT INSERT ON V_Personen TO Personaldienst;
```

Damit haben die Sekretariate wieder Leserechte, zusätzlich besitzt der Personaldienst aber das Recht, neue Datensätze einzufügen. Allerdings gibt es dabei das Problem, dass das Attribut „PersNr" nicht im View enthalten ist. Der folgende Befehl wird deshalb einen Fehler erzeugen, falls das Attribut „PersNr" in der Tabelle „Personen" keine Nullwerte zulässt und dafür auch kein Standardwert definiert wurde:

```
INSERT INTO V_Personen(Name, Vorname, PLZ, Ort)
VALUES ('Müller', 'Hans', 'X-1234', 'Neustadt');
```

Die Zugriffsberechtigungen auf den Datenbankobjekten werden mit dem Befehl „REVOKE" wieder entzogen:

```
REVOKE Privilegien
ON Datenbankobjekt [(Attribut1, Attribut2, ...)]
FROM {Datenbankrolle|Benutzerkonto}, {...};
```

Der Befehl „REVOKE" verwendet die gleichen Privilegien, wie „GRANT".

```
REVOKE UPDATE
ON Personen (Name, Vorname)
FROM Sekretariate;
```

Nach diesem Befehl können die Sekretariate nur noch die Attributwerte von „PLZ" und „Ort" ändern, nicht aber „Name" und „Vorname". Die Leserechte (SELECT) bleiben aber erhalten. ◄

6.6   Transaktionen

Datenbanksysteme stellen verschiedene Mechanismen zur Verfügung, die verhindern sollen, dass die Daten der Datenbank inkonsistent werden (siehe Abschn. 3.5.1). Dazu gehört die Möglichkeit, Beziehungen zu definieren und somit die referenzielle Integrität zu gewährleisten. Eine andere Möglichkeit besteht darin, mehrere Operationen am Datenbestand zu einer Transaktion zusammenzufassen. Bei jedem dieser Operationsschritte können Daten verändert werden. Falls aber einer dieser Schritte fehlschlägt, müssen alle bereits vorgenommen Veränderungen am Datenbestand rückgängig gemacht werden. Nur so kann sichergestellt werden, dass die Datenkonsistenz erhalten bleibt. SQL bietet je nach Datenbanksystem verschiedene Befehle an, um Transaktionen zu steuern. Eingeleitet wird eine Transaktion mit dem Befehl „BEGIN TRANSACTION":

```
BEGIN TRANSACTION;
```

Alle nun nachfolgenden SQL-Anweisungen (INSERT, UPDATE, DELETE) werden protokolliert, bis entweder die Transaktion mit COMMIT abgeschlossen oder mit ROLLBACK abgebrochen wird.

```
COMMIT;
```

Commit verbucht alle Änderungen am Datenbestand (seit Beginn der Transaktion) in der Datenbank und macht diese Änderungen für andere Benutzer sichtbar.

```
ROLLBACK;
```

Rollback macht alle Änderungen am Datenbestand, seit Beginn der Transaktion, rückgängig.

▶   **Wichtig** Damit Änderungen am Datenbestand überhaupt rückgängig gemacht werden können, werden alle Transaktionsschritte in einem Logfile protokolliert. Zudem
müssen alle betroffenen Datensätze gesperrt werden, damit diese nicht während der
Laufzeit der Transaktion von anderen Datenbankbenutzern geändert werden können. Im Extremfall wird der Zugriff auf ganze Tabellen für andere Benutzer gesperrt. Dies bedeutet, dass es unter Umständen nicht einmal möglich ist, Datensätze
zu lesen, während die Transaktion abgearbeitet wird.

Daraus ergeben sich folgende Anforderungen an den Programmierer einer Transaktion:

* Transaktionen sollten möglichst kurze Laufzeiten haben.
* Datensätze sollen nur gesperrt werden, wenn dies wirklich notwendig ist (kann bei
  SQL-Server mit speziellen Schlüsselwörtern im FROM-Teil gesteuert werden).
* COMMIT sollte ausgeführt werden, sobald dies möglich ist. Speziell bei der Program-
  mierung von Schlaufen sollte darauf geachtet werden, dass bei jedem Durchgang ein
  COMMIT ausgeführt wird, sofern nicht die Schlaufe als Ganzes zur Transaktion ge-
  hört. Andernfalls wird das Logfile unnötig aufgeblasen und die Performance des Datenbanksystems verschlechtert sich.

Transaktion für Spartenzähler

In der Tabelle „Sparten" soll bei jedem Eintrag in der Tabelle „Filme" ein Zähler nachgeführt werden, damit bei Abfragen nicht immer zuerst das Total ermittelt werden muss.

Sparten (SPNr, Bezeichnung, AnzahlTitel)
Filme (FNr, Titel, Spieldauer, SPNr) ◄

Die Transaktion für das Einfügen eines neuen Films in die Tabelle „Filme" könnte nun
wie in Abb. 6.25 aussehen (SQL-Server Syntax):

Abb. 6.25 Film in einer
Transaktion erfassen und
Spartenzähler erhöhen

```
BEGIN TRANSACTION
    INSERT INTO Filme
    VALUES (3256, 'Goldfinger2', 120, 3)
    IF (@@ERROR<>0) GOTO Fehler

    UPDATE Sparten
    SET AnzahlTitel = AnzahlTitel + 1
    WHERE SPNr = 3
    IF (@@ERROR<>0) GOTO Fehler

    COMMIT TRANSACTION
    RETURN

Fehler:
    ROLLBACK TRANSACTION
GO
```

Falls das Inkrementieren des Zählers „AnzahlTitel" in der Tabelle „Sparten" scheitert, muss auch das Einfügen des Datensatzes in die Tabelle „Filme" rückgängig gemacht werden, da sonst die Daten widersprüchlich werden. Der Zähler würde einen falschen Wert anzeigen.

Solche Geschäftsregeln lassen sich mit Triggern umsetzen. Ein Datenbank-Trigger ist ein Programm, welches mit einer Tabelle verknüpft ist und durch ein bestimmtes Ereignis ausgeführt wird.

Transaktionen mit Triggern durchführen

Beim Beispiel mit den Filmsparten würde man einen INSERT/DELETE-Trigger auf der Tabelle „Filme" erstellen, der nach dem Einfügen und Löschen von Datensätzen dafür sorgt, dass der Zähler in der Tabelle „Sparten" entsprechend nachgeführt wird. ◄

Dieser Trigger könnte aussehen, wie dies Abb. 6.26 zeigt (SQL-Server Syntax).
Der Vorteil dieser Methode wird bei den Abfragen sichtbar.

Abb. 6.26 INSERT/
DELETE-Trigger mit einer
Transaktion

```
CREATE TRIGGER [SpartenZähler] ON [dbo].[Filme]
FOR INSERT, DELETE
AS
    DECLARE @SPNr int
BEGIN
    BEGIN TRANSACTION

    IF UPDATE(FNr)
    BEGIN
--    bei INSERT Zähler inkrementieren
        SET @SPNr = (SELECT SPNr FROM inserted)

        UPDATE Sparten
        SET AnzahlTitel = AnzahlTitel + 1
        WHERE SPNr = @SPNr
        IF (@@ERROR <> 0) GOTO Fehler
    END
    ELSE
    BEGIN
--    bei DELETE Zähler dekrementieren
        SET @SPNr = (SELECT SPNr FROM deleted)

        UPDATE Sparten
        SET AnzahlTitel = AnzahlTitel - 1
        WHERE SPNr = @SPNr
        IF (@@ERROR <> 0) GOTO Fehler
    END
    COMMIT TRANSACTION
    RETURN

Fehler:
    RAISERROR ('Spartenzähler konnte nicht aktualisiert werden!', 16, 1)
    ROLLBACK TRANSACTION
END
GO
```

Abfrage ohne Trigger

```
SELECT Bezeichnung
FROM Sparten
WHERE   SPNr IN
        (SELECT SPNr
        FROM Filme
        GROUP BY SPNr
        HAVING COUNT(*) > 100);
```

Diese Abfrage gibt alle Sparten zurück, die mehr als 100 Filme umfassen. Dafür muss die Tabelle „Filme" zuerst nach Sparten gruppiert und dann gezählt werden. Enthält die Tabelle „Filme" viele Datensätze, so wird dafür viel Rechenzeit benötigt. ◄

Wird aber das Feld „AnzahlTitel" in der Tabelle „Sparten" mit einem Trigger auf der Tabelle „Filme" ständig aktualisiert, dann vereinfacht sich die Abfrage erheblich:

Abfrage mit Trigger

```
SELECT Bezeichnung
FROM Sparten
WHERE (AnzahlTitel > 100);   ◄
```

Datenmodellierung 7

Zusammenfassung

In diesem Kapitel wird auf der grünen Wiese beginnend ein Datenmodellierungsprojekt gestartet. Damit soll das Vorgehen beschrieben werden, wie man ein Datenmodell entwickeln kann, ohne schon von Beginn weg jedes Detail spezifiziert haben zu müssen. Die Datenbank wird mit Microsoft® SQL Server® 2019 Express erstellt.

Die Aufgabenstellung besteht darin, ein physisches Datenmodell für einen Supermarkt mit den wichtigsten Attributen zu entwerfen. Die Umwandlung vom konzeptionellen zum physischen Datenmodell soll direkt und damit praxisgerecht erfolgen.

7.1 Kernentitäten bestimmen

▶ Als erstes sollte man versuchen, die Kernentitäten zu bestimmen. Dazu überlegt man sich, welche Themen und Aufgaben mit der späteren Datenbank abgedeckt werden müssen.

In einem Supermarkt werden Lebensmittel, Kleider, Hygieneartikel usw. für den täglichen Bedarf verkauft. Diese Begriffe lassen sich unter der Kernentität „**Artikel**" zusammenfassen.

Artikel liegen nicht einfach auf dem Boden herum, sondern werden so organisiert und angeboten, dass die Kunden sie auch finden und motiviert sind, sie zu kaufen. Es geht also um Präsentation und Ordnung. Dafür werden üblicherweise Regale verwendet. Als weitere Kernentität gibt es somit „**Regale**".

© Springer Fachmedien Wiesbaden GmbH, ein Teil von Springer Nature 2021   193
R. Steiner, *Grundkurs Relationale Datenbanken*,
https://doi.org/10.1007/978-3-658-32834-4_7

Regale füllen sich nicht von selber auf, sondern werden durch die Angestellten aufgefüllt. Somit bietet sich die Kernentität „**Mitarbeiter**" an.

Wie schon erwähnt, werden Artikel von Kunden gekauft. Weil man sich als Kunde
nicht beim Supermarktleiter anmelden muss, um einkaufen zu dürfen, gibt es eigentlich
keine Notwendigkeit, Kundendaten zu verwalten. Viele Märkte bieten ihren Kunden aber
Rabattkarten an, um sie zu binden. Zudem erlauben es solche Karten, das Einkaufsverhalten der Kunden zu analysieren, um die Sortimente besser an die Kundenbedürfnisse
anpassen zu können. Also soll es auch die Kernentität „**Kunden**" geben.

Somit kann man folgendes Datenmodell auf ein Blatt Papier zeichnen:

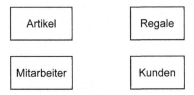

7.2   Abhängige Entitäten ermitteln

▶   Um weitere Entitäten zu finden, ist es notwendig, sich mit den Arbeitsabläufen
       und den Eigenschaften der Kernentitäten auseinanderzusetzen.

Beispielsweise sind beim Supermarkt rund um die Artikel folgende Fragen relevant:

- Welche Artikel werden wann verkauft?
- Wie wird der Verkaufspreis definiert?
- Wie und wann ändern sich Verkaufspreise (z. B. Aktionen)?
- Wer bestellt die Artikel?
- Wer liefert die Artikel?
- Wer nimmt unverkäufliche Ware zurück bzw. entsorgt abgelaufene Lebensmittel?

Bei den Regalen treten folgende Fragen auf:

- Welche Artikel passen in welche Regale?
- Wer füllt die Regale auf?

Bei den Mitarbeitern interessieren folgende Fragen:

- Welche Funktionen gibt es?
- Wer macht was und wann?
- Wie werden die Mitarbeiter bezahlt?

Bei den Kunden sind folgende Fragen interessant:

• In welche Marktsegmente lassen sich Kunden einteilen?
• Welche Rabatte/Vergünstigungen gibt es?
• Welches Kundensegment kauft wann welche Artikel?

Bei diesen Fragestellungen sieht man, dass auch mehrere Kernentitäten betroffen sein können. Beispielsweise sind bei der Frage „Wer bestellt die Artikel?" sowohl die Artikel wie auch die Mitarbeiter betroffen. Bei „Welche Artikel passen in welche Regale?" sind Artikel und Regale betroffen.

In einem ersten Schritt empfiehlt es sich, Entitäten zu ermitteln, die mit nur einer Kernentität zusammenhängen.

7.2.1 Artikelverwaltung

Bei der Frage „Welche Artikel werden wann verkauft?" muss bestimmt werden, ob immer die gleichen Artikel verkauft werden oder ob es saisonale Unterschiede geben soll. Beispielsweise verkaufen sich Badeanzüge im Sommer vermutlich besser als im Herbst. Winterkleider werden dafür im Sommer nicht nachgefragt. Dann gibt es aber Artikel wie Brot, Getränke und Hygieneartikel wie Seife und Zahnpasta, die das ganze Jahr benötigt werden. Somit soll es unterschiedliche Verkaufssortimente geben:

Es macht nun Sinn, direkt auch die Beziehungen zwischen den Kernentitäten und den neuen Entitäten festzulegen. Die mc-mc-Beziehung zwischen Artikel und Sortimente bedeutet, dass jeder Artikel zu beliebig vielen Sortimenten gehören kann und jedes Sortiment beliebig viele Artikel umfassen kann. Damit lassen sich Artikel anlegen, ohne diese gleich einem Sortiment zuweisen zu müssen und umgekehrt, was gängige Praxis ist. Gemäß Abschn. 3.1.2.10 muss eine mc-mc-Beziehung transformiert werden:

Es empfiehlt sich, Beziehungen bei komplexeren Sachverhalten separat zu dokumentieren. Dafür kann z. B. ein Buchstabe (R=Relationship) gefolgt von einer fortlaufenden Nummer vergeben werden. Diese Nummern müssen eindeutig sein und können später in der Datenbank als Beziehungsnamen verwendet werden. Bei großen Datenbanken mit

vielen Tabellen wird es schnell unübersichtlich und mühsam, sich für Beziehungen be-
schreibende Texte auszudenken. Dieses Beispiel eines Supermarktes kann so richtig ausarten und schnell einmal über hundert Tabellen umfassen, wenn man es auf die Spitze treibt.

Nun ist zu klären, wer Artikel für den Laden liefert. Dies dürften Lieferanten sein, die
ihre Waren mit dem Lastwagen oder Kleintransporter anliefern werden. Der Supermarkt
hat keinen direkten Bahnanschluss und somit sind die unterschiedlichen Verkehrsträger
kein Thema. Es soll auch nicht interessieren, mit welchen Transportmitteln die Waren geliefert werden.

Es ist wichtig, nicht nur einen Lieferanten für einen bestimmten Artikel zu haben, sondern mehrere. Einerseits kann ein Lieferant ja mal Lieferschwierigkeiten haben, andererseits können auch die Preise oder Lieferzeiten ändern. Lieferanten sollen nur erfasst werden, wenn sie mindestens einen Artikel liefern. Dadurch resultiert eine m-mc-Beziehung
zwischen Artikel und Lieferanten, welche direkt transformiert wurde. Die Entsorgung von
abgelaufenen Lebensmitteln und die Rücknahme von unverkäuflicher Ware kann auch
über die Entität „Lieferanten" abgehandelt werden. Der Lieferant tritt dann halt als Ent-
sorgungsfirma auf, wobei auch Firmen erfasst werden können, die nur Artikel entsorgen
und nichts liefern (beispielsweise Hilfswerke, die Lebensmittel für Bedürftige sammeln).
Möchte man diese Sachverhalte festhalten, so kann man eine generalisierte Entitätsmenge
„Lieferanten" und die spezialisierten Entitätsmengen „Lieferung" und „Entsorgung" mit
zugelassener Überlappung gemäß Abschn. 3.1.3.1 definieren:

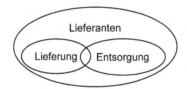

Daraus resultiert dann das folgende, physische Datenmodell:

In den Tabellen „Lieferung" und „Entsorgung" könnte man dann spezifische Angaben
zu Lieferzeiten oder Entsorgungsmindestmengen, Kontaktpersonen usw. verwalten. Falls
die Lieferzeit bei der Lieferung erfasst wird, gilt dies für alle Artikel dieses Lieferanten.
Sollten die Artikel aber unterschiedliche Lieferzeiten beim gleichen Lieferanten haben,
dann muss die Lieferzeit in der Tabelle „Artikel-Lieferanten" erfasst werden. In der Ta-

belle „Lieferanten" stehen dann beispielsweise Adressangaben und ein Attribut „Typ" mit folgenden Werten: 1=nur Lieferant, 2=nur Entsorger oder 3=beides. Dies wäre aber kein diskriminierendes Attribut, da sich die Entitätsmengen überlappen können. Es erleichtert aber die spätere Filterung der Lieferantendaten.

Bei den Beziehungsnamen steht ein C hinter der Nummer. Damit ist ersichtlich, dass beim Löschen eines Lieferanten eine kaskadierende Löschweitergabe (cascading delete) stattfindet, d. h. die verbundenen Datensätze in den Tabellen „Lieferung" und „Entsorgungen" werden automatisch gelöscht. Standardmäßig ist es immer so, dass ein Datensatz in einer Mastertabelle erst gelöscht werden kann, wenn in der Detailtabelle keine verbundenen Datensätze mehr vorhanden sind (referenzielle Integrität). Man kann dem Datenbanksystem aber beim Anlegen einer Beziehung mitteilen, dass eine Löschweitergabe erfolgen soll. Auch Schlüsselwertänderungen von Primärschlüsseln könnten weitergegeben werden, was aber in den meisten Fällen unerwünscht ist. Datensätze sollten ihre Primärschlüsselwerte behalten, bis sie gelöscht werden. Und Primärschlüsselwerte von gelöschten Datensätzen werden innerhalb der gleichen Tabelle üblicherweise nicht mehr verwendet, wenn neue Datensätze angelegt werden. Dies ist speziell wichtig, wenn Datenbanken repliziert werden sollen, andernfalls können bei der Datensynchronisation Konflikte auftreten, die dann manuell behoben werden müssen. Man verwendet in solchen Fällen auch gerne GUID-Datentypen (Globally Unique Identifier). Das sind 16 Byte große Zeichenketten, die so viele unterschiedliche Wertekombinationen haben können, dass es nahezu ausgeschlossen ist, dass zwei verschiedene Datensätze in einer Datenbank die gleiche GUID haben werden.

7.2.2   Lagerverwaltung

Artikel werden einerseits in Regalen den Kunden angeboten, andererseits braucht es ein Lager, um die Regale auffüllen zu können. Es gibt verschiedene Regale bzw. Lagerplätze, wie z. B. Kühlregale, Regale für Lebensmittel, Getränke, Kleider usw. Der Regal-Typ bestimmt, mit welchen Artikeln ein Regal überhaupt aufgefüllt werden kann:

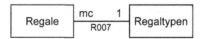

Jedes Regal soll genau einem Regal-Typ angehören, während einem bestimmten Regal-Typ mehrere Regale zugeordnet sein können. Es könnte auch Regale geben, die zu mehreren Regaltypen passen würden, doch dieser Fall soll hier ausgeschlossen werden.

Nun ist die Frage zu klären, welche Artikel in welche Regale verstaut werden können. Dafür muss es eine Verknüpfung zwischen Regaltypen und Artikel geben:

Artikel sollen in mehreren Regaltypen verstaut werden können, was die Flexibilität erhöht. Somit gibt es zwischen Artikel und Regaltypen eine m-mc-Beziehung, weil jedem Artikel mindestens ein Regal-Typ zugewiesen werden muss. Durch Transformation resultiert dann das obige Entitätenblockdiagramm.

Nun müsste es eigentlich noch eine direkte Verknüpfung von Artikeln mit Regalen geben, um genau zu wissen, in welchen Regalen welche Artikel in welchen Stückzahlen oder Mengen gelagert werden. Dies würde aber bedeuten, dass beim Auffüllen der Regale die eingelagerten Mengen erfasst werden müssten. Konsequenterweise müssten dann die Kunden alle entnommenen Artikel auch gleich abbuchen. Dies ist keine praktikable Lösung. Deshalb müssen die Regale regelmäßig überprüft und aufgefüllt werden.

Bei der Lieferung eines Artikels wird der Bestand aktualisiert. Beim Verkauf des Artikels wird der Bestand abgebucht. So kann das Datenbanksystem Listen mit Artikeln und möglichen Regalstandorten generieren, die dann überprüft und aufgefüllt werden müssen.

7.2.3   Mitarbeiterverwaltung

Die Mitarbeiter üben unterschiedliche Funktionen aus, wobei Mitarbeiter auch mehrere Funktionen ausüben können. Beispielsweise sind sie an der Kasse einsetzbar, können aber auch Regale auffüllen. Daneben gibt es noch Einkäufer, Reinigungspersonal usw.:

Ein Mitarbeiter hat mindestens eine Funktion und jede Funktion sollte durch mindestens einen Mitarbeiter abgedeckt werden. Es kann aber auch sein, dass für bestimmte Funktionen gerade kein Personal zur Verfügung steht.

Nun ist noch zu klären, wer welche Artikel einkauft und bestellt. Üblicherweise gibt unterschiedliche Einkäufer für Lebensmittel und Kleider, deshalb müssen die Artikel erst einmal gruppiert werden:

Artikel — mc — R012 — 1 — Artikelgruppen

Jeder Artikel wird einer Gruppe zugeordnet. Jede Artikelgruppe umfasst beliebig viele Artikel. Nun könnte man sowohl die Mitarbeiter als auch die Funktionen mit den Artikelgruppen verknüpfen. Bei Mitarbeitern, die nicht der Funktion „Einkauf" angehören, macht dies aber keinen Sinn. Es ist deshalb besser, die Artikelgruppen mit den Funktionen zu verknüpfen:

Die Funktionen für den Einkauf müssen aber feiner unterteilt werden. Beispielsweise in „Einkauf Lebensmittel", „Einkauf Kleider", „Einkauf Küchengeräte" usw. Diesen Funktionen kann man dann mehreren Artikelgruppen zuweisen. Beispielsweise könnte die Funktion „Einkauf Lebensmittel" den Artikelgruppen „Getränke" und „Backwaren" über die Entität „Funktionsgruppen" zugeordnet werden. Auch das Auffüllen der Regale könnte man über Funktionsgruppen definieren.

Bei den Arbeitszeiten ist es so, dass viele Mitarbeiter im Schichtbetrieb arbeiten werden. Beispielsweise müssen angelieferte Waren entgegengenommen, geprüft, gelagert und Regale aufgefüllt werden, noch bevor der Laden öffnet. Die Reinigung des Ladens kann auch nur vor oder nach Ladenschluss erfolgen. Es werden also Schichten benötigt:

Jeder Mitarbeiter kann in mehreren Schichten eingeteilt werden, die zeitlich verschieden stattfinden. Sie dienen der Einsatzplanung und können Monate voraus erfasst werden. Zu jeder Schicht gehören beliebig viele Mitarbeiter. Auch hier soll es möglich sein, Schichten zu erfassen, ohne gleich Mitarbeiter zuweisen zu müssen. Jeder Mitarbeiter muss aber mindestens einer Schicht zugewiesen werden. Deshalb besteht zwischen Mitarbeitern und Schichten eine m-mc-Beziehung. Es kann mehrere Schichten geben, bei denen unterschiedliche Schichtzulagen bezahlt werden. Deshalb müssen die Schichten noch gruppiert werden:

Zudem wird es den Schichttyp „Springer" geben, wo Mitarbeiter eingeteilt werden, die kurzfristig aufgeboten und als Ersatz für ausgefallen Angestellte einspringen können. In solchen Fällen kommt wiederum die Entitätsmenge „Funktionen" als Filterkriterium zur Anwendung, um möglich Ersatzleute für einen ausgefallenen Mitarbeiter zu finden. Diese müssen den gleichen Funktionen zugeordnet sein, wie der zu ersetzende Mitarbeiter.

Für die Festlegung des Gehaltes könnte man den Funktionen Basissaläre hinterlegen. Dazu kommt eine Dienstalterszulage, die ebenfalls bei den Funktionen abgelegt wird und eine individuelle Leistungskomponente, die bei den Mitarbeitern hinterlegt wird. Auch ein Schichtzuschlag für Früh- oder Spätschichten wäre vorstellbar. Das Gehalt ließe sich dann so berechnen:

TG = SZ * (BS + DA * DAZ) + BS * LK

Dabei gelten folgende Abkürzungen:

TG=Tagesgehalt,   SZ=Schichtzuschlag (Schichttypen),   BS=Basissalär (Funktionen),
DA=Dienstalter (Mitarbeiter), DAZ=Dienstalterszulage (Funktionen), LK=Leistungs-
komponente (Mitarbeiter).

In Klammern stehen die Entitätsmengen, wo die Salärkomponenten auf Tagesbasis berechnet abgelegt werden. Somit wird der Lohn täglich berechnet, monatlich aufsummiert und
ausbezahlt. Die Leistungskomponente wird jährlich festgelegt. Ob so ein Lohnsystem gerecht
wäre, steht hier nicht zur Diskussion (objektiv gerechte Lohnsysteme gibt es sowieso nicht).

7.2.4 Kundenverwaltung

Der Supermarkt bietet ein umsatzabhängiges Rabattsystem für Kunden an. Beispielsweise werden 2 % des Umsatzes den Kunden gutgeschrieben. Mit diesen Guthaben können die Kunden
ausgewählte Artikel kaufen oder Einkaufsgutscheine beziehen. Zudem soll es möglich sein, das
Einkaufsverhalten der Kunden festzuhalten, um gezielt Werbung für bestimmte Artikel zu ver-
schicken. Die Kunden brauchen dafür Kundenkarten. Dabei ist aber unerheblich, wie viele Karten ein Kunde besitzt, da es keine Kreditkarten sein werden, sondern bei der Bezahlung nur dazu
dienen, die Einkäufe zuordnen zu können (über einen Strichcode). Es braucht somit keine Entität „Kundenkarten", dafür aber eine Verknüpfung zwischen Kunden und Artikeln:

Es soll möglich sein, Kunden zu erfassen, noch bevor sie irgendwas gekauft haben,
deshalb die mc-mc-Beziehung zwischen Artikel und Kunden. Kunden möchte man in
Marktsegmente wie Singles, Familien mit Kindern, Frauen zwischen 20 und 30 usw. einteilen können:

Kunden müssen mehreren Marktsegmenten zugewiesen werden können und umgekehrt
gehören einem Marktsegment mehrere Kunden an. Deshalb die mc-mc-Beziehung zwischen Kunden und Marktsegmenten.

7.3   Bewegungsdaten

Zusammenfassung

Die bisherigen Abhängigkeiten betrafen hauptsächlich die Stammdaten. Dies sind
Daten, die sich relativ selten ändern und den Rahmen für die Datenbankapplikation

bilden. Bewegungsdaten betreffen das Tagesgeschäft und ändern sich somit ständig. Tabellen mit Bewegungsdaten können stark anwachsen (viele Datensätze umfassen). ◄

Bezogen auf das Beispiel „Supermarkt" werden Bewegungsdaten hauptsächlich die Kunden, Artikel und Mitarbeiter betreffen. Lieferungen müssen entgegengenommen bzw. Abtransporte organisiert werden. Artikel müssen von Mitarbeitern abgeladen und Regale aufgefüllt werden. Artikel müssen nachbestellt und an Kunden verkauft werden.

7.3.1 Schicht- und Einsatzpläne

Bei den Schicht- und Einsatzplänen geht es darum, den Mitarbeitereinsatz zu planen und Aufträge zu erteilen. Dafür müssen die auszuführenden Arbeiten und die Qualifikationen der Mitarbeiter bekannt sein. Die Mitarbeiter wurden bereits in Schichten eingeteilt, somit muss nun geplant werden, wann diese Schichten zum Einsatz kommen. Bei den Einsatzplänen geht es um den Einsatz der Mitarbeiter. Der Einsatzplan ist daher die detailliertere Form des Schichtplans. Bei den Schichtplänen geht es um die Grobplanung im Wochen- oder Monatsraster, bei den Einsatzplänen aber um die tagesgenaue Feinplanung. Folglich werden folgende Entitäten benötigt:

Die Qualifikation eines Mitarbeiters definiert sich über die Funktionen, die er ausüben kann. Beispiele für Arbeiten sind:

- Artikel bestellen
- Lieferungen abladen und einlagern
- Regale auffüllen
- Kasse bedienen
- Kundendienst betreuen
- Reinigungsarbeiten durchführen
- Buchhaltung usw.

Für Arbeiten, die zu den üblichen Bürozeiten durchgeführt werden, kann die Schichtgruppe „Normalarbeitszeit" verwendet werden. Damit lassen sich alle Mitarbeiter planen, auch wenn sie nicht Schicht arbeiten.

Bei der Entität „Schichtpläne" geht es um die Planung, wann welche Schichten zum Einsatz kommen. Dies lässt sich beispielsweise im 2-Schichtbetrieb wie in Abb. 7.1 darstellen:

Schichtplan

Schicht / Woche	1	2	3	4	5	6	7	8	9	10	11	12
Frühschicht	10	10	10	10	20	20	20	20	10	10	10	10
Spätschicht	20	20	20	20	10	10	10	10	20	20	20	20
Springer	30	30	30	30	30	30	30	30	30	30	30	30
Normalarbeitzeit	40	40	40	40	40	40	40	40	40	40	40	40

Abb. 7.1 Kreuztabelle für Schichtpläne

Es gibt 4 Schichttypen: Früh- und Spätschicht, sowie Springer und Normalarbeitszeit. Diesen Schichttypen sind die Schichten 10 bis 40 zugeteilt, wobei sich bei den Schichten 10 bis 20 der Schichttyp alle 4 Wochen ändert. Für Ferienabwesenheiten und andere Absenzen gibt es eine Springerschicht 30 mit wechselnder Mitarbeiterzuteilung. Der Schicht 40 sind die Mitarbeiter der Normalarbeitszeit zugeteilt. Die Kreuztabelle aus Abb. 7.1 lässt sich so abbilden:

Die Tabelle „Schichtpläne" wird die Attribute „Woche" und „Jahr" als Identifikationsschlüssel besitzen. In der Tabelle „Schichtplanung" werden die Attribute „Woche", „Jahr" und „Schichtnummer" vorhanden sein.

Nun fehlen noch die Arbeiten. Diese werden am besten den Schichten zugewiesen, da die Zusammensetzung einer Schicht nach Funktionen sich selten ändern wird. Eine Zuweisung der Arbeiten zum Schichtplan würde bedeuten, dass jeder Woche immer wieder die gleichen Arbeiten zugewiesen werden müssten. Somit gibt es folgende Abhängigkeiten:

Den Schichten können beliebig viele Arbeiten zugewiesen werden, während eine Arbeit von mehreren Schichten durchgeführt werden kann. Um nun die geeigneten Mitarbeiter für die Arbeiten zu finden, fehlt noch eine Zuweisung der Funktionen zu den Arbeiten:

Für jede Arbeit braucht es mindestens eine Funktion, um diese ausführen zu können. Mit der gleichen Funktion können unterschiedliche Arbeiten ausgeführt werden.

Damit lässt sich nun aus dem Schichtplan heraus ein Einsatzplan generieren, wo dann nur noch Abweichungen bearbeitet werden müssen (Mitarbeiter durch andere ersetzen, außerordentliche Arbeiten zuweisen usw.), wie aus Abb. 7.2 ersichtlich ist.

Die verschiedenen Schichttypen können durch Buchstaben abgekürzt werden: F=Frühschicht, S=Spätschicht, N=Normalarbeitszeit.

Die neue Entität „Einsatzpläne" wird gemäß Abb. 7.3 mit den bestehenden Entitäten verknüpft:

Die Mitarbeiter arbeiten 5 Tage die Woche, folglich müssen die Schichten so zusammengesetzt werden, dass bei einer 6-Tage-Woche (Sonntag frei) an jedem Tag gleich viele Mitarbeiter eingeteilt sind. Bei den Mitarbeitern braucht es somit noch ein Attribut „Arbeitstage", wo eingetragen werden kann, an welchen Wochentagen der Mitarbeiter arbeitet. Dies kann ein Zahlenkode, der dem Bitmuster in Abb. 7.4 entspricht:

Jedem Wochentag wird ein Exponent zur Basis 2 zugewiesen (Zeile „Binär"). Für jeden Tag, an dem gearbeitet wird, addiert man den entsprechenden Dezimalwert zum Attribut „Arbeitstage". Sind keine Arbeitstage markiert, so hat das Feld den Wert 0. Mit dieser Methode können beliebige Kombinationen als eindeutige Zahlen abgelegt werden. Andernfalls müsste man für jeden Wochentag ein Tabellenfeld anlegen, was später Abfragen komplizierter macht.

Nach Wochentagen filtern

Um alle Mitarbeiter zu finden, die **nur** am Montag, Dienstag und Mittwoch arbeiten, wäre folgende Abfrage notwendig:

```
SELECT * FROM Mitarbeiter
WHERE Mo=1 AND Di=1 AND Mi=1 AND Do=0 AND Fr=0
AND Sa=0 AND So=0;
```

Einsatzplan

Mitarbeiter / Tag	1.1	2.1	3.1	4.1	5.1	6.1	8.1	9.1	10.1	11.1	12.1
Hans Huber	F	F	F	F	F		F	F	F	F	F
Franz Meier		S	S	S	S	S		S	S	S	S
Agnes Müller	S		S	S	S	S	S		S	S	S
Sabine Schoch	N	N	N				N	N	N		

Abb. 7.2 Kreuztabelle für Einsatzpläne

Abb. 7.3 Einsatzpläne für Mitarbeiter

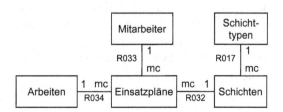

Rechenschema für Arbeitstage

Tage	Mo	Di	Mi	Do	Fr	Sa	So
Arbeitstage	X	X	X	X		X	
Binär	2^0	2^1	2^2	2^3	2^4	2^5	2^6
Dezimal	1	2	4	8		32	
Summe	$1 + 2 + 4 + 8 + 32 = 47$						

Abb. 7.4 Arbeitstage mit Bitmuster

Mit der Methode aus Abb. 7.4 sieht die Abfrage dann so aus:

```
SELECT * FROM Mitarbeiter
WHERE Arbeitstage=7;        ◀
```

Die Datenbankbenutzer bekommen später ein Formular, wo sie bei den einzelnen Arbeitstagen ein Häkchen setzen können. Das Formular rechnet dann den Dezimalwert automatisch aus.

7.3.2 Kunden- und Verkaufsdaten

Bei den Kundendaten geht es darum, welche Kunden welche Artikel kaufen. Da der Supermarkt üblicherweise jeden Tag Kunden hat, werden diese stark anwachsen.

Dies wird hauptsächlich die Tabelle „Kundenartikel" aus betreffen, da dort alle Einkäufe abgelegt werden. Diese Tabelle wird nebst den Fremdschlüsselfeldern aus den Tabellen „Artikel" und „Kunden" (unterstrichen) folgende Felder bekommen: Kaufdatum, Menge und Einheit. In der Kurzschreibweise sieht dies dann so aus:

Kundenartikel (KundNr, ArtNr, Kaufdatum, Menge, Einheit)

Das Kaufdatum ist wichtig, um später Auswerten zu können, welche Kundenkategorie wann welche Artikel kauft. Damit lassen sich dann die Sortimente optimieren. Bei Menge und Einheit könnte es um Stückzahlen (5 Stk.), Gewichte aus dem Offenverkauf (250 g Fleisch), aber auch um Gebindegrößen gehen, z. B. 1 kg Büchse mit einem Abtropfgewicht von 600 g.

An der Kasse wird die Situation so sein, dass die Angestellten in den meisten Fällen nur die Artikel erfassen müssen (üblicherweise mit einem Barcodeleser) und nur bei Artikeln aus dem Offenverkauf zusätzlich das Gewicht eingeben müssen. Folglich müssen bei den Artikeln gewisse Angaben wie Mengeneinheiten und Gebindegrößen hinterlegt sein. Hat man viele Artikel mit unterschiedlichen Gebinden (z. B. Dosen, Tuben, Flaschen usw.), dann macht es Sinn, diese in einer eigenen Tabelle „Gebinde" zu verwalten. Viele Gebinde sind normiert, so dass man sie einfach aus einer Liste auswählen kann. Die Entität „Gebinde" könnte folgende Attribute aufweisen:

- Gebindenamen
- Gebindebeschreibung

- Bruttogewicht
- Nettogewicht
- Gewichtseinheit
- Bruttovolumen
- Nettovolumen
- Volumeneinheit

Zwischen Brutto- und Nettogewicht bzw. Volumen zu unterscheiden ist wichtig, weil darin vier wesentliche Informationen enthalten sind:

- Wie viel Gewicht muss transportiert werden (Bruttogewicht)?
- Welche Gewichtsmenge wird tatsächlich konsumiert (Nettogewicht)?
- Wie viel Volumen muss auf dem Lastwagen für den Transport vorgesehen werden (Bruttovolumen)?
- Wie viel Platz benötigt das Gebinde im Regal (Nettovolumen)?

Bei einer Büchse Pfirsiche kann das Bruttogewicht beispielsweise 1000 Gramm betragen, aber nur 600 Gramm (Nettogewicht) davon sind essbar, der Rest ist Zuckerwasser und dient der Konservierung. Diese Büchse benötigt im Regal ein Volumen von 1 Liter (Nettovolumen), auf dem Lastwagen aber in einer Liste verpackt z. B. 1.1 Liter (Bruttovolumen).

Nun könnte man alle Einheiten auch in einer eigenen Entität verwalten, was zu folgenden Beziehungen führt, wenn man sie mit den Gebinden verknüpft:

Es gibt Gewichts- und Volumeneinheiten. Im schlechtesten Fall haben Brutto- und Nettogewicht und Brutto- und Nettovolumen unterschiedlich Einheiten. Vielfach sieht man in der Praxis dann die Konstruktion gemäß Abb. 7.5:

Für jede Einheitsart wird eine Beziehung zur Tabelle „Einheiten" erstellt, was in der Kurzschreibweise dann so aussieht:

Gebinde (<u>GebNr</u>, BGEinhNr, NGEinhNr, BVEinhNr, NVEinhNr)

Abb. 7.5 Mehrfachbeziehungen zwischen Gebinden und Einheiten

Es gibt in der Tabelle „Gebinde" nun vier Fremdschlüsselfelder aus der Tabelle „Einheiten", die einen vom Primärschlüsselnamen abweichenden Feldnamen aufweisen. Grundsätzlich funktioniert dies, aber es ist übersichtlicher, wenn Fremd- und Primärschlüsselfelder gleich heißen.

Informationen aus Systemsichten abfragen

Möchte man beispielsweise später mal wissen, zu welchen Tabellen die Tabelle „Einheiten" Beziehungen unterhält, dann reicht eine einfache Abfrage über die Systemsicht „INFORMATION_SCHEMA.COLUMNS" (bei SQL-Server) aus:

```
SELECT TABLE_NAME, COLUMN_NAME
FROM INFORMATION_SCHEMA.COLUMNS
WHERE (COLUMN_NAME = N'EinheitNr');   ◄
```

Zudem muss die Tabelle „Gebinde" jedes Mal angepasst werden, wenn ein zusätzliches Feld mit Einheit benötigt wird (z. B. Dichte).
Wesentlich eleganter ist folgendes Konstrukt:

Die Kurzschreibweise könnte dann so aussehen:

Variante 1

Gebinde (GebNr, Gebindename, Gebindebeschreibung, Bruttogewicht, Nettogewicht, Bruttovolumen, Nettovolumen)
Gebinde-Einheiten (GebNr, EinheitNr, GebEinheitArt)
Einheiten (EinheitNr, EinheitAbkürzung, Einheitbezeichnung)

Die Entität „Gebinde-Einheiten" weist ein diskriminierendes Attribut auf, welches die Einheitsart definiert, z. B. BG=Bruttogewicht, NG=Nettogewicht, BV=Bruttovolumen und NV=Nettovolumen. Zu jedem Gebinde-Datensatz gehören dann maximal vier Datensätze in der Tabelle „Gebinde-Einheiten".
Man könnte das Ganze nun sogar so erweitern:

Variante 2

Gebinde (GebNr, Gebindename, Gebindebeschreibung)
Gebinde-Einheiten (GebNr, EinheitNr, MerkmalNr, MWert)
Merkmale (MerkmalNr, Merkmal)
Einheiten (EinheitNr, EinheitAbkürzung, Einheitbezeichnung)

Die Entität „Gebinde" hat nun nur noch die Attribute „Gebindename" und „Gebinde-beschreibung", während die Entität „Gebinde-Einheiten" über die Attribute „MerkmalNr" und „MWert" verfügt. Beim Feld „MerkmalNr" würde man beispielsweise den Fremd-schlüsselwert aus der Tabelle „Merkmale" für das Bruttogewicht eintragen und beim Feld „MWert" den Wert für das Bruttogewicht. Die Variante 2 ist am flexibelsten, denn man kann jederzeit neue Merkmale anlegen, ohne die Struktur der Tabelle „Gebinde-Einheiten" verändern zu müssen. Die Programmierung der Benutzerformulare für Variante 2 ist aber aufwändiger als für Variante 1 und die Ausführungsgeschwindigkeit bei Abfragen ist lang-samer (eine Tabelle mehr und zusätzliche Filterkriterien). Im Beispiel „Supermarkt" wird deshalb mit Variante 1 gearbeitet.

7.3.3 Gebindeverwaltung

Zusammenfassung

Aus den Kundenartikeln ist aus der Notwendigkeit heraus, die Arbeitsabläufe an der Kasse zu vereinfachen, eine Gebindeverwaltung entstanden. Nun muss diese in das be-stehende Datenmodell eingepasst werden. ◄

Mit der Gebindeverwaltung ändert sich zunächst einmal die Tabellenstruktur der Kunden-artikel aus Abschn. 7.3.2:

Kundenartikel (KundNr, ArtNr, Kaufdatum, Menge, ~~Einheit~~)

Die Verkaufseinheit fliegt raus, weil diese über den Artikel und somit über die Artikel-nummer (ArtNr) definiert ist. Die Artikel-Tabelle benötigt folglich eine Verkaufseinheit:

In der Kurzschreibweise:

Artikel (ArtNr, …, EinheitNr)

Verkaufseinheiten könnten beispielsweise Stück [stk], Gramm [g] und Liter [l] für Ge-tränke im Offenausschank sein.

Nun fehlt noch die Verknüpfung zwischen Gebinden und Artikel:

Damit ist die Datenmodellierung für das Beispiel „Supermarkt" erst einmal abgeschlossen. Man könnte das Beispiel noch beliebig ausbauen, doch das wesentliche Vorgehen bei der Datenmodellierung sollte nun klar sein.

7.4   Datenbankdiagramme

Aus den ermittelten Entitäten können nun Tabellen in der Datenbank angelegt werden.
Dabei beschränkt man sich in einem ersten Schritt auf die Primär- und Fremdschlüsselfelder. In einem zweiten Schritt werden dann die Beziehungen eingerichtet. Dabei gelten
die Einschränkungen des physischen Datenmodells. Nur 1-c- und 1-mc-Beziehungen werden vom Datenbanksystem unterstützt. 1-1- und 1-m-Beziehungen müssen später über die
Applikation bzw. die Eingabeformulare erzwungen werden. Ob es sich um eine 1-c- oder
1-mc-Beziehung handelt, wird durch den Index auf dem Fremdschlüsselfeld bestimmt.
Lässt dieser nur eindeutige Werte zu (keine Wiederholungen der gleichen Werte), dann
handelt es sich um eine 1-c-Beziehung, andernfalls um eine 1-mc-Beziehung.

Das Entitätenblockdiagramm für den Supermarkt sieht beim SQL-Server (ab Version
2000) nun aus, wie dies Abb. 7.6 zeigt.

Beim SQL-Server heißen die Entitätenblockdiagramme „Datenbankdiagramme". Bei
Abb. 7.6 werden nur die Schlüsselfelder angezeigt. Hier wird auch gleich die Problematik
dieser Datenbankdiagramme sichtbar: Bei vielen Tabellen wachsen diese Diagramme
stark an und können dann nicht mehr auf A4-Papier gedruckt werden, weil die Objekte zu
klein werden. Man behilft sich damit, die Datenbankdiagramme in kleinere Einheiten aufzuteilen. Dabei versucht man, Tabellen zusammenzufassen, die eine bestimmte Funktionalität abdecken. Das Datenbankdiagramm gemäß Abb. 7.7 zeigt nur die Tabellen der Gebindeverwaltung.

Bei diesem Datenbankdiagramm werden nun alle Felder angezeigt. Dies kann man
über die Tabellensicht/Spaltennamen so einstellen. Wenn man zuvor die Funktion „Alle
auswählen" anwendet, können die Einstellungen gleich für alle Tabellen im Diagramm
übernommen werden.

7.5   Tabellen mit Feldern erweitern

Zusammenfassung

Um Beziehungen zwischen den Tabellen definieren zu können war es ausreichend, nur
die Primärschlüsselfelder (im Datenbankdiagramm mit einem Schlüsselsymbol ge-
kennzeichnet) und die Fremdschlüsselfelder anzulegen. Nun werden die eigentlichen
Nutzfelder (lokale Attribute) angelegt. ◄

Am Beispiel der Gebindeverwaltung (siehe Abb. 7.7) wird das Vorgehen erklärt.

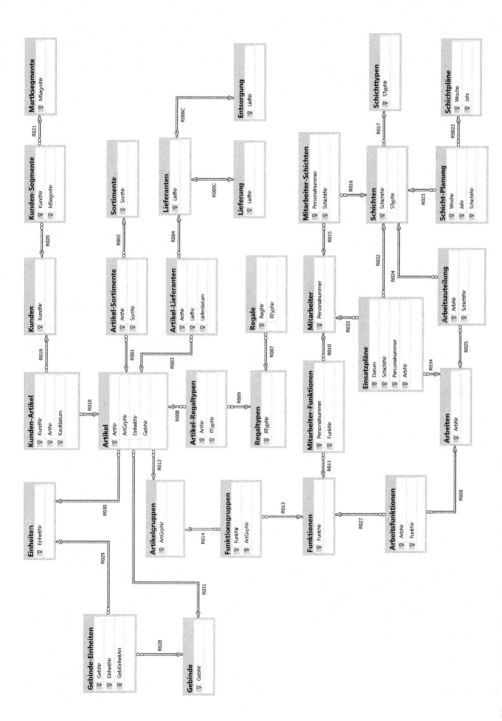

Abb. 7.6 Entitätenblockdiagramm für den Supermarkt

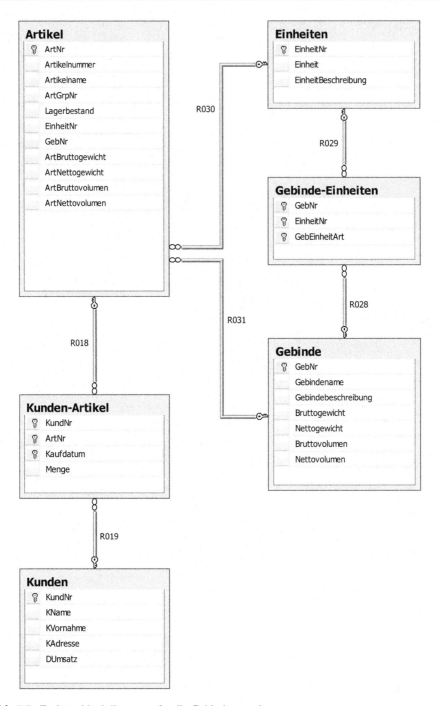

Abb. 7.7   Entitätenblockdiagramm für die Gebindeverwaltung

Die Tabelle „Artikel" hat folgende Kurzschreibweise:

Artikel (ArtNr, Artikelnummer, Artikelname, ArtGrpNr, Lagerbestand, EinheitNr, GebNr, ArtBruttogewicht, ArtNettogewicht, ArtBruttovolumen, ArtNettovolumen)

Diese Felder können beim SQL-Server in der Entwurfsansicht der Tabelle „Artikel" definiert werden, wie in Abb. 7.8 dargestellt.

Bei jedem Feld ist der Datentyp anzugeben. Zudem ist anzukreuzen, ob Nullwerte zulässig sind oder nicht. Bei den Identifikationsfeldern (hier ArtNr) kann angegeben werden, ob die Feldwerte bei jedem neuen Datensatz automatisch hochgezählt werden sollen. Dafür können die Identifikationsspezifikation auf „Ja" gesetzt und der Ausgangswert (hier 1) sowie die Schrittweite (hier ebenfalls 1) angegeben werden. Dem ersten Datensatz wird

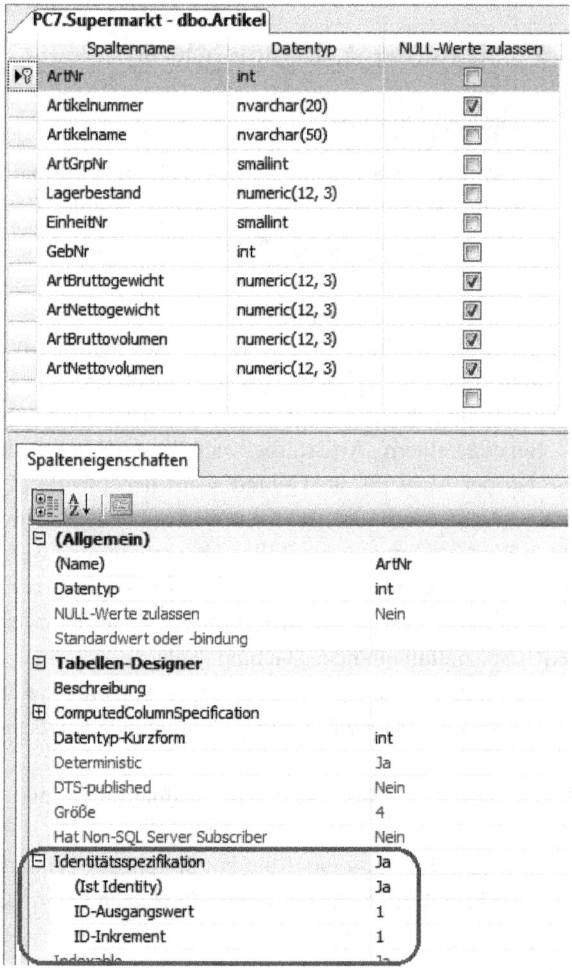

Abb. 7.8 Entwurfsansicht der Artikel-Tabelle

im Feld „ArtNr" dann 1 zugewiesen. Dem nächsten Datensatz wird dann eine 2 zugewiesen usw. Weil das Feld „ArtNr" auch das Primärschlüsselfeld ist und somit nur eindeutige Werte annehmen kann (was durch den Zähler bereits sichergestellt wird) wird dem Feld ein Primärschlüssel mit eindeutigem Index zugewiesen (siehe Abb. 7.9).

Dies geschieht automatisch, sobald man das Feld „ArtNr" in der Entwurfsansicht markiert und das Schlüsselsymbol anklickt. Danach wird das Feld als Primärschlüssel ausgewiesen.

Bei den Fremdschlüsselfeldern „ArtGrpNr", „EinheitNr" und „GebNr" werden Indizes angelegt, um später die Verarbeitungsgeschwindigkeit bei Abfragen zu erhöhen und den Beziehungstyp zu definieren (siehe Abb. 7.10).

Wird beim Feld „Ist eindeutig" ein „Ja" ausgewählt, dann entspricht dies einer 1-c-Beziehung, bei „Nein" besteht eine 1-mc-Beziehung. Als Indexname kann hinter dem Tabellennamen gleich die Beziehungsnummer angegeben werden.

7.6   Datenbank dokumentieren

Zusammenfassung

Bei größeren Datenbank werden mehrere Informatiker daran arbeiten. Deshalb ist es wichtig, die Datenbankobjekte (Tabellen, Felder, Beziehungen, Trigger) und Geschäftsregeln zu dokumentieren. ◄

Hier folgen ein paar Beispiele.

Die Felder der Tabelle „Artikel" können gemäß Abb. 7.11 dokumentiert werden.

Man könnte in der Tabelle „Artikel" auch noch ein Feld „Mindestbestand" pflegen, um eine Warnung abzusetzen, wenn der Mindestbestand unterschritten wird.

Bei den Feldern „ArtBruttogewicht", „ArtNettogewicht" etc. handelt es sich um Felder, die bei der Auswahl des Gebindes aus der Tabelle „Gebinde" vorbelegt werden. Diese können dann durch die effektiven Werte überschrieben werden. Die Idee dahinter ist, dass diese Werte in den meisten Fällen übereinstimmen werden und daher nicht jedes Mal manuell erfasst werden müssen (was zu Fehlern führen kann). Sollte es Abweichungen geben, dann können diese beim Artikel direkt hinterlegt werden. Andernfalls müsste man für jeden Spezialfall ein neues Gebinde anlegen.

Nun folgen noch die Beschreibungen von ein paar ausgewählte Spezialfällen.

Die Tabelle „Kunden-Artikel" hat folgende Kurzschreibweise:

Kunden-Artikel (<u>KundNr</u>, <u>ArtNr</u>, <u>Kaufdatum</u>, Menge)

Hier fällt auf, dass das Kaufdatum Teil des Primärschlüssels ist. Dies ist notwendig, weil ein Kunde einen bestimmten Artikel auch mehrmals kaufen kann, weshalb das Kauf-

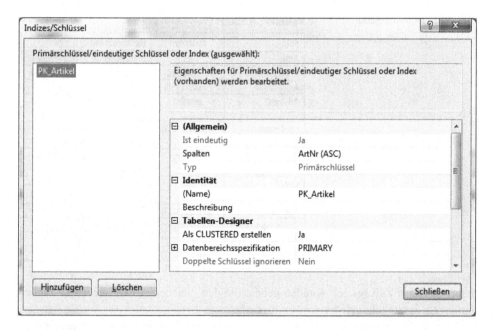

Abb. 7.9 Primärschlüssel der Artikel-Tabelle

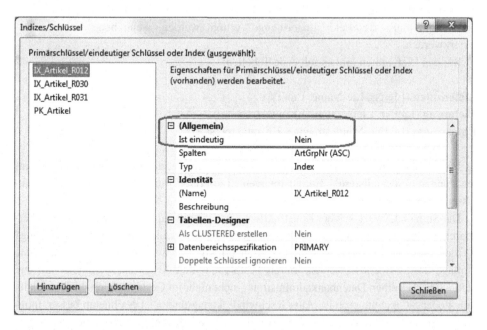

Abb. 7.10 Indizes der Artikel-Tabelle

Abb. 7.11 Dokumentation
von Tabellenfeldern

Tabelle „Artikel"

Feld	Datentyp	Beschreibung
ArtNr	int	Artikelnummer, Primärschlüssel
Artikelnummer	nvarchar(20)	Frei definierbare Artikelnummer
Artikelname	nvarchar(50)	Artikelbezeichnung
ArtGrpNr	smallint	Fremdschlüssel aus Tabelle „Artikelgruppen"
Lagerbestand	numeric(12,3)	Lagerbestand Total in der angegebenen Mengeneinheit
EinheitNr	smallint	Fremdschlüssel aus der Tabelle „Einheiten"
GebNr	int	Fremdschlüssel aus der Tabelle „Gebindeeinheit"
ArtBruttogewicht	numeric(12,3)	Effektives Bruttogewicht
ArtNettogewicht	numeric(12,3)	Effektives Nettogewicht
ArtBruttovolumen	numeric(12,3)	Effektives Bruttogewicht
ArtNettovolumen	numeric(12,3)	Effektives Nettogewicht

datum inklusive Zeit (es soll Kunden geben, die den gleichen Artikel mehrmals täglich kaufen) als zusätzliches Kriterium benötigt wird.

Das Feld „Menge" wird mit dem Feld „Lagermenge" aus der Tabelle „Artikel" gekoppelt. Die verkaufte Menge muss vom Lagerbestand abgebucht werden. Dies kann mit einem Datenbanktrigger auf der Tabelle „Kunden-Artikel" realisiert werden. Auf der anderen Seite muss das Feld „Lagermenge" erhöht werden, wenn neue Artikel angeliefert werden.

Bei den Lieferanten gibt es folgende Tabellen:

Lieferanten (LiefNr, LiefName, LiefTyp)
Lieferung (LiefNr, Lieferzeiten, LKontaktperson)
Entsorgung (LiefNr, Mindestmenge, EKontaktperson)

Diese Tabelle resultieren aus Abschn. 7.2.1 (generalisierte Entitätsmenge „Lieferanten" und die spezialisierten Entitätsmengen „Lieferung" und „Entsorgung" mit zugelassener Überlappung).

Der Sinn und Zweck solcher Konstruktionen ist eine redundanzfreie und somit speichersparende Datenverwaltung. In die spezialisierten Tabellen „Lieferung" und „Entsorgung" werden nur dann Datensätze gespeichert, wenn effektiv Daten vorliegen. Als 1994 die erste Auflage dieses Buches erschien, waren Festplatten- und Arbeitsspeicher noch kostbar. Heute schert es einen Datenbankadministrator nicht mehr im Geringsten, ob die Datenbank nun 4 oder 5 Gigabyte groß ist. Aus Geschwindigkeitsgründen ist es ohnehin besser, möglichst wenige Tabellen zu haben. Daher werden solche Fälle heute vorwiegend so gelöst:

Lieferanten (<u>LiefNr</u>, LiefName, LiefTyp, Lieferzeiten, LKontakt-person, Mindestmenge, EKontaktperson)

Man nimmt also bewusst Nullwerte in Kauf, wenn beispielsweise ein Lieferant nur liefert, aber nichts abholt.

▶   **Wichtig**   Wenn bei Beziehungen zwischen den Tabellen noch eine Programmierung erfolgen muss oder spezielle Einstellungen vorgenommen wurden, sind diese zu dokumentieren.

Beziehungen lassen sich beispielsweise wie in Abb. 7.12 dokumentieren.

▶   Geschäftsregeln können über Datenbank-Trigger oder Programme realisiert werden. Diese Logiken sind zu dokumentieren, wobei bei komplexen Arbeitsabläufen auch Ablaufdiagramme verwendet werden können.

Geschäftsregeln lassen sich beispielsweise wie in Abb. 7.13 dokumentieren.

Beziehungen

Beziehung	Mastertabelle	Detailtabelle	Beschreibung
R004 (1-m)	Lieferanten	Artikel-Lieferanten	Es können nur Lieferanten erfasst werden, wenn sie mindestens einen Artikel liefern
R005C (1-c)	Lieferanten	Lieferung	Datensätze in Lieferung werden automatisch gelöscht, wenn Lieferant gelöscht wird

Abb. 7.12   Dokumentation von Beziehungen

Geschäftsregeln

Regel	Beschreibung	Trigger/Programm
G0001	Beim Erfassen eines Artikels an der Kasse wird die Verkaufsmenge vom Lagerbestand abgezogen	Trigger „Lagerbestand" auf Tabelle „Kunden-Artikel"
G0002	Beim Verbuchen von gelieferten Artikeln ist der Lagerbestand zu erhöhen	Programm „Anlieferung"

Abb. 7.13   Dokumentation von Geschäftsregeln

7.7   Hinweise zur Beispieldatenbank

Die Beispieldatenbank „Supermarkt" mit allen Tabellen und Datenbankdiagrammen kann von der Autoren-Webseite (siehe Abschn. 1.2) für SQL-Server 2014 und höher heruntergeladen werden. Von Microsoft kann die „Microsoft® SQL Server® 2019 Express Edition" kostenlos heruntergeladen werden. Sie ist auf einem PC ab Windows 10 lauffähig und benötigt kein Server-Betriebssystem.

Lösungen zu den Aufgaben

8

Zusammenfassung

In diesem Kapitel werden die Lösungen zu den anderen Kapiteln des Buches angegeben. Alle im Buch vorhandenen und weitere Aufgaben und Lösungen finden sich in den Flashcards (siehe Abschnitt 1.3).

8.1 Kapitel 2

2.1. siehe Abschn. 2.1

2.2. Die wichtigsten Werkzeuge sind: Datenbanksprache, Maskengenerator, Reportgenerator, Menügenerator und Precompiler als Schnittstelle zu den konventionellen Programmiersprachen wie Pascal und C

2.3. Datendefinition, Datenmanipulation, Datenabfrage und Datenschutz

2.4. Sie sind flexibel gegenüber Änderungen der Datenstruktur

2.5. Objektrelationale Datenbanken können mit benutzerdefinierten Datentypen umgehen

---

8.2 Kapitel 3

3.1. Sie soll Daten so strukturieren, dass sie redundanzfrei vorliegen und somit die Datenkonsistenz gewährleistet werden kann

3.2. Die Entitätsmenge beinhaltet alle zu den Merkmalen einer Entität gehörenden Werte. Sie entspricht allen gespeicherten Datensätzen einer Tabelle

3.3. siehe Abschn. 3.1.1

3.4. Einfache (1), konditionelle (c), multiple (m) und multipel-konditionelle (mc) Assoziationen

---

© Springer Fachmedien Wiesbaden GmbH, ein Teil von Springer Nature 2021
R. Steiner, *Grundkurs Relationale Datenbanken*,
https://doi.org/10.1007/978-3-658-32834-4_8

3.5. Es gibt 16 verschiedene Beziehungen, wovon 6 spiegelbildlich sind. Folglich existieren 10 unterschiedliche Beziehungen: 1-1, 1-c, 1-m, 1-mc, c-c, c-m, c-mc, m-m, m-mc, mc-mc

3.6. Ein Primärschlüssel ist dem physischen Datenmodell zugeordnet, während ein Identifikationsschlüssel zum konzeptionellen Datenmodell gehört

3.7. Ein Fremdschlüssel kann nur diejenigen Attributwerte annehmen, welche der entsprechende Identifikationsschlüssel schon besitzt. Der Fremdschlüssel besitzt somit einen dynamischen Wertebereich

3.8. Es müssen alle nicht-hierarchischen Beziehungen transformiert werden. Es sind dies alle Beziehungen, in denen keine 1-Assoziation vorkommt: c-c, c-m, c-mc, m-m, m-mc, mc-mc

3.9. Jeder der beiden Fremdschlüssel kann alleine den Identschlüssel der neu entstandenen Tabelle bilden. Die durch die Transformation entstandene Tabelle besitzt im Prinzip zwei Identschlüssel

3.10. Beispiele sind in Abb. 8.1 dargestellt

3.11. Vollständige Überdeckung im konzeptionellen Datenmodell, gemäß Abb. 8.2

3.12. Es existiert eine m-1-Beziehung, sofern jeder Politiker einer Partei angehören muss. Andernfalls wäre es eine m-c-Beziehung

3.13. Global normalisierte Datenbasis gemäß Abb. 8.3 und 8.4
       Das Entitätenblockdiagramm ist aus Abb. 8.5 ersichtlich

3.14. siehe Abschn. 3.5

3.15. Konzeptionelles Datenmodell gemäß Abb. 8.6

3.15. Physisches Datenmodell gemäß Abb. 8.7

3.15. Kurzschreibweise der Datenbasis:

Autoren (<u>ANr</u>, Autorname)

Themen (<u>TNr</u>, Thema)

Kunden (<u>KNr</u>, Name, Vorname, Adresse, PLZ, Wohnort)

Abb. 8.1 Beispiele zu den 10 Beziehungstypen

Entitäts-menge 1	Entitäts-menge 2	Typ	Beziehung
Linke Hände	Rechte Hände	1-1	Paare
Politiker	Ministerien	1-c	Minister
Länder	Einwohner	1-m	Staatszugehörigkeit, ohne Doppelbürgerschaft
Themen	Bücher	1-mc	Klassierung in einer Bibliothek
Männer	Frauen	c-c	Verheiratet
Personen	Kleidungsstücke	c-m	Tragen
Familien	Kinder	c-mc	Adoption im Waisenheim
Personen	Versicherungs-gesellschaften	m-m	Versicherungen
Personen	Vereine	m-mc	Mitgliedschaft
Männer	Frauen	mc-mc	Alimente

Abb. 8.2 Entitätenblockdiagramm für Aggregatzustände
von Chemikalien

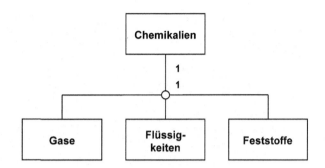

Kunden

KNr	Name	Vorname	Adresse	Ort
1	Meier	Max	Feldweg 5	Buckten
2	Müller	Hugo	Saturnweg 7	Laufen
3	Müller	Hugo	Flühstr. 12	Reinach
4	Schmid	Beat	Hauptstr. 13	Aesch
5	Steffen	Felix	Heuboden 2	Pratteln

Reiseziele

RZNr	Reiseziel
1	Birmingham
2	Caracas
3	Frankfurt
4	Hawai
5	Ibiza
6	Rio
7	St. Domingo

Hotels

HNr	Hotel	RZNr
1	Aloha	4
2	Central	2
3	Hilton	6
4	Pallas	6
5	Perle	5
6	Mango	5
7	Royal	1
8	Royal	7
9	Tropica	3

Buchungen

BNr	Buchungs-datum	Preis	Perso-nen	KNr	HNr
1	12.12.07	2450	2	2	3
2	22.12.07	450	1	1	7
3	1.1.08	4450	3	4	1
4	4.1.08	840	4	2	9
5	15.1.08	1820	1	5	8
6	1.2.08	2400	2	3	2

Flüge

FNr
AF210
AF212
AF320
AF512
AV555
BA123
BA212
BA321
CR101
DA110
SR212
SR220
SR420
VI113

Abb. 8.3 Tabellen mit aufgeteilten Reisebürodaten Teil 1

Hinflüge

BNr	FNr	HFDat	HFZeit
1	SR220	12.3.08	7.15
2	BA212	23.4.08	8.20
2	SR420	23.4.08	9.30
3	SR212	25.5.08	12.40
4	BA123	12.3.08	12.10
5	AF320	24.5.08	8.15
5	AF512	24.5.08	17.20
6	AV555	12.4.08	10.00
6	VI113	12.4.08	22.30

Rückflüge

BNr	FNr	RFDat	RFZeit
1	BA321	15.3.08	12.10
2	SR212	28.4.08	12.30
4	DA110	12.4.08	21.10
5	AF210	4.6.08	9.30
5	AF212	4.6.08	18.20
5	CR101	5.6.08	7.20

Abb. 8.4 Tabellen mit aufgeteilten Reisebürodaten Teil 2

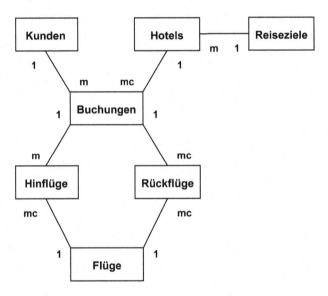

Abb. 8.5 Entitätenblockdiagramm des physischen Datenmodells zu 3.13

ISBN (<u>INr</u>, Buchtitel, Jahrgang, TNr)
Bücher (<u>BNr</u>, Standort, INr)
Ausgeliehen (<u>BNr</u>, <u>KNr</u>, Ausleihdatum, Verleihgebühr)
Rückgabe (<u>BNr</u>, <u>KNr</u>, Rückgabedatum)
Gruppen (<u>ANr</u>, <u>INr</u>)

Bemerkungen

Ausgeliehen wird immer ein bestimmtes, an einem Standort physikalisch vorhandenes
Buch. Weil die Bibliothek mehrere gleiche Bücher haben kann, wird die ISBN-Nr. (INr)

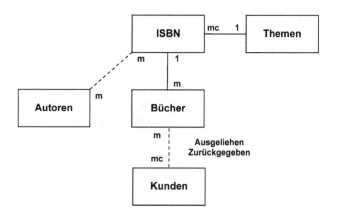

Abb. 8.6 Konzeptionelles Datenmodell einer Bibliothek

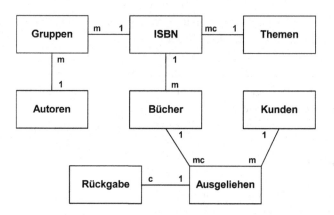

Abb. 8.7 Physisches Datenmodell einer Bibliothek

verwendet, um gleiche Bücher zu gruppieren. Andernfalls müsste der Buchtitel und Jahrgang für jedes Buch neu erfasst werden (Redundanzen). Wenn das Feld „Rückgabedatum" in der Tabelle „Ausgeliehen" vorhanden wäre, bliebe es bei jeder Verleihung so lange leer, . bis das Buch wieder zurückgegeben worden wäre (Nullwerte). Daher braucht es die Tabelle „Rückgabe". Das Feld „Verleihgebühr" könnte sich auch in der Tabelle „Themen" oder ISBN befinden, jenachdem, ob die Gebühren vom Thema oder vom Buch selber abhängig sind. So wie es jetzt verwendet wird, bietet es die größte Flexibilität bei der Preisbildung.

▶ **Hinweis** Bei der praktischen Umsetzung dieses Beispiels würde man auf die Tabelle „Rückgabe" verzichten und das Feld „Rückgabedatum" in die Tabelle „Ausgeliehen" integrieren. Man nähme also Nullwerte im Feld „Rückgabedatum" in Kauf, um eine Tabelle einzusparen.

8.3   Kapitel 4

4.1. Referentielle Integrität bedeutet, dass ein Fremdschlüssel nur solche Attributwerte annehmen darf, welche der entsprechende Identifikationsschlüssel schon besitzt

4.2. Dies ist möglich, wenn man eine Pseudotabelle (View) mit den allgemein zugänglichen Attributen erstellt, welche sich auf die Originaltabelle bezieht. Der Benutzer erhält dann nur das Zugriffsrecht auf diese Pseudotabelle

4.3. Sie gewährleistet die Einmaligkeit der Attributwerte und reduziert die Zugriffszeit auf die Datensätze

4.4. Sie erleichtern den Zugriff auf Tabellen anderer Benutzer, indem nicht mehr der ganze Pfad, sondern lediglich der Tabellenname angegeben werden muss

4.5. unendlich

4.6. Transaktionen bestehen aus einem oder mehreren Ablaufschritten, wobei bei jedem Schritt ein Datenbestand manipuliert wird. Nach Beendigung einer Transaktion ist die Datenbasis nach wie vor konsistent

4.7. Reports, Datenbanksprachen und Benutzermasken

4.8. Bei Mittel- und Großprojekten und wenn mehrere Applikationsprogrammierer gleichzeitig an einem Projekt arbeiten

4.9. Bei komplexer Geschäftslogik und/oder großen Lasten

4.10. Dezentrale Datenbanken oder Teile davon werden mit der Hauptdatenbank abgeglichen. Nach dem Abgleich sind alle Datenbanken bzw. die replizierten Teile wieder auf dem gleichen Stand

8.4   Kapitel 6

6.1. **Substanzen** (<u>ArtNr</u>, Substanzname, CASNr, UNNr)
Piktogramme (<u>Symbol</u>, Bezeichnung)
Kennzeichnungen (<u>ArtNr</u>, <u>Symbol</u>, PrioWert)

6.2. Datensicht für GHS-Kennzeichnungen

```
CREATE VIEW V_GHS_Kennzeichnungen AS
SELECT Substanzen.ArtNr, Substanzen.Substanz-
name, Substanzen.CASNr, Substanzen.UNNr,
Piktogramme.Symbol, Piktogramme.Bezeichnung,
Kennzeichnungen.PrioWert
FROM Piktogramme INNER JOIN Kennzeichnungen
ON Piktogramme.Symbol = Kennzeichnungen.Symbol
RIGHT OUTER JOIN Substanzen ON
Kennzeichnungen.ArtNr = Substanzen.ArtNr;
```

6.3. Datensicht für GHS-Prioritäten mit Ranglistenfunktion

```
CREATE VIEW V_GHS_Prioritäten AS
SELECT ArtNr, Symbol, PrioWert,
CAST(ROW_NUMBER() OVER (PARTITION BY ArtNr
ORDER BY PrioWert ASC) AS smallint) AS Rang
FROM Kennzeichnungen;
```

6.4. Lösung ohne abgeleitete Tabellenabfrage

```
CREATE VIEW V_GHS_Piktogramme AS
SELECT Substanzen.ArtNr, Substanzen.Substanz-
name, Substanzen.CASNr, Substanzen.UNNr,
V_GHS_Prioritäten.Symbol, V_GHS_Prioritäten.Rang
FROM Substanzen LEFT OUTER JOIN
V_GHS_Prioritäten ON Substanzen.ArtNr =
V_GHS_Prioritäten.ArtNr
WHERE (ISNULL(V_GHS_Prioritäten.Rang, 0) <= 5);
```

WHERE-Bedingungen mit Vergleichsoperatoren erfüllen die Bedingung nie, wenn Nullwerte auftreten, außer es wird tatsächlich mit IS NULL oder IS NOT NULL auf Nullwerte getestet. Man kann dies mit der Funktion ISNULL umgehen, indem man Nullwerte durch einen passenden Vergleichswert (hier 0 oder jeder Wert <=5) ersetzt.

6.4. Lösung mit abgeleitete Tabellenabfrage

```
CREATE VIEW V_GHS_Piktogramme AS
SELECT Substanzen.ArtNr, Substanzen.Substanz-
name, Substanzen.CASNr, Substanzen.UNNr,
GHS.Symbol, GHS.Rang
FROM Substanzen LEFT OUTER JOIN
     (SELECT ArtNr, Symbol, Rang
     FROM V_GHS_Prioritäten
     WHERE (Rang <= 5)) AS GHS ON
     Substanzen.ArtNr = GHS.ArtNr;
```

Hier umgeht man das Problem mit den Nullwerten in der WHERE-Bedingung, weil die Einschränkung in der abgeleiteten Tabellenabfrage GHS durchgeführt wird, wo es keine Nullwerte im Feld „Rang" gibt.

6.5. Datensicht für Kreuztabellen-Abfrage mit PIVOT

```
SELECT ArtNr, Substanzname, CASNr, UNNr, [1] AS
Pikto1, [2] AS Pikto2, [3] AS Pikto3, [4] AS Pikto4,
[5] AS Pikto5
FROM V_GHS_Piktogramme
PIVOT (MIN(Symbol) FOR Rang IN ([1], [2], [3], [4], [5]))
AS Pvt;
```

6.6. Datensicht für Kreuztabellen-Abfrage mit CASE

```
SELECT ArtNr, MIN(Substanzname) AS Substanz-
name, MIN(CASNr) AS CASNr, MIN(UNNr) AS UNNr,
MIN(CASE Rang WHEN 1 THEN Symbol END) AS
Pikto1, MIN(CASE Rang WHEN 2 THEN Symbol END)
AS Pikto2, MIN(CASE Rang WHEN 3 THEN Symbol
END) AS Pikto3, MIN(CASE Rang WHEN 4 THEN
Symbol END) AS Pikto4, MIN(CASE Rang WHEN 5
THEN Symbol END) AS Pikto5
FROM V_GHS_Piktogramme
GROUP BY ArtNr;
```

Anhang

A Mustertabellen zur Kursverwaltung

Die Mustertabellen (Abb. A.1, A.2 und A.3) beziehen sich auf die optimale Normalform des Musterbeispiels „Kursverwaltung" in Kap. 3 und 4 und werden als Beispiele im Kap. 6 verwendet.

B Datenbasis einrichten

Die nachstehenden SQL-Anweisungen werden bei der Datenbank ORACLE verwendet. Bei anderen Datenbanken können sich Abweichungen ergeben. Die Reihenfolge der Titel entspricht der Reihenfolge bei der Datenbankentwicklung.

B1 Benutzer einrichten
Benutzer einrichten kann nur der DBA oder ein Benutzer mit DBA-Privilegien, wie dies Abb. B.1 zeigt.

B2 Tabellen definieren
Die Definitionen in Abb. B.2 beziehen sich auf den Hauptbenutzer „Kursverwaltung".

B3 „Views" (Sichten) definieren
Die folgende Definition bezieht sich auf den Benutzer „Kursverwaltung". Die Datensicht hingegen wird benötigt, um die Basisdaten für den Benutzer „Sekretariat" zu filtern, wie dies im Kap. 4 beschrieben wurde.

```
CREATE VIEW Personen2 AS
SELECT PNr, Name, Vorname, FNr
FROM Personen;
```

© Springer Fachmedien Wiesbaden GmbH, ein Teil von Springer Nature 2021   225
R. Steiner, *Grundkurs Relationale Datenbanken*,
https://doi.org/10.1007/978-3-658-32834-4

Personen

PNr	Name	Vorname	FNr	Lohn-stufe
100001	Steffen	Felix	3	5
232452	Müller	Hugo	1	1
334643	Meier	Hans	2	5
567231	Schmid	Beat	3	4
345727	Steiner	René	5	5
233456	Müller	Franz	4	7
132442	Osswald	Kurt	1	2
345678	Metzger	Paul	1	1
344556	Scherrer	Daniel	2	4
845622	Huber	Walter	4	8
625342	Gerber	Roland	3	4

Funktionen

FNr	Funktion
1	Vorarbeiter
2	Meister
3	Chemiker
4	Bereichsleiter
5	Informatiker

Kursleiter

KlNr	S	PNr	Name	Vorname	Firma	KErf
1	I	345727	Steiner	René		3
3	I	232452	Müller	Hugo		1
4	I	233456	Müller	Franz		4
2	E		Suter	Rolf	GigaSoft	
5	E		Vogt	Peter	Quasar	
6	I	845622	Huber	Walter		3
7	E		Krieg	Stefan	Funkenflug	
8	E		Freundlich	Andreas	Harmonie	

Abb. A.1 Mustertabellen zur Kursverwaltung Teil 1

B4 Zugriffsberechtigungen erteilen
Die Berechtigungen in Abb. B.3 werden gemäß Zugriffsmatrix (Abschn. 4.5) vom Benutzer „Kursverwaltung" vergeben. Privilegien: SELECT=Abfragen, INSERT=Einfügen, UPDATE=Aktualisieren und DELETE=Löschen von Datensätzen.

B5 Synonyme vergeben
Synonyme für den vereinfachten Zugriff auf die Tabellen und Sichten des Hauptbenutzers müssen bei den jeweiligen Benutzern gemäß Abb. B.4 eingerichtet werden.

B6 Indizes definieren
Die Definitionen in Abb. B.5 beziehen sich auf den Hauptbenutzer „Kursverwaltung".

Kurse

KNr	Kursbezeichnung	Kursort	TNr
123	Arbeitshygiene	2510.EG.25	1
562	Führen einer Gruppe	1010.4.08	2
234	Präsentationstechnik	1010.4.08	4
341	Textverarbeitung	2015.1.10	3
245	Kostenschätzung	1010.2.05	5
412	Tabellenkalkulation	2015.1.10	3
454	Elektrostatische Aufladung	4001.EG.20	1
255	Datenbanken	2015.2.05	3
455	Terminplanung	1010.4.08	5
345	Schwierige Gespräche führen	1010.2.05	2
283	Abfallentsorgung	4001.EG.20	1
776	Wartung von Anlagen	1010.2.05	4

Kursthemen

TNr	Themengebiet
1	Sicherheit und Umweltschutz
2	Führung und Zusammenarbeit
3	PC-Kurse
4	Arbeitstechnik
5	Projekte
6	Schulung

Abb. A.2 Mustertabellen zur Kursverwaltung Teil 2

Ab ORACLE Version 6 ist es nicht mehr erlaubt, dem Index die gleiche Bezeichnung wie der Tabelle zu geben. Die Indexdefinition für die Tabelle „Funktionen" müsste dann beispielsweise so geändert werden:

Funktionstabelle   CREATE UNIQUE INDEX ID_Funktionen
                              ON Funktionen (Funktion);

Bei SQL-Server wird beim Anlegen eines neuen Index über die Benutzeroberfläche folgender Name vorgeschlagen:

IX_Tabellenname_Feldname

Abb. A.3 Mustertabellen zur
Kursverwaltung Teil 3

Kursbesuche

PNr	KNr	KINr	Datum
100001	245	4	23-JUN-08
100001	412	2	07-AUG-06
100001	454	7	12-JAN-07
345678	123	6	03-FEB-07
345678	776	3	15-APR-08
344556	412	2	10-JUN-07
334643	412	2	07-AUG-06
625342	255	1	21-JUL-08
845622	345	8	11-NOV-07
100001	255	1	21-JUL-08
232452	454	7	17-SEP-07
132442	454	7	17-SEP-07
345678	454	7	17-SEP-07
345678	123	4	25-AUG-08

Kurskontrolle

FNr	KNr
1	123
2	123
3	123
4	123
2	562
3	562
4	562
3	234
5	234
3	341
3	245
4	245
2	412
3	412
1	454
2	454
3	454
4	454
3	255
3	455
4	455
4	345
1	283
2	283
3	283
1	776
2	776
5	245

Abb. B.1 Server-
Berechtigungen an Benutzer
erteilen

Kursverwaltung
(Hauptbenutzer):

GRANT RESOURCE TO Kursverwaltung
IDENTIFIED BY Kurse;

Personaldienst:

GRANT CONNECT TO Personaldienst
IDENTIFIED BY Geld;

Sekretariat:

GRANT CONNECT TO Sekretariat
IDENTIFIED BY Kaffee;

Kursadministration:

GRANT CONNECT TO Kursadministration
IDENTIFIED BY Papier;

Personaltabelle	CREATE TABLE Personen (PNr NUMBER(6) NOT NULL, Name CHAR(20) NOT NULL, Vorname CHAR(15) NOT NULL, FNr NUMBER(2) NOT NULL, Lohnstufe NUMBER(1) NOT NULL);
Funktionstabelle	CREATE TABLE Funktionen (FNr NUMBER(2) NOT NULL, Funktion CHAR(25) NOT NULL);
Kurstabelle	CREATE TABLE Kurse (KNr NUMBER(3) NOT NULL, Kursbezeichnung CHAR(40) NOT NULL, Kursort CHAR(10) NOT NULL, TNr NUMBER(2) NOT NULL);
Kursthementabelle	CREATE TABLE Kursthemen (TNr NUMBER(2) NOT NULL, Themengebiet CHAR(40) NOT NULL);
Kursbesuchstabelle	CREATE TABLE Kursbesuche (PNr NUMBER(6) NOT NULL, KNr NUMBER(3) NOT NULL, KLNr NUMBER(3) NOT NULL, Datum DATE NOT NULL);
Kursleitertabelle	CREATE TABLE Kursleiter (KLNr NUMBER(3) NOT NULL, Status CHAR(1) NOT NULL, PNr NUMBER(6) NULL, Name CHAR(20) NOT NULL, Vorname CHAR(15) NOT NULL, Firma CHAR(20) NULL, Kurserfahrung NUMBER(2) NULL);
Kurskontrolltabelle	CREATE TABLE Kurskontrolle (KNr NUMBER(3) NOT NULL, FNr NUMBER(2) NOT NULL);

Abb. B.2 Datendefinitionen für Tabellen der Kursverwaltung

Bei Indizes über mehrere Felder muss „Feldname" durch eine passende Bezeichnung ersetzt werden. Bei Fremdschlüsselfeldern könnte dies der Beziehungsname (z. B. R003) sein. Indexnamen werden wie Tabellennamen behandelt und müssen in der Datenbank eindeutig sein.

Privilegiert	SQL- Anweisung
Personaldienst	GRANT SELECT, INSERT, UPDATE, DELETE ON Personen TO Personaldienst;
	GRANT SELECT, INSERT, UPDATE, DELETE ON Kursleiter TO Personaldienst;
	GRANT DELETE ON Kursbesuche TO Personaldienst;
	GRANT DELETE ON Kurskontrolle TO Personaldienst;
Sekretariat	GRANT SELECT ON Personen2 TO Sekretariat;
	GRANT SELECT ON Funktionen TO Sekretariat;
	GRANT SELECT ON Kurse TO Sekretariat;
	GRANT SELECT ON Kursthemen TO Sekretariat;
	GRANT SELECT ON Kursleiter TO Sekretariat;
	GRANT SELECT, INSERT, UPDATE, DELETE ON Kursbesuche TO Sekretariat;
	GRANT SELECT ON Kurskontrolle TO Sekretariat;
Kursadministration	GRANT SELECT ON Funktionen TO Kursadministration;
	GRANT SELECT, INSERT, UPDATE, DELETE ON Kurse TO Kursadministration;
	GRANT SELECT, INSERT, UPDATE, DELETE ON Kursthemen TO Kursadministration;
	GRANT SELECT, INSERT, UPDATE, DELETE ON Kurskontrollen TO Kursadministration;

Abb. B.3 Zugriffsberechtigungen erteilen

Benutzer	SQL- Anweisung
Personaldienst	CREATE SYNONYM Personen FOR Kursverwaltung.Personen;
	CREATE SYNONYM Funktionen FOR Kursverwaltung.Funktionen;
	CREATE SYNONYM Kursleiter FOR Kursverwaltung.Kursleiter;
	CREATE SYNONYM Kursbesuche FOR Kursverwaltung.Kursbesuche;
	CREATE SYNONYM Kurskontrolle FOR Kursverwaltung.Kurskontrolle;
Sekretariat	CREATE SYNONYM Personen FOR Kursverwaltung.Personen2;
	CREATE SYNONYM Funktionen FOR Kursverwaltung.Funktionen;
	CREATE SYNONYM Kurse FOR Kursverwaltung.Kurse;
	CREATE SYNONYM Kursthemen FOR Kursverwaltung.Kursthemen;
	CREATE SYNONYM Kursleiter FOR Kursverwaltung.Kursleiter;
	CREATE SYNONYM Kursbesuche FOR Kursverwaltung.Kursbesuche;
	CREATE SYNONYM Kurskontrolle FOR Kursverwaltung.Kurskontrolle;
Kursadministration	CREATE SYNONYM Funktionen FOR Kursverwaltung.Funktionen;
	CREATE SYNONYM Kurse FOR Kursverwaltung.Kurse;
	CREATE SYNONYM Kursthemen FOR Kursverwaltung.Kursthemen;
	CREATE SYNONYM Kurskontrolle FOR Kursverwaltung.Kurskontrolle;

Abb. B.4 Synonyme erstellen

Abb. B.5 Indizes erstellen	Personaltabelle	CREATE UNIQUE INDEX Personen ON Personen (PNr);
	Funktionstabelle	CREATE UNIQUE INDEX Funktionen ON Funktionen (Funktion);
	Kurstabelle	CREATE UNIQUE INDEX Kurse ON Kurse (KNr);
	Kursthementabelle	CREATE UNIQUE INDEX Kursthemen ON Kursthemen (Themengebiet);
	Kursbesuchstabelle	CREATE UNIQUE INDEX Kursbesuche ON Kursbesuche (PNr, KNr, KLNr);
	Kursleitertabelle	CREATE UNIQUE INDEX Kursleiter ON Kursleiter (KLNr);
	Kurskontrolltabelle	CREATE UNIQUE INDEX Kurskontrolle ON Kurskontrolle (KNr, FNr);

C Notation für praxisorientierte Datenmodelle

In Abschn. 3.1.4 wurde erklärt, dass Datenbankverwaltungssysteme nicht in der Lage sind, 1-1 und 1-m-Beziehungen direkt zu unterstützen. Dies hat zur Folge, dass Entwicklungswerkzeuge, mit denen man Datenmodelle erstellen und anschließend SQL-Skripte für die Datendefinition generieren kann, nur mit 1-c und 1-mc-Beziehungen arbeiten. Dabei wird häufig folgende Notation verwendet:

Dies entspricht der Notation nach Zehnder gemäß Abb. C.1.

Ob es sich dabei um eine 1-c oder 1-mc-Beziehung handelt ist nicht direkt ersichtlich. Dies hängt ausschließlich davon ab, welcher Index für das Fremdschlüsselattribut in der Detailtabelle verwendet wird. Wird ein UNIQUE-Index gesetzt, handelt es sich um eine 1-c-Beziehung, weil dann nur eindeutige Attributwerte zulässig sind. Falls ein normaler oder kein Index verwendet wird, handelt es sich um eine 1-mc Beziehung (Normalfall).

Bei optionalen Beziehungen (siehe Abschn. 3.1.2.13) wird die Beziehung zwischen der Master- und der Detailtabelle mit einer gestrichelten Linie dargestellt:

Dies entspricht der Notation nach Zehnder gemäß Abb. C.2.

Der Unterschied zu den normalen Beziehungen besteht darin, dass das Fremdschlüssel-attribut auch Nullwerte annehmen kann.

Die Notation nach Zehnder eignet sich besser für die Datenmodellierung, weil alle wichtigen Fälle abgedeckt werden. Die praxisorientierte Notation ist dafür EDV-gängiger und wird gerne von Werkzeugen verwendet, welche bestehende Datenbanken rückdoku-mentieren und dann automatisch das Datenmodell erstellen. Bei dieser Methode sind 1-1, 1-m und c-m- Beziehungen nicht feststellbar, weil solche Beziehungen ja nur in der Appli-kationssoftware vorhanden sind.

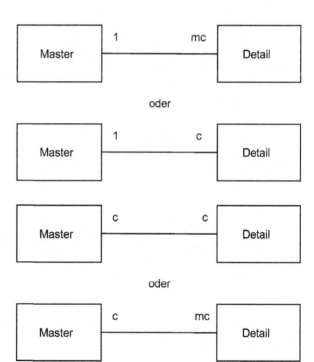

Abb. C.1 Notation von Beziehungen nach Zehnder

Abb. C.2 Notation von optionalen Beziehungen nach Zehnder

Weiterführende Literatur

Vetter M., Aufbau betrieblicher Informationssysteme mittels pseudo-objektorientierter, konzeptioneller Datenmodellierung, 8. Auflage, Teubner, Stuttgart, 1998

Matthiessen G., Unterstein M., Relationale Datenbanken und SQL. Konzepte der Entwicklung und Anwendung, 3. Auflage, Addison-Wesley, München 2003

Date C. J., Darwen H., SQL. Der Standard. SQL/92 mit den Erweiterungen CLI und PSM, 3. Auflage, Addison-Wesley, München, 1998

Kuhlmann G., Müllmerstadt F., SQL. Der Schlüssel zu relationalen Datenbanken, 3. Auflage, Rowohlt TB-V, Reinbeck, 2004

Bauer A., Günzel H., Data-Warehouse-Systeme: Architektur, Entwicklung, Anwendung, 4. Auflage, dpunkt.verlag, Heidelberg, 2013

Jarosch H., Grundkurs Datenbankentwurf, 4. Auflage, Springer Vieweg, Heidelberg, 2016

Can Türker, Gunter Saake, Objektrelationale Datenbanken, dpunkt.verlag, Heidelberg, 2005

Seite „Big Data". In: Wikipedia, Die freie Enzyklopädie. Bearbeitungsstand: 16. April 2017, 04:41 UTC. URL: https://de.wikipedia.org/w/index.php?title=Big_Data&oldid=164605915

© Springer Fachmedien Wiesbaden GmbH, ein Teil von Springer Nature 2021   235
R. Steiner, *Grundkurs Relationale Datenbanken*,
https://doi.org/10.1007/978-3-658-32834-4

Stichwortverzeichnis

© Springer Fachmedien Wiesbaden GmbH, ein Teil von Springer Nature 2021
R. Steiner, *Grundkurs Relationale Datenbanken*,
https://doi.org/10.1007/978-3-658-32834-4

Printed in the United States
by Baker & Taylor Publisher Services